フロンティア労働法【第3版】

神尾真知子
増田幸弘
内藤　恵
根岸　忠
松井丈晴
著

法律文化社

第3版　はじめに

　『フロンティア労働法　第2版』を世に出してから、10年が経過した。この10年間の技術革新は著しく、経済社会理論家のジェレミー・リフキンは、「第3次産業革命の始まりに直面している」と指摘している（朝日新聞2024年1月7日）。労働法は、第3次産業革命がもたらす雇用の変化にどのように対応していくのか、いくべきなのかが問われている。

　第3版は、初版および第2版同様に次のような特色を持っている。①総論では、歴史的考察を踏まえ、これまでと異なる角度で労働法を検討している。②法解釈、行政解釈、学説を区別して記述している。特に、法解釈と行政解釈は、結果的に同じ見解になるとしても、意識して区別することが必要であると考えるので、区別して記述している。③資格試験や公務員試験でよく出題される基本判例に加え、テーマにかかわる理論的に重要な判例を紹介している。④労災や労働安全衛生に関して、通常の教科書よりも詳しく述べている。本書は、産業医など労働の現場で医療にかかわる方たちも対象としている。⑤理解を助けるために図表を本書およびWeb（法律文化社HP/教科書関連情報）で掲載している。図表があれば説明しやすいと考えるものは、執筆者が独自に作成している。

　これまでの版では、ジェンダーの視点で総合的に検討する章を独立して設けていたが、第3版では、労働法体系においてひとつのまとまりを形成していると考え、「差別禁止法」という章を設け、ジェンダーも含めて総合的に差別禁止について記述している。

　第3版では、これまでの3名の執筆者に加え、根岸忠高知県立大学准教授および松井丈晴日本大学非常勤講師にも執筆に加わっていただいた。

　おわりに、第3版から編集担当となり、遅れがちな原稿をねばり強くフォローしていただき、またきめ細かく編集をしていただいた法律文化社編集部の畑光さんには、深い感謝の意を表したいと思う。

　　2024年3月吉日

執筆者を代表して　神尾真知子

目　　次

法 令 略 称

育児介護	育児休業、介護休業等育児又は家族介護を行う労働者の福祉に関する法律	スト規制	電気事業及び石炭鉱業における争議行為の方法の規制に関する法律
会社	会社法	短時有期	短時間労働者及び有期雇用労働者の雇用管理の改善等に関する法律
家労	家内労働法		
行訴	行政事件訴訟法		
刑	刑法	地公	地方公務員法
公益通報	公益通報者保護法	賃確	賃金の支払の確保等に関する法律
高年雇用安	高年齢者等の雇用の安定等に関する法律	独行等労	特定独立行政法人等の労働関係に関する法律
国公	国家公務員法	パート労働	短時間労働者の雇用管理の改善等に関する法律
個別労紛	個別労働関係紛争の解決の促進に関する法律	派遣	労働者派遣事業の適正な運営の確保及び派遣労働者の保護等に関する法律
雇均	雇用の分野における男女の均等な機会及び待遇の確保等に関する法律		
雇対	雇用対策法	民訴	民事訴訟法
雇保	雇用保険法	民	民法
雇保則	雇用保険法施行規則	労安衛	労働安全衛生法
最賃	最低賃金法	労基	労働基準法
次世代育成	次世代育成支援対策推進法	労基則	労働基準法施行規則
		労災	労働者災害補償保険法
障害雇用	障害者の雇用の促進等に関する法律	労審	労働審判法
		労組	労働組合法
		労調	労働関係調整法
障害雇用令	障害者の雇用の促進等に関する法律施行令	労契承	会社分割に伴う労働契約の承継等に関する法律
職安	職業安定法	労契	労働契約法
職能	職業能力開発促進法	労働施策推進	労働施策の総合的な推進並びに労働者の雇用の安定及び職業生活の充実等に関する法律
じん肺	じん肺法		

第Ⅰ章　総　　論

1　労働法の意義、歴史

(1)　意　義

　労働法は、産業革命以降、資本主義の発展のなかで、使用者に対する交渉力において劣位に置かれていた労働者を、法的人格として具体的にとらえることによって、全ての人間を差異の捨象された抽象的人格としてとらえた市民法原理を修正し、生成されたものである。市民革命によって、身分社会である封建社会は打破され、全ての人は、自由・平等になったはずであったが（ただし、近代において、女性は法的に「人」ではなかった）、実際には、使用者と労働者は対等ではなかった。そのため、市民法原理（私的所有権の保障、契約の自由、過失責任の原則）をそのまま適用されると、労働者は不利な立場に置かれた。たとえば、生活できないような低い賃金でも、他に容易には仕事が見つからない状況では労働者は合意せざるをえず、低い賃金は契約の自由の名の下に、法的に正当化されてしまった。そこで、労働法は、労働者と使用者という私的な関係に法的に介入し、交渉力の弱い労働者を保護し、最低限の労働条件を定めて、契約内容についての自由を規制する。その部分は、契約の自由が修正され、そのことによって、労働者は、人間らしい生活を営める労働条件を保障されるのである。しかし、労働法は、市民法原理を修正しているけれども、克服はしていない。

　労働法は、労働者と使用者の私人間の法律関係および国家に対する使用者の法律関係を規制し、公法と私法とが交錯し融合する第三の法域である社会法に属する（峯村1976：2）。

(2) 歴　史

　労働法は、市民法原理との対抗関係のなかで生成され、大きくは2つの歴史的流れがある。1つは、国家による労働者保護という流れであり、もう1つは、使用者と対等な交渉力を持つことを目的として、労働者が自主的に団結し結成した労働組合に対する国家による法的保障の流れである。戦前は、労働者保護中心の立法であったが、戦後、労働組合関係の立法がなされ、また労働力の生成や需給調整、雇用保障にかかわる労働市場法や種々の労働紛争を解決するための制度を定める労働紛争解決制度法の流れが生成されている。さらに、個別的労働関係においては、国籍、信条、社会的身分を理由とする差別的取扱を禁止する労基法3条、男女同一賃金の原則を定める労基法4条、募集・採用から解雇までの性差別を禁止する均等法、障害者差別を禁止する障害者雇用促進法、募集および採用における年齢差別を禁止する労働施策推進法、雇用形態を理由とする不合理な差別を禁止するパート・有期雇用労働法および労働者派遣法、集団的労使関係においては、組合員であることなどを理由とする不利益取扱いを禁止する労働組合法7条などが制定されている。本書では、様々な理由に基づく雇用差別を禁止する法がひとつのまとまりとして生成されるに至ったと判断し、雇用差別禁止法を労働法体系に位置づける（日本の労働法の歴史は、【Web資料Ⅰ-①　日本の労働法の歴史】）。

2　労働法と憲法

　労働法は、社会保障法と同様に、憲法25条の生存権の実現を目指す法である。社会保障法は、直接国家が「健康で文化的な最低限度の生活」を国民に保障するのに対して、労働法は、たとえば、労働基準法によって、労働条件の最低の基準を定めて、「人たるに値する生活」を労働者が営めるようにしている。このように、労働法は、最低限度の労働条件を確保することによって、間接的に、生存権を保障している（荒木誠之2002：242-247）。

　憲法27条1項は、勤労の権利と義務を定めている。女性差別撤廃条約11条は、労働の権利を「すべての人間の奪い得ない権利」と定めているが、勤労の

権利（勤労権あるいは労働権）は、就労の機会や失業時の所得保障などを国家に求めることができる具体的な権利を国民に保障しているとは解されていない。国民の勤労の権利が保障されるような政策を行う2つの政策義務（①労働者が自己の能力と適性を活かした労働の機会を得られるように労働市場の体制を整える義務、②そのような労働の機会を得られない労働者に対し生活を保障する義務）を国家に課している（菅野2019：29）。①については、たとえば、厚生労働省は全国に求職者に対して無償の職業紹介などを行う公共職業安定所（通称ハローワーク）を設置している。労働市場において提供される仕事は、ILO（国際労働機関）のいうディーセント・ワークでなければならないだろう。ディーセント・ワークとは、「働きがいのある人間らしい仕事」を意味する。②については、雇用保険制度などが設けられている。

　27条1項に基づいて、労働市場法が展開している。勤労の義務は、国家に、国民に対して働くことを強制的に求めることができる権利を定めたものではなく、政策における理念を表している。27条2項は、賃金、就業時間などの勤労条件（労働条件）に関する基準を法律で定めるとしている。同規定に基づいて、労働基準法を中心とする個別的労働関係法が展開している。27条3項は、児童の酷使を禁止している。かつて、就学年齢の児童による労働が行われ、酷使されてきた歴史を踏まえた規定である。

　憲法28条は、勤労者（労働者）に対して、団結する権利、団体交渉その他の団体行動をする権利を保障している。28条の保障する団結権、団体交渉権、団体行動権を労働三権、または労働基本権と称する。なお、28条の労働三権のみならず、27条の労働権も含めて、広い意味で労働基本権と称することがある。28条については、国家と勤労者の間だけでなく、使用者と勤労者の間にも直接適用されると解されている。28条に基づいて、集団的労使関係法が展開している（憲法28条の法的性格と法的効力については、Ⅴ-1の**1**）。

　憲法14条は、法の下の平等を定め、国籍、信条、性別、社会的身分又は門地による差別を禁止している。同条は直接的に私人間には適用されないが、その趣旨は民法90条を通して労使間に適用される。14条を具体化するものとして制定された労基法3条や均等法によって、性別などを理由とする差別が禁止され

ている。

3　労働法の定義、体系、法源

(1)　定　義

　日本の労働法学の創成期に大きな影響を与えたドイツのジンツハイマーは、「従属労働」という概念を中心に労働法を定義した。1932（昭和7）年、日本で初めて大学において労働法を講義した末弘厳太郎は、「労働法は、労働者を保護することを目的として労働者と傭主の労働関係を規律する法である」と定義している（向山寛夫「末弘厳太郎教授述『労働法』―昭和七年度東京帝国大学講義―」國學院法学20巻3号、1982：102）。当時は、まだ集団的労使関係法は形成されていなかった。峯村光郎は、「労働法は、原則として使用者と労働契約を締結して自己の労働力の処分権を使用者に継続的に譲渡する結果として、使用者の決定する労働に、使用者の指揮・監督のもとに従事する労働者の諸関係を規制する法である」とし、使用従属関係を中心として定義している（峯村1976：1-2）。

　現在の労働法の定義を分類すると、①労働関係を中心とする定義、②労働法の適用対象を中心とする定義、③労働法の意義を中心とする定義がある。労働関係を中心として定義する教科書が多い。本書は、労働法をその意義および適用対象から、次のように定義する。「労働法は、交渉力において劣る労働者の、使用者との実質的平等を保障する法規整であり、労働市場、個別的労働関係、雇用差別禁止、集団的労使関係、労働紛争解決制度に関する法である。」

(2)　体　系

　労働法の体系に関しては、【資料 I - 1】に見るように、2体系説、3体系説、4体系説がある。当初は、労働者保護法と労使関係法に分ける2体系説が多かった。現在、労働市場に関する立法が整備されてきたので、労働市場に関する法を独立した柱立てとし、労働市場法（雇用政策法）、個別的労働関係法（雇用関係法）、団体的労使関係法（労使関係法）の3体系説とする考え方が多くなっている。さらに、3体系説に加えて、公務員労働関係法を柱立てする説ま

資料 I - 1　労働法の体系

本書の体系（5体系説）

①労働市場法＝労働市場の整備及び雇用保障を規整する法
- ・労働市場を整備する法（労働施策推進、職能、職安、障害雇用、高年、派遣など）
- ・雇用保障を規整する法（雇保、求職者支援）

②個別的労働関係法＝労働契約を中心とする、個々の労働者と使用者・事業主の関係を規整する法
- ・労働契約に関する法（労契、労契承、短時有期、派遣など）
- ・労働条件の基準を規整する法（労基、最賃、育児介護、短時有期、派遣など）
- ・労働者の人権及び人格的利益を保護する法（労基、雇均、育児介護、労働施策推進など）
- ・労働者の健康、安全および労働災害補償を規整する法（労災、労安衛など）

③雇用差別禁止法＝雇用差別禁止に関連する規整を行う法
- ・国籍、信条、社会的身分、性別、障がいなどを理由とする差別的取扱いを禁止する法（労基3条・4条、雇均、国公27条、地公13条、障害雇用など）
- ・不合理な差別を禁止する法（短時有期、派遣）
- ・組合員であること、妊娠・出産・育児休業等を理由とする不利益取扱いを禁止する法（労組、雇均、育児介護）

④集団的労使関係法＝労働組合と使用者・使用者団体における関係、および労働組合内部の関係を規整する法
- ・労働組合と使用者・使用者団体における関係を規整する法（労組、国公、地公など）
- ・労働組合内部の関係を規整する法（労組、国公、地公など）

⑤労働紛争解決制度法＝労働紛争解決制度の創設、体制、手続き、権限を規整する法
- ・個別的労働関係に関する紛争解決を規整する法（個別労紛、労審など）
- ・雇用差別禁止法に関する紛争解決を規整する法（雇均、育児介護、短時有期、派遣など）
- ・集団的労使紛争を規整する法（労組、労調など）

その他の5体系説：水町勇一郎2023『労働法』東京大学出版会（個別的労働関係法、集団的労働関係法、労働市場法、国際的労働関係法、労働紛争解決法）

2体系説

浜村彰・唐津博・青野覚・奥田香子2023『ベーシック労働法（第9版）』有斐閣

①労働市場の法＝まだ仕事についていない労働者に対して雇用の機会（労働権）を保障することを主な目的とする（労働施策推進、職安、高年雇用安など）

②労働関係法＝主に労働条件の決定をめぐって使用者と労働者との労働関係を規律
- ・個別的労働関係法（一般規制＝労基、最賃、労審など。特別法＝雇均、短時有期、派遣など）
- ・集団的労使関係法（労組、労調など）

その他2体系説：峯村光郎1976『労働法概論』有斐閣（個別的労働法、集団的労働法）

3 体系説

菅野和夫2019『労働法（第12版）』弘文堂
①労働市場の法＝求人・求職の媒介・結合の仕組みおよび経済社会全体における労働力の
　育成・調達・供給・調整の仕組みについての法規整（職安、労働施策推進、職能、障害
　雇用、高年雇用安、派遣、雇保など）
②個別的労働関係法＝個別的労働関係（個々の労働者と使用者との間における労働契約の
　締結、展開、終了をめぐる関係）に関する法規整（労基、最賃、雇均、短時有期、労安
　衛、労災、育児介護など）
③団体的労使関係＝団体的労使関係（労働者の労働関係上の諸利益を代表する労働者団体
　の組織と運営、およびこの労働者団体と使用者または使用者団体の協議や交渉を中心と
　する諸関係）に関する法規整（労組、労調、スト規制など）
その他3体系説：森戸英幸2023『プレップ労働法（第7版）』弘文堂（労働契約法、労働
　保護法、労使関係法）、荒木尚志2022『労働法（第5版）』有斐閣（個別的労働関係法、
　集団的労働関係法、労働市場法）、西谷敏2020『労働法（第3版）』日本評論社（個別的
　労働関係法、集団的労働関係法、雇用保障法）、土田道夫2024『労働法概説（第5版）』
　弘文堂（雇用関係法、集団的労働法、雇用保障法）、林和彦編著2013『労働法（第2
　版）』三和書籍（雇用保障法、労働保護法、団結法）、山川隆一2008『雇用関係法（第4
　版）』新世社（雇用関係法、労使関係法、労働市場法）、奥山明良2006『労働法』新世社
　（個別的労働関係法、集団的労働関係法、公務員労働関係法）など

4 体系説

●公務員労働関係法を柱立てする説
安枝英訷・西村健一郎2021『労働法（第13版）』有斐閣
①個別的労働関係法（雇用関係法）＝労働者個人と使用者ないし事業主との関係を規整す
　る法
　・労働条件の基準に関する法（労基、最賃、労安衛、家労、派遣、短時有期など）
　・労働契約の基本的事項を定める法（労契、労契承）
　・雇用の分野における男女の機会均等の実現を図る法（雇均）
　・労働者の業務上災害に対して補償する法（労災など）
　・労働者の生活環境の整備に関する法（育児介護など）
②雇用保障法（労働市場法）＝雇用の確保・促進、失業等における生活保障等を目的とす
　る法（雇保、職安、職能、労働施策推進、高年雇用安、障害雇用など）
③団体的労働関係法（労使関係法）＝労働組合と使用者もしくは使用者団体の関係、ある
　いは労働組合内部における関係を規律する法（労組、労調、スト規制など）
④公務員労働関係法＝国家公務員および地方公務員の労働関係ないし勤務関係を規整する
　法（国公、地公など）
●労働紛争処理法を柱立てする説
諏訪康雄1999『雇用と法』財団法人放送大学教育振興会
①雇用関係法（個別的労働関係法、労働保護法）＝個々の労働者と使用者との雇用関係を
　めぐる法的規制を扱う領域（労基、労安衛、最賃、雇均、短時有期、民法の雇用規定など）

②労使関係法（団体的労使関係法、集団的労働関係法）＝団結の自由、団結権の保護、団
体交渉関係の整備、ストライキなどの争議行為の権利、労働組合と使用者または使用者
団体との間に成立する労働協約をめぐる法的整備など（労組、労調など）
③雇用政策法（労働市場法、雇用保障法）＝仕事を探す求職者と、従業員を探す求人者が
出会う場である労働市場の枠組みを作り、その運営がスムーズに進むための配慮をする
法の領域（労働施策推進、職安、職能、雇保、派遣、高年雇用安、雇均、短時有期など）
④労働紛争処理法（労働訴訟法、労働争訟法）＝実体的な法関係を実現するための手続き
を定める法の分野（労調、民訴など）
その他の４体系説：川口美貴2023『労働法（第７版）』信山社（雇用保障法、個別的労働
関係法、集団的労使関係法、公務員労働法）、水町勇一郎2023『労働法（第９版）』有斐
閣（雇用関係法、労使関係法、労働市場法、労働紛争解決法）、林弘子2014『労働法
（第２版）』法律文化社（個別的労働関係法、労働市場法、集団的労使関係法、個別労働
関係紛争解決法）、阿久澤亀夫1989『図解労働法（新版）』立花書房（労働団体法、労働
争議法、労働保護法、労働保険法）など

たは労働紛争処理法を柱立てする説のように、４体系とする説が出てきた。

　本書は、次のような５体系説を取る。①労働市場体制の整備および雇用保障
を内容とし、労働契約締結以前と終了後を主に対象とする労働市場法、②労働
契約そのものおよび労働契約締結後の、個々の労働者と使用者・事業主との労
働関係を対象とする個別的労働関係法、③性別、障害、年齢などを理由とする
差別的取扱い、雇用形態による不合理な差別、組合員であることおよび妊娠・
出産・育児休業などを理由とする不利益取扱いを禁止する雇用差別禁止法、④
労働力の集団的取引を行うことを目的とする労働組合と使用者・使用者団体の
労使関係を対象とする集団的労使関係法、⑤個別的労働関係および集団的労使
関係から発生する様々な労働紛争を解決する紛争処理制度の創設、組織、手続
きを対象とする労働紛争解決制度法。公務員労働関係法を独立して柱立てする
考え方もあるが、本書では、公務員労働関係法および船員関係法は、各々の法
における特別法として位置づける。

　本書の考える労働法の全体像は、【資料Ⅰ-2】に見るように、労働市場から
労働者が供給され、そのような労働者と使用者によって、労働契約を中心とし
た労働関係が形成される。労働関係には、個別的なものと集団的なものがあ
る。個別的労働関係および集団的労使関係から発生する紛争を解決するため
に、様々な労働紛争解決制度がある。個別紛争の中には、解雇された労働者が

資料 I‐2　労働法の全体像

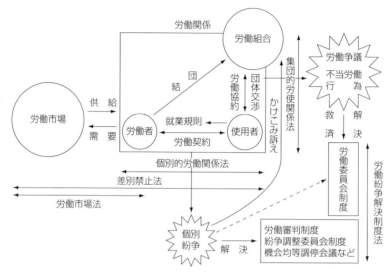

出所：筆者作成

労働組合（個人加盟できる合同労組・コミュニティユニオン）に加入して、「かけこみ訴え」をすることによって、集団的労使紛争として労働委員会に登場するものもある。なお、本来は集団的労使紛争を扱う都道府県労働委員会の多くは、現在、個別的労働紛争も扱うようになっている。雇用差別禁止法は、労働市場、個別的労働関係、集団的労使関係をカバーしている。

⑶　**法　源**

　労働法の法源の中心は、成文労働法である。国家レベルでは、憲法、法律、命令、規則があり、規範的秩序を形成している。法律は国会という立法機関による立法であるが、命令や規則は、行政機関による立法である。「命令」には、内閣が定める「政令」、内閣総理大臣が定める「府令」、各省大臣が定める「省令」がある。労働法では、法律自体が、細則を省令に委ねていることが多い。「規則」には、各省の外局である委員会や庁の長官が定める「外局規則」と内閣から独立した人事院などの定める「独立委員会規則」がある。労働法では、

法律が基本的理念や大枠を定め、細則は命令（「施行規則」と呼称されることがあるので、外局などの定める「規則」と混同しないように注意が必要である）に委任されていることが多い（成文労働法の効力を段階的に示した具体例については、【Web資料Ⅰ-②　労働法における憲法・法律・命令・規則の構造】）。なお、法律と命令を総称して、「法令」という。地方自治体レベルでは、地方議会の立法である条例も法源である。

　国際レベルでは、国際条約がある。国際条約のうち、ILO の条約が重要である。ILO は、政府・労働者・使用者の代表からなる三者構成の国連の専門機関である。条約は、加盟国の批准によってその規定を当該加盟国に義務づける拘束力を生じるのに対して、勧告は、政策、立法、慣行の指針になる。ILO の目的に関する宣言（いわゆる「フィラデルフィア宣言」）によると、ILO は次のようなことを根本原則にしている。「(a)労働は、商品ではない。(b)表現および結社の自由は、不断の進歩のために欠くことができない。(c)一部の貧困は、全体の繁栄にとって危険である。(d)欠乏に対する戦は、各国内における不屈の勇気をもって、かつ、労働者および使用者の代表者が、政府の代表者と同等の地位において、一般の福祉を増進するために自由な討議および民主的な決定にともに参加する継続的かつ協調的な国際的努力によって、遂行することを要する。」ILO の基本的な条約は、【Web 資料Ⅰ-③　基本的な ILO 条約】に示すとおりである。日本は、2023年現在、50の条約を批准している。国際条約は、法源として考えられるかどうかが問題となるが、批准された国際条約それ自体を労働法の法源として裁判所が認めた例は、現時点では存在しない。

　労使当事者の自主的な取り決めも、法源となる。労働組合と使用者・使用者団体との間で締結された労働協約や労働者の過半数代表の意見を聴いて使用者が作成する就業規則は成文化され、法源と考えられる（就業規則については、Ⅲ-2の5、労働協約については、Ⅴ-3）。事実上の規範として労使当事者間で機能している労使慣行は成文化されていない（Ⅲ-2の2(4)）。それ自体としては法源とはならないが、労働協約や就業規則などの解釈の際に基準とされる場合などがある。

　実務上労働関係のルール設定に重要な役割を果たしているのが、「判例」と

「労働委員会命令」である。「判例」は、ある労働法上の問題について、同じような判断基準に基づく判決が蓄積され、先例としての意義を有するに至ったときに、そこで設定された判断基準をいう。日本は、判例法の国ではないので、判例を法源と見ることは出来ないとする見解（安枝・西村2021：9）がある。それに対して、最高裁判所の判決であって繰り返し確認されるなどして既に確立したものと評価できるものは、その拘束力が事実上のものだとしても、その確実性のゆえに、法（判例法）というに値するものであるとし、また、下級審の判例でも確立したものと評価できるものは、判例法ということができるとする見解がある（小西・渡辺・中嶋2007：5-6）。日本は、判例法の国ではないので、理論的には判例を法源と解することはできないが、実務的には法源として機能している。2008年施行の労働契約法は、判例として確立した労働契約法理を明文化したものであり、これまで行政取締規定中心であった日本の労働立法において、異色な立法となっている。

　「労働委員会命令」は、行政委員会である労働委員会（都道府県労働委員会、中央労働委員会）が不当労働行為事件に関して発出する行政処分である。法源とはいえないが、現実の集団的労使関係のあり方に影響を与えている。

4　行政解釈と法解釈

　現実の個別的労働関係に最も大きな影響を与えているのが行政解釈である。行政解釈は、法令の基準設定を行う。解釈例規の主なものとして、「訓令」（上位官庁が、下位官庁の権限行使を指揮するために発する命令。上述した行政立法である「命令」とは別のもの）および「通達」（各行政機関の長などが、その機関の所掌事務について、所管の諸機関および職員に対し発する命令で、法令の解釈や運用方針などを文書で示すもの）があり、その他、公の機関が、その決定した事項などを公式に広く一般に知らせる「告示」という形式がある（「通達」の種類は、【Web資料Ⅰ-④　通達の種類】）。

　行政解釈は、一般的に法源と解されておらず、裁判所や国民を直接拘束するものではない。裁判所の判断が、行政解釈に基づく行政機関の判断と異なるこ

とがある。特によく問題となるのが、業務上災害の認定に関してである。労働基準監督署長と裁判所の判断に相違が見られ、労基署長が労災として認めなかった不支給処分を裁判所が取り消す事例は少なからず見られる。Ⅲ-8の**3**(2)②に述べるように、過重労働による脳心臓疾患（いわゆる「過労死」）の業務起因性に関する裁判所の解釈が、行政解釈に大きな影響を与えている。

しかし、他方で裁判所は、特定の法令の解釈や適用が問題となった場合に、行政解釈を参考にして判断を下すことも多いので、「事実としての法源」と位置づける見解があるが（奥山2006：13）、三権分立の点から賛成できない。

最近、告示という形で厚生労働省により指針が出され、事業主に対して、どのような措置を取ればいいのかを具体的に示すことが見られるようになった。たとえば、厚生労働省は、均等法に基づいて事業主がどのような雇用管理を行えばよいのかを示す指針を告示として策定している。企業は、その指針に沿って雇用管理を行おうとするであろうし、また指針の違反に対しては行政指導が行われるので、指針は、事実上事業主に対して法規範と同じように作用することになる。結果的に、指針によって、社会通念や公序が形成される可能性があると考えられる。しかし、指針を、均等法と共に、「ただちに裁判規範としての性質を有するものとはいえないが、公序の一翼をになうものとして、使用者に係る前記法的義務違反（注：良好な職場環境の整備義務）の判断に当たっては、当然斟酌すべきである」ととらえる判決があるが（下関セクハラ〈食品会社営業所〉事件・山口地下関支判平成16年2月24日）、行政解釈は、行政機関の独自の解釈として示されたものであり、私人間に直接適用されるものではないので、裁判所が公序の判断に、指針を「当然斟酌」することは、三権分立の点から問題である。裁判所は、指針にとらわれることなく、「改めて」、法に基づいた解釈を行うべきである。

最近の立法の傾向として、「法律・命令・告示」の3点セットで行われることが多くなり、法令に関する事細かな指針が厚生労働省から出されることが多くなった。このような状況の中で、法解釈は、その独自性を失わないように留意しなければならない。

資料Ⅰ-3　労働法の法的効力

公法上の効力 → 使用者・事業主の法的義務 → 違反＝違法 → 行政刑罰 (懲役、罰金)※
　　　　　　　　　　　　　　　　　　　　　　　　 → 秩序罰 (過料)
　　　　　　　　　　　　　　　　　　　　　　　　 → 付加金 (付加金の支払は、裁判所
　　　　　　　　　　　　　　　　　　　　　　　　　　　　　　の裁量的命令)
　　　　　　　　　　　　　　　　　　　　　　　　 → 企業名公表
　　　　　　　　　　　　　　　　　　　　　　　　 → 監督行政 (臨検、書類提出要求、
　　　　　　　　　　　　　　　　　　　　　　　　　　　　　　尋問など)
　　　　　　　　　　　　　　　　　　　　　　　　 → 行政処分 (労働者派遣事業の許
　　　　　　　　　　　　　　　　　　　　　　　　　　　　　　可、取消し、労働者派
　　　　　　　　　　　　　　　　　　　　　　　　　　　　　　遣の停止命令など)
　　　　　　　　　　　　　　　　　　　　　　　　 → 行政指導 (助言、指導、勧告)
　　　　　　　　　　　　　　　　　　　　　　　　 → 行政的救済 (命令、調停)
　　　　　→ 使用者・事業主の努力義務 → 違反 → 行政指導 (助言、指導、勧告)
　　　　　→ 国・都道府県の設置義務 (労働委員会、紛争調整委員会等の設置など)
　　　　　→ 国・地方公共団体の援助義務 (啓発活動など)

私法上の効力 → 使用者・事業主の法的義務 → 違反＝違法 → 強行的効力
　　　　　　　　　　　　　　　　　　　　　　　 → 法律行為＝無効・不法行為
　　　　　　　　　　　　　　　　　　　　　　　　　事実行為＝不法行為
　　　　　　　　　　　　　　　　　　　　　　　 → 直律的効力 (補充的効力)
　　　　　　　　　　　　　　　　　　　　　　　　　 → 労働契約の違反部分
　　　　　　　　　　　　　　　　　　　　　　　　　　　は労基法・最賃法の
　　　　　　　　　　　　　　　　　　　　　　　　　　　定める基準による
　　　　　→ 使用者・事業主の努力義務 → 違反 → 私法上の強行的効力は発生しない

　　　　　→ 公序良俗 → 違反＝違法 → 法律行為＝無効・不法行為
　　　　　　　　　　　　　　　　　　　事実行為＝不法行為

※2025年以降「拘禁刑」になる予定である。
出所：筆者作成

5　労働法の法的性質と効力

　労働法には、公法上の効力と私法上の効力がある（【資料Ⅰ-3】）。

(1)　公法上の効力

　使用者・事業主の公法上の義務には、法的義務と努力義務がある。法的義務
は、使用者・事業主に対して、「〜しなければならない」とか「〜してはなら
ない」と規定している。法的義務に違反した場合、様々な制裁が、使用者・事

業主に課される。最も重い制裁は、行政刑罰である。労基法、最賃法、労働者派遣法違反などに対して、懲役（2025年以降「拘禁刑」となる予定）や罰金という刑事罰が科される。労基法は、違反行為者のみならず、事業主に対しても罰金を科している（両罰規定。労基121条）。次に重い制裁は、秩序罰であり、均等法違反などに対して、過料が科される。また、解雇予告手当（労基20条）、休業手当（労基26条）、時間外・休日・深夜業の割増賃金（労基37条）の規定違反、または年休中の賃金（労基39条9項）の支払義務違反に対しては、裁判所は、労働者の請求により、未払金のほかに、同一額の付加金の支払を命ずることができる（労基114条）。

　日本の労働法の特色であるが、行政取締によって、法の実効性を確保している。労基法などは、行政取締の法的根拠を行政機関（厚生労働省）に与えている。労働基準監督署による監督行政、都道府県労働局による行政指導が日常的に行われている。厚生労働大臣の是正勧告に従わなかった事業主の公法上の義務違反に対しては、企業名公表という社会的制裁が行われている。たとえば、障害者雇用に関する法定雇用率を守らない企業で適正実施勧告にも関わらず改善が見られなかった場合は、企業名が公表されている。また、使用者・事業主の公法上の義務違反に対して、特別の行政委員会が設けられ、行政的救済がなされる。たとえば、労組法は、使用者に対して、不当労働行為を禁止し、その違反は、労働委員会という行政委員会による行政救済の対象としている。そのために、労組法は、国や都道府県が労働委員会を設置する義務を定めている。

　「～努めなければならない」と定める事業主の努力義務違反に対しては、行政指導が行われるだけである。労働法は、国や地方公共団体に対して、啓発活動などの援助を行うことも義務づけている。

(2)　私法上の効力

　私法上の効力は、使用者・事業主の公法上の義務が、法的義務規定の場合と努力義務規定の場合で異なる。法的義務規定は、多くの場合強行的効力を有し、場合によっては直律的効力（補充的効力）も有している。労基法13条は、労基法に定める労働条件に達しない（＝下回る）労働条件を定める労働契約の

部分を無効とし（強行的効力）、無効となった部分については、労基法の定める基準による（直律的効力）という労基法の私法的効力を規定している。直律的効力を明文をもって規定しているのは、労基法と最低賃金法である。なお、労働契約の定める労働条件が、労基法よりも上回る（＝達している）場合については、労基法13条は適用されない。

　ところで、労基法のすべての規定が私法的強行規定であるとは解されていない。最高裁判所は、有給休暇を取得した労働者に対する不利益取扱いを禁止する労基法136条を、努力義務規定と解し、労働者の年次有給休暇の取得を理由とする不利益取扱いの私法上の効果を否定するまでの効力を有しないと解している（沼津交通事件・最2小判平成5年6月25日。労基136条は、違反に対する罰則がなく、「〜しないようにしなければならない」という文言になっている）。

　努力義務規定には、私法上の強行的効力はないと解釈されている。

　労働法の各規定に私法上の強行的効力があるか否かは、規定の趣旨、規定の文言、規定の内容、処罰規定の有無などから判断する。なお、処罰規定がないことは私法上の強行的効力を否定するものではないし、処罰規定があることがただちにその規定に私法上の強行的効力があることを意味しない。労働法のある規定が、私法上の強行規定ではないとしても、その規定の趣旨が公序良俗に取り込まれ、法律行為であれば無効となり、事実行為なら損害賠償責任の法的根拠となる場合がある。

6　労働法の適用

⑴　「人」

　労働法の適用対象を「人」から見ると、民間労働者か、公務員か、船員かで異なっている。民間労働者には、労基法、労組法、労調法などが全面的に適用されるが、公務員には、国家公務員と地方公務員があり、さらに、特別職と一般職に分かれていて【資料Ⅰ-4】、労働法の適用が異なっている。たとえば、労基法の適用は次のとおりである。国家公務員のうち、一般職の国家公務員には労基法は適用されないが（国公附則6条）、行政執行法人職員には国公附則6

資料Ⅰ-4　公務員の種類

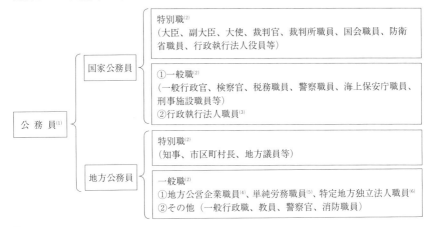

注
(1)　公務員は、「国家公務員」と「地方公務員」に分けられる。「国家公務員」は、国に勤務する公務員であり、「地方公務員」は、地方公共団体（都道府県や市区町村等）に勤務する公務員である。
(2)　公務員は、「特別職」と「一般職」に分けられる。「特別職」にあたる職は、国公法や地公法に列挙されており、「一般職」は、「特別職」以外の公務員をいう。「特別職」には、法律で特段の定めがない限り国公法または地公法は適用されない。そのほか、明文の規定はないが、公務員は、「現業」と「非現業」に分けられる。区別の基準にはいくつかの見解がある。そのうちのひとつは、労組法が適用されるか否かという区別である。「非現業」には労組法が適用されず、「現業」には適用される。また、公権力に直接かかわる仕事かどうかという職務の内容による区別がある。「非現業」は、公権力に直接かかわる職務をいい、「現業」は、公権力に直接かかわらない職務をいう。
(3)　「行政執行法人」は、独立行政法人のうち、極めて公共性の高い事業を行うので、その役員及び職員は、国家公務員とされている。2023年1月1日現在、①国立公文書館（内閣府所管）、②統計センター（総務省所管）、③造幣局（財務省所管）、④国立印刷局（財務省所管）、⑤農林水産消費安全技術センター（農林水産省所管）、⑥製品評価技術基盤機構（経済産業省所管）、⑦駐留軍等労働者労務管理機構（防衛省所管）の7法人が該当する。
(4)　地方公営企業は、地方公共団体の経営する企業のうち、水道事業、工業用水道事業、軌道事業、自動車運送事業、鉄道事業、ガス事業を公共の福祉を目的として設定し、経営する企業である（地方公営企業法2条）。一般行政事務に要する費用が権力的に賦課徴収される租税によって賄われるのに対し、地方公営企業は、提供する財貨またはサービスの対価である料金収入によって維持される。
(5)　単純労務職員は、「技能労務職員」といわれる清掃職員、学校給食員等をいう。
(6)　特定地方独立行政法人は、地方独立行政法人のうち、公共性の高い事業を行うので、その役員や職員は、地方公務員とされている。役員は特別職である。2023年4月1日現在、①地方独立行政法人岩手県工業技術センター、②地方独立行政法人山梨県立病院機構、③地方独立行政法人三重県立総合医療センター、④地方独立行政法人鳥取県産業技術センター、⑤地方独立行政法人山口県産業技術センターの5法人が該当する。
参考文献　猪野積2022『地方公務員制度講義』第一法規
出所：筆者作成

条が適用されないので、労基法の適用がある（行執労37条1項）。地方公務員には原則労基法が適用され、必要に応じて労基法の一部を適用除外している。労基法の適用は、地公労法が適用されない職員と適用される職員で異なる。(i)地公労法が適用されない職員（地方公営企業職員、単純労務職員及び特定独立行政法人職員以外の職員）は、労基法のうち、地方公務員制度と適合しないと考えられる規定および地公法に特別の定めがある規定が適用除外され（地公58条3項本文）、そのうち一定の職員については適用除外された規定の一部が適用されている（地公58条3項但書）。(ii)地公労法適用職員（地方公営企業職員、単純労務職員、特定地方独立行政法人職員）は民間労働者との類似性から労基法がほぼ全面的に適用されている（地公企39条1項など）（猪野2022：212-214）。

　また、船員についても、労基法などは一部適用されるにすぎない。

　かつては、労基法に女性保護規定があり、労働時間などの規制において、女性であるのか、男性であるのか性別によって、適用が異なっていた。現在も労基法には性別による適用の区別は残っているが、かつてに比較すると少なくなっている。現在の労働法は、妊産婦や家族的責任（育児・介護）のある労働者に対して、特別の規制を行っている（III-9）。

(2)　「場所」

　適用対象を「場所」から見ると、労働法は、属地主義により日本国内の労働関係に適用される。したがって、日本国内であれば、外資系企業であっても、外国人労働者であっても（たとえ非正規滞在就労者であっても）、適用される。海外出張など一時的に国外で労働力を提供する場合も、日本における労働力の提供の延長上にあるものとしてとらえ、日本の労働法が適用される。

　海外で発生した労使紛争に、日本の労働組合法が適用されるか否かについて、労働委員会も裁判所も否定的である（トヨタ自動車等事件・神奈川県労委命令平成18年8月7日「我が国の労働組合法は、日本における労使関係に適用されるのが原則であって、本件のような外国における労使関係には、同法を適用しなければ公平さに欠けるとか不合理であるなどの特段の事情がない限り適用されないと考えられる」、中労委命令平成18年12月6日「我が国の労働組合法は、我が国に存在する労使関係に適用

されると解される」、東京地判平成19年8月6日「不当労働行為の救済に関する我が国
の労働組合法の規定は、我が国に存在する労使関係に対して適用されるものと解するの
が相当である」、東京高判平成19年12月26日「(労組法の各規定が)、労働委員会に対し、
本件のような国外の労使関係について労働組合法を適用し、同法27条の12に定める救済
を行うべき義務を負わせているものと解することはできない」。本事件は、最高裁によ
り平成21年7月17日上告棄却された)。

　労働基準法は、企業単位ではなく、「事業又は事業所単位」で適用される。
解釈例規によると、「事業」とは、「工場、鉱山、事務所、店舗などの如く一定
の場所において相関連する組織のもとに業として継続的に行われる作業の一体
をいうのであって、必ずしもいわゆる経営上一体をなす支店、工場などを総合
した全事業などを指称するものではないこと」としている。行政解釈では、事
業は、原則として、場所的観念によって決定されるが、同じ場所にあっても別
の事業と扱ったり(たとえば工場内の診療所、食堂など)、別の場所にあっても同
じ事業と扱ったりする場合(たとえば新聞社の通信部など)がある(昭和22年9月
13日発基17号、昭和23年3月31日基発511号、昭和33年2月13日基発90号、昭和63年3
月14日基発150号、平成11年3月31日基発168号)。

(3)　法律相互間

　法律相互の適用順位について見ると、労働法は、民法の特別法であるので、
民法に対しては労働法が優先して適用される(「特別法は一般法に優先する」)。労
働法に定めはないが、民法に定めがある場合は、民法が適用される。たとえ
ば、期間の定めのない労働契約の解約告知に関して、使用者が行う場合は、労
基法20条が適用され、少なくとも30日前の予告または平均賃金30日分以上の予
告手当の支給が義務づけられている。では、労働者が期間の定めのない労働契
約の解約告知を行う場合はどうなるのだろうか。労働法はそのことについて何
も規定していない。そこで、民法627条1項が適用され、「いつでも解約の申入
れをすることができ」、「解約の申入れの日から2週間を経過すること」によっ
て契約は終了する(ただし、同条2項によると、月給制の場合は、当期の前半に解約
の申入れをすることによって、次期以後に解約することができる)。このように、労

働法は、民法の特別法として、使用者の解約告知の方法を規制し、対等の交渉力のない労働者を有利に扱っている。

　民法も労働法も何も規定していない場合は、労使自治による。労働協約・就業規則・労働契約に規定があればそれによる。このように、労働関係のすべてを法令が規制しているわけではなく、労使自治による白地の領域も多く残されている。労使自治の領域では、労働組合があれば、団体交渉によって労働条件などが決められる。労働組合がない場合は、契約の自由の名の下に、実際は使用者が労働条件や待遇を定めていることが多い。労働関係における白地の領域において、どのような人事制度を採るのかは、その企業、その経営者の理念次第である。なお、労使自治の領域においても、公序良俗違反の法律行為は無効とされるし、事実行為も不法行為として、損害賠償の対象となることがある。

⑷　労働協約、就業規則、労働契約

　労働協約、就業規則、労働契約の三者間では、労働協約が法的に最も優先する。労働基準法92条1項は、就業規則は、当該事業場に適用される労働協約に反してはならないと規定している。また、労働組合法16条は、労働協約に定める労働条件その他の労働者の待遇に関する基準に違反する労働契約の部分を無効としている（労働協約の定める労働条件などの基準を上回る場合の労働契約の効力については、Ⅴ-3の5⑵）。

　労働契約と就業規則の関係であるが、通常は労働契約によって個別に労働条件を定めず、就業規則によって定めている。就業規則は労使の合意によらず、使用者が一方的に定めるので、合理的な労働条件を定めていて、労働者に周知させていた場合には、就業規則の労働条件が労働契約の内容となる（労契7条本文）。ただし就業規則で定める基準より上回っている労働条件を定める場合は、労働契約が優先する（労契7条但書）。就業規則で定める基準に達しない労働条件を定める労働契約は、その部分については無効となり、無効となった部分は就業規則で定める基準による（労契12条）。（労働契約・就業規則についてはⅢ-2の5、労働協約についてはⅤ-3。）

7　労働者概念、使用者概念

(1)　労働者概念

　労基法の労働者（9条）の定義は、労組法の労働者（3条）の定義と異なっている。「職業の種類を問わず」という定義は同じであるが、労基法の労働者は、「事業又は事務所に使用される者」であるのに対して、労組法にはそのような文言はなく、労組法の労働者は、現在雇用されていることは、要件となっていない。また、労基法では、「賃金を支払われる者」となっているが、労組法では、「賃金、給料その他これに準ずる収入によって生活する者」となっている。したがって、失業者も、労組法の労働者となりうる。

　労組法の労働者は、失業者を含むことを除けば、労基法の労働者と一致し、労働法上統一的に解釈する学説がかつては多数説であり、その場合の判断基準は、「使用従属関係」（人的従属性、労働の他人決定性）という概念であった（青木1977：28）。それに対し、それぞれの法律は目的が異なるので、両者の労働者性は、別個の観点から判断されるべきであるとする学説が有力となってきている（角田・毛塚・浅倉2004：4西谷敏）。すなわち、労基法の「労働者」は、同法の定める法的保護を及ぼすべき者はいかなるものかという観点から定義されたものであり、労組法の「労働者」は、団体交渉助成のための同法の保護を及ぼすべき者はいかなる者かという観点から定義されたものであるとする。そして、労組法の立法趣旨から、「使用従属関係」という基準に対する疑問を呈している（菅野2019：829-830）。

　確かに、かつてのように、労働法は他法とどのように違うのかを意識して論じる必要はなくなった。しかし、労働法が、労働法として登場してこざるをえなかった歴史的背景があり、労働法を適用すべき者とそうでない者との間に差異が存在しているからこそ、労働法は登場したのである。現在においても、その差異ゆえに、労働法は存在意義を有している。本書では、その差異を、「交渉力において劣る」と定義した。使用者に対して、「交渉力に劣る」原因は、労基法の労働者と労組法の労働者ではその程度に差はあったとしても、「労働の従属性」にあると考える。「労働の従属性」という言葉は、確かに再考を要

する言葉ではあるが、その本質のとらえ方は妥当である。労働の従属性には、「人的従属性」（労務提供における指揮命令関係）、「経済的従属性」（経済的に労働力を売らざるをえない地位にあること）、「組織的従属性」（その労働が組織的に組み入れられていること）があり、それらの要素を総合的に判断する。

(2)　労基法の労働者

　労基法の労働者については、「使用される」という文言を、契約の形式にとらわれず、実質的に判断するが、判断基準については、様々な見解がある。裁判に大きな影響を与えた1985年の労働基準法研究会報告（以下1985年報告）は、「指揮監督下の労働」の判断基準としてあげている4つの要素に強弱を置いている。すなわち、基本的かつ重要な要素として「業務の内容及び遂行方法に対する指揮命令の有無」、基本的な要素として「拘束性の有無」、重要な要素として「仕事の依頼、業務従事の指示等に対する諾否の自由の有無」、補強する重要な要素として「代替性の有無」としている（【資料Ⅰ-5】）。このように、1985年報告は、「使用従属性」の判断において、「指揮監督下の労働の有無」を重視し、「報酬の労務対償性の有無」は、「使用従属性」を補強するものととらえている。判例は、総合的に労働者性を判断している（【Web資料Ⅰ-⑤　労働法の労働者性・労働契約に関する判例】）。なお、労安衛法2条および最賃法2条の「労働者」は、明文をもって労基法9条と同じ定義であると定めている。労災法は、労働者の定義をしていないが、労基法の労働者と同義であると判例は解している。

　同居の親族のみを使用する事業で働く労働者および家事使用人は、労基法116条2項により、労基法の適用除外となっている。家事使用人が適用除外になっているのは、個人の家庭の指揮命令下で家事に従事している者は通常の労働関係と異なり、国家による監督・規制を行うことが不適切であることが理由とされている。行政解釈によると、家事使用人か否かは、従事する作業の種類、性質の如何などを勘案して具体的に労働者の実態により決定し、家事一般に従事している者が家事使用人である。法人に雇われ、その役職員の家庭においてその家族の指揮命令下で家事一般に従事している者は家事使用人であるが

資料 I - 5　労働基準法の労働者性の判断基準

(1)　「使用従属性」に関する判断基準

---

①「指揮監督下の労働」に関する判断基準
　(イ)　仕事の依頼、業務従事の指示等に対する諾否の自由の有無
　　　諾否の自由あり ⇒ 指揮監督関係を否定する重要な要素となる。
　　　諾否の自由なし ⇒ 一応、指揮監督関係を推認させる重要な要素となる。
　　　事実関係だけでなく、契約内容等も勘案する必要がある。
　(ロ)　業務遂行上の指揮監督の有無
　　ⅰ）業務の内容及び遂行方法に対する指揮命令の有無
　　　　「使用者」の具体的な指揮命令を受けている ⇒ 指揮監督関係の基本的かつ重要
　　　な要素である。
　　　　　しかし、指揮命令の程度が問題である。
　　　　　通常注文者が行う程度の指示等にとどまる場合 ⇒ 指揮監督関係否定。
　　　　「使用者」の具体的な指揮命令になじまない業務の場合 ⇒ 当該事業の遂行上不
　　　可欠なものとして事業組織に組み入れられている点をもって、「使用者」の一般的
　　　な指揮監督を受けていると判断する裁判例あり。
　　ⅱ）その他
　　　　「使用者」の命令、依頼等により通常予定されている業務以外の業務に従事す
　　　ることがある場合 ⇒「使用者」の一般的な指揮監督を受けているとの判断を補強す
　　　る重要な要素となろう。
　(ハ)　拘束性の有無
　　　　勤務場所及び勤務時間が指定され、管理されていること ⇒ 一般的には、指揮監督
　　　関係の基本的な要素である。
　　　　当該指定が業務の性質や安全確保の必要性等によるものか、業務の遂行を指揮命令
　　　する必要によるものかを見極める必要がある。
　(ニ)　代替性の有無―指揮監督関係の判断を補強する要素
　　　　本人に代わって他の者が労務を提供することが認められている ⇒ 指揮監督関係を
　　　否定する要素のひとつ。
②報酬の労務対償性に関する判断基準
　　「労働の対償」とは、「労働者が使用者の指揮監督の下で行う労働に対して支払うも
　の」というべきものであるから、報酬が「賃金」であるか否かによって逆に「使用従属
　性」を判断することはできない。
　　しかし、報酬の性格が使用者の一定の指揮監督下に一定時間労務を提供していること
　に対する対価と判断される場合 ⇒「使用従属性」を補強する。

---

(2)　「労働者性」の判断を補強する要素

　　「労働者性」が問題となる限界的事例の場合には、以下の要素を勘案して、総合的に判
　断する必要がある。

①事業者性の有無
　(イ)　機械、器具の負担関係
　　　著しく高価な機械や器具を所有する場合 ⇒ 自らの計算と危険負担に基づいて事業運営を行う「事業者」としての性格が強く、「労働者性」を弱める要素となる。
　(ロ)　報酬の額
　　　報酬の額が当該企業において同様の業務に従事している正規従業員に比して著しく高価である場合 ⇒「事業者」に対する代金の支払と認められ、「労働者性」を弱める要素となる。
　(ハ)　その他
　　　裁判例では、業務遂行上の損害に対する責任を負う、独自の商号使用が認められている等の点を、「事業者」としての性格を補強する要素としているものがある。
②専属性の程度
　(イ)　他社の業務に従事することが制度上制約され、また、時間的余裕がなく事実上困難である場合 ⇒ 専属性の程度が高く、経済的に当該企業に従属していると考えられ、「労働者性」を補強する要素となる。
　(ロ)　報酬に生活保障的な要素が強いと認められる場合⇒「労働者性」を補強するものである。
③その他
　裁判例において、①採用、委託等の選考過程が正規従業員の採用の場合とほとんど同様であること、②報酬について給与所得としての源泉徴収を行っていること、③労働保険の適用対象としていること、④服務規律を適用していること、⑤退職金制度、福利厚生を適用していること等「使用者」がその者を自らの労働者と認識していると推認される点を「労働者性」を肯定する判断の補強事由とするものがある。

出所：1985年労働基準法研究会報告に筆者が手を加えた。

（＝労基法が適用されない）、個人家庭における家事を事業として請け負う者に雇われて、その指揮命令下で当該家事を行う者は家事使用人に該当しない（＝労基法が適用される）。

　最近、家事使用人が労基法の適用除外となっていることが問題となったのが、国・渋谷労基署長（山本サービス）事件（東京地判令和4年9月29日）である。Aは、1週間住み込みで会社に雇われて訪問介護ヘルパーとして個人家庭における高齢者の介護業務に従事しつつ（労基法が適用される）、同時に高齢者の息子と雇用契約を締結し家政婦として家事業務に従事していた（家事使用人であれば労基法は適用されない）。1週間の当該業務を終えた後にAが心臓疾患で死亡したことは、業務に起因するものであるとして、遺族が労災保険の遺族補償給付等を請求したが、家事使用人は労災法の適用がないとして、不支給

となった。遺族は、不支給処分の取り消しを求めて訴訟を提起したが、東京地裁は、息子との雇用契約に基づく業務は、業務の種類、性質も家事一般を内容とするものであり、家事使用人にあたり、家事業務は業務起因性の検討対象にならないとして、1週間の拘束時間168時間（24時間×7日）のうち介護業務に従事した労働時間は1週間で31時間30分（4時間30分×7日）にとどまることから、業務起因性を認めなかった。この判決を受けて、厚生労働省は、2023年1月から3月にかけて家事使用人の労働実態調査を行った。なお、ILOは、その特殊性により労働法や社会保障法の適用対象外になることが多い家事労働者を労働者と認定し、その労働条件改善をめざして、2011年に家事労働者条約（第189号）を初めて採択したが、日本は批准していない。

　ところで、働き方が多様化して、個人が事業者として業務に従事するフリーランスの人口が増えてきている（2020年の内閣官房日本経済再生総合事務局調査によると副業も含めて462万人）。フリーランスは、委託先との関係において弱い立場にありながら、労働法が適用されない。そこで、取引の適正化および安心して働ける環境の整備を図るために、特定受託事業者に係る取引の適正化等に関する法律、いわゆるフリーランス・事業者間取引適正化等法が2023年5月に公布され、公布日から起算して1年6か月を超えない範囲で施行される。

(3) 労基法の使用者

　労基法の名宛人は、主に、使用者であり、使用者に公法上の義務を課している。実際に、労働者の労働条件を管理監督するのは、経営者のみならず、その意を受けて指揮命令する管理職である。そこで、労基法10条は、使用者を広く定義している。すなわち、(i)事業主、(ii)事業の経営担当者、(iii)その他その事業の労働者に関する事項について、事業主のために行為するすべての者としている。「事業主」とは、法人組織の場合は法人そのもの、法人格を有しない個人経営の場合は個人事業主をさす。裁判において、労基法上の使用者概念が問題とされることはほとんどなく、もっぱら労働者性が問題となる。

(4)　労働契約上の労働者・使用者

　労働契約上の使用者か否かが問題となるのは、(i)子会社の労働者に対する親会社の使用者性、(ii)業務請負契約によって受け入れている下請の労働者に対する元請会社の使用者性、(iii)労働者派遣契約によって受け入れている派遣労働者に対する派遣先会社の使用者性である（安枝・西村2021：35-37）。

　(i)については、法人格否認の法理によって、親会社の使用者性が認められることがある（徳島船井電機事件・徳島地判昭和50年7月23日、川岸工業事件・仙台地判昭和45年3月26日）。法人格否認の法理とは、「法が積極的に認める会社の経済的社会的有用性の目的範囲を事実上潜脱してその構成員たる社員（株式会社であればその株主）に利用される場合、その会社に対する債権債務関係者に対する関係で法の求める衡平の観念からして裁判所において当該会社の独立した法主体性に限界を画し、その限界をはみ出る部分について法人格の構成社員に対する独立性を否定することができる」とする理論である。そして、法人格否認の法理が認められる場合は、第1に、法人格が全くの形骸に過ぎない場合、第2に、法人格が法律の適用を回避するために濫用される場合である（最1小判昭和44年2月27日）。(ii)について、サガテレビ事件は、黙示の意思の合致によっても労働契約は成立するとし、事業所内下請労働者（派遣労働者）と親企業（派遣先企業）との間に事実上の使用従属関係があり、派遣元企業（下請企業）の存在が形式的名目的に過ぎず、派遣先企業が派遣労働者の労働条件を決定していると認めるべき事情のあるときには、黙示の労働契約が締結されたものと認められる余地があるとしている（福岡高判昭和58年6月7日）。裁判例については、【Web資料Ⅰ-⑤】参照。(iii)については、Ⅱ-2で述べる。

　これまで、労働契約上の労働者については、明文規定はなく、労基法の労働者と同じように解していた。2008年施行の労働契約法は、「労働者」を、「使用者に使用されて労働し、賃金を支払われる者をいう」と定義した。労基法の労働者の定義と比較すると、「事業又は事務所に」という文言がないが、労基法の労働者と同じ概念であると考えられる。しかし、労働契約法が適用される労働者を、労基法の労働者の定義にこだわらず、民法623条の雇用契約の「労働に従事する」者のように幅広くとらえるべきであるとする見解がある（野川

2012：81-82)。

(5) 労組法の労働者

労組法の労働者は、労基法の労働者のように、「使用されている」ことは要件となっておらず、解雇された労働者のように、現在雇用されていなくても、労組法の労働者でありうる。

中部日本放送・CBC管弦楽団労組事件（最1小判昭和51年5月6日）では、演奏という特殊な労務を提供する楽団員について、必ずしも日々一定の時間的拘束を会社から受けていないが、会社において必要とするときは随時一方的に指定して出演を求めることができ、それに従うべき基本的関係があるので、会社に指揮命令の権能があると認め、また、楽団員に支払われる出演報酬は、演奏という労務の提供それ自体の対価と見るのが相当であるとして、楽団員は、自由出演契約の下においてもなお会社に対する関係において労組法の適用を受けるべき労働者であるとした。

その後、労働組合法の労働者か否かをめぐって、新国立劇場運営財団事件、INAXメンテナンス事件、ビクターサービスエンジニア事件において、裁判所と労働委員会の見解が対立した。

新国立劇場運営財団事件では、財団と出演基本契約を締結した上で公演ごとの個別公演出演契約の締結により出演していたオペラ歌手が、試聴会の審査の結果不合格となり出演基本契約が締結されなかったため、加入する労働組合が次期シーズンの契約について団体交渉を申し入れたところ、財団は当該オペラ歌手とは雇用関係にないことを理由に団体交渉を拒否し、不当労働行為か否かが争われた事件である（別訴の労働契約確認等請求事件については、【Web資料Ⅰ-⑤】）。INAXメンテナンス事件では、会社と業務委託契約を締結し修理補修等に従事する者（カスタマーエンジニアといい、以下CEという）が加入する労働組合が、CEの労働条件変更等を議題とする団体交渉を申し入れたが、会社は、CEは労働者にあたらないとして、団体交渉を拒否し、不当労働行為か否かが争われた事件である。ビクターサービスエンジニア事件では、会社と業務委託契約を締結し修理等に従事する業者（代行店という）であって個人営業の形態

のもの（個人代行店という）が加入する労働組合が個人代行店の待遇改善を要求事項とする団体交渉の申し入れをしたが、会社は個人代行店は労働者にあたらないなどとして、団体交渉を拒否し、不当労働行為か否かが争われた事件である。

　このうち、前二者の事件については、2011年 4 月12日、最高裁判所は労働組合の労働者性に関する判断を示し、対立に終止符を打った（新国立劇場運営財団事件・中労委命令平成18年 6 月 7 日［肯定］、東京地判平成20年 7 月31日［否定］、東京高判平成21年 3 月25日［否定］、最 3 小判平成23年 4 月12日［肯定］、INAX メンテナンス事件・中労委命令平成19年10月 3 日［肯定］、東京地判平成21年 4 月22日［肯定］、東京高判平成21年 9 月16日判決［否定］、最 3 小判平成23年 4 月12日［肯定］）。ビクターサービスエンジニア事件については、前二者と同じ考え方に立ちながら、個人代行店が独立の事業者としての実態を備えていると認めるべき特段の事情の有無の判断において、審理が不十分であるとして、審理を尽くさせるべく、原審に差し戻した（中労委平成20年 2 月20日［肯定］、東京地判平成21年 8 月 6 日［否定］、東京高判平成22年 8 月26日［否定］、最 3 小判平成24年 2 月21日［差戻し］、東京高判平成25年 1 月23日［差戻控訴審：原判決全部取消]）。

　上記 3 つの最高裁判所判決は、一般的な判断枠組みを示すものではないが、労働組合法の労働者を、次のような 5 つの要素から判断している。(ⅰ)労務提供者が、事業の遂行に不可欠な労働力として会社の組織に組み入れられていたこと、(ⅱ)会社が契約内容を一方的に決定していたこと（労務提供者の側に交渉の余地がなかったこと）、(ⅲ)労務提供者の報酬は、労務の提供それ自体の対価としての性格を有すること、(ⅳ)承諾拒否に対する不利益な取扱い等はなかったとしても、各当事者の認識や契約の実際の運用においては、労務提供者は基本的に会社の依頼に応ずべき関係にあったこと、(ⅴ)労務提供者は、会社の指定する業務遂行方法に従い、その指揮監督の下に労務の提供を行い、かつ、その業務について場所的にも時間的にも一定の拘束を受けていたこと。

　最高裁判決後の2011年 7 月に公表された労使関係研究会報告書は、(ⅰ)(ⅱ)(ⅲ)は基本的な判断要素であり、(ⅳ)(ⅴ)は補充的判断要素であるとし、消極的判断要素として、顕著な事業者性が認められる場合は、判断要素の総合判断の結果

資料 I‑6　労働組合法上の労働者性の判断基準

出所：労使関係研究会報告書（労働組合上の労働者性の判断基準について）平成23年7月

として労働者性が消極的に解されるとする（【資料 I‑6】）。

　労働委員会は、ヘップサンダル工（中労委命令昭和35年8月17日）、特定の映画会社に所属する俳優（京都府労委命令昭和40年7月27日）、プロ野球選手（東京都労委命令昭和60年11月14日）、僧侶（京都府労委命令平成8年12月28日）を、労組法の労働者と認めた。しかし、コンビニ加盟店主については、岡山県労委は「独立性は希薄」として労働組合法上の労働者性を認めたが（岡山県労委命令平成26年3月13日）、中労委は上記基本的な判断要素(i)(ii)(iii)を検討し労組法上の労働者性を根拠づけるものはなく「顕著な事業者性」があるとして労組法上の労働者には当たらないとし、判断が分かれている（中労委命令は、裁判所によって是認された。東京地判令和4年6月6日、東京高判令和4年12月21日、最二判令和5年7月12日）。

(6)　労組法の使用者

　労組法には、労働者の定義規定はあるが、使用者の定義規定はない。労組法の使用者性が問題となるのは、不当労働行為においてであるので、V‑4で述べる。

第II章　労働市場法

1　勤労権（労働権）と労働市場法

1　勤労権（労働権）と労働市場法

(1)　勤労権

　①労働市場法と勤労権　労働市場体制の整備と雇用の保障に関する諸立法を総称して「労働市場法」という（Iの**3**(2)）。労働市場法の規範的根拠となるのが、憲法27条1項である。「憲法にいう勤労の権利とは、これまで『労働権』とよばれていたもので、人は労働の能力をもちながら、一般の企業において就職できないときは、国家に対して労働の機会の保障を請求することができ、国家はそれができなければ、失業保険その他の失業対策を講ずべき義務を負う、ということを法的にあらわそうとするもの」（峯村1962：36）である。

　②法的性質　勤労権は、労働の自由や職業選択の自由とは異なり、社会権的な性質を有する。ただし、憲法27条1項は、個人に対して具体的な請求権を認めるものではない。学説の通説的見解は、具体的権利を保障したものではなく、国に次の2つの政策義務を課したものと解する（荒木2022：817）。(a)労働者が自己の能力と適性を活かした労働の機会を得られるように労働市場の体制を整える義務。(b)そのような労働機会を得られない労働者に生活を保障する義務。

　憲法27条1項は、「法解釈論としてはプログラム的、すなわち政治綱領的規定と解釈せざるを得ない限界があると思う。それだけに政治は重い責任を負わなければならず、『労働権』の解釈につき裁判所の解釈に判断を委ねるかたち

資料Ⅱ-1　労働市場法を構成する主な法律

労働市場政策の基本法	労働施策の総合的な推進並びに労働者の雇用の安定及び職業生活の充実等に関する法律（労働施策総合推進法）
職業紹介等	職業安定法
職業能力開発	職業安定法、職業能力開発促進法、職業訓練の実施等による特定求職者の就職の支援に関する法律（求職者支援法）
失業防止・失業給付	雇用保険法
雇用促進	障害者の雇用の促進等に関する法律（障害者雇用促進法）、高年齢者等の雇用の安定等に関する法律（高年齢者雇用安定法）、青少年の雇用の促進等に関する法律（青少年雇用促進法）
雇用創出	地域雇用開発促進法
非正規雇用	労働者派遣事業の適正な運営の確保及び派遣労働者の保護等に関する法律（労働者派遣法）、短時間労働者及び有期労働者の雇用管理の改善等に関する法律（パートタイム・有期雇用労働法）、労働契約法

出所：筆者作成

で政治責任が軽減されるものではない」（川口1981：173）ものである。

(2)　労働市場法

　憲法27条の要請を受けて、政府には、完全雇用の実現に向けた諸施策（労働市場の整備や雇用の保障）を実現するための法整備が求められる。これが労働市場法といわれる法分野である。【資料Ⅱ-1】は労働市場法を構成する主な法律である。

2　労働市場政策の基本法

(1)　労働施策総合推進法の目的

　労働市場政策の基本法が、労働施策の総合的な推進並びに労働者の雇用の安定及び職業生活の充実等に関する法律（以下「労働施策総合推進法」）である。

　同法の目的は、「国が、少子高齢化による人口構造の変化等の経済社会情勢の変化に対応して、労働に関し、その政策全般にわたり、必要な施策を総合的

に講ずることにより、労働市場の機能が適切に発揮され、労働者の多様な事情に応じた雇用の安定及び職業生活の充実並びに労働生産性の向上を促進して、労働者がその有する能力を有効に発揮することができるようにし、これを通じて、労働者の職業の安定と経済的社会的地位の向上とを図るとともに、経済及び社会の発展並びに完全雇用の達成に資すること」（1条1項）にある。また、第3条にわが国の労働市場政策の理念を掲げる。

(2)　労働施策総合推進法が掲げる諸施策

　労働施策総合推進法は、国に対して同法4条が掲げる各分野の諸施策を総合的に取り組むことを求めている（【Web資料Ⅱ-①　労働施策推進法が掲げる国が講ずべき施策】）。同法はまた、地方公共団体は、地域の実情に応じ、労働に関する必要な施策を講ずるように努めなければならないとする（5条）。

　それとともに、事業主に対して、その責務として次の努力義務を課している。(a)労働者が生活との調和を保ちつつその意欲及び能力に応じて就業することができる環境の整備（6条1項）。(b)事業規模の縮小等に伴い離職を余儀なくされる労働者に対する再就職の援助（6条2項）。(c)雇用する外国人労働者の雇用管理の改善・離職時の再就職の援助（7条）。

(3)　募集・採用に係る年齢制限の禁止

　2007年の雇用対策法（現・労働施策総合推進法）の改正によって、厚生労働省令で定める一定の例外を除き、労働者の募集・採用に係る年齢制限が禁止された（労働施策推進9条）（Ⅳの**5**）。

　この厚生労働省令で定める募集・採用に係る年齢制限禁止の例外とは、以下のものである（労働施策推進法施行規則1条の3第1項）。(a)長期間の継続勤務による職務に必要な能力の開発・向上を目的として特定の年齢を下回る労働者の募集・採用を行うとき。(b)事業主が雇用する特定の年齢の範囲に属する特定の職種の労働者の数が相当程度少ないものとして厚生労働大臣が定める条件に適合する場合において、当該職種の業務に必要な技能・知識の継承を図ることを目的として労働者の募集・採用を行うとき。(c)芸術または芸能の分野における

表現の真実性等を確保するために特定の年齢の範囲に属する労働者の募集・採用を行うとき。

3　労働市場法の諸分野

⑴　職業紹介

　①職業紹介の定義　　労働力需給調整のシステムの１つに職業紹介がある（【Web 資料Ⅱ-②　わが国の労働力需給調整システム】）。職業安定法は、職業紹介の定義を次のように示す。「この法律において『職業紹介』とは、求人及び求職の申込みを受け、求人者と求職者との間における雇用関係の成立をあっせんすることをいう」（４条１項）。最高裁判決は、求人者と求職者の間に雇用関係を成立させるために両者を引き合わせる行為のみならず、求人者に紹介するために求職者を探索し、求人者に就職するよう求職者に勧奨する「スカウト行為」も、職業安定法における職業紹介にあたるとした（東京エグゼクティブ・サーチ事件・最２小判平成６年４月12日）。

　職業紹介を行うのは、国の機関である公共職業安定所（通称「ハローワーク」）と、民間の職業紹介事業者である。職業安定法は、公共職業安定所と民間の職業紹介事業者は協力関係にあるものと位置づけている（職安５条の２）。民間の職業紹介事業には、有料の職業紹介事業と無料の職業紹介事業とがある。

　②職業紹介事業に対する規制　　職業安定法は、公共職業紹介事業と民間の職業紹介事業に共通する職業紹介の原則として、次のものを定める。(a)職業選択の自由。(b)均等待遇（差別的取り扱いの禁止）。(c)労働条件等の明示。(d)求職者の個人情報の保護。(e)求人・求職の申込み受理（申し込みを受理しなくてはならない）。(f)求職者の能力に適合する職業の紹介。(g)労働争議への不介入。

　これらに加えて、民間の職業紹介事業には、求職者の保護の観点から一定の規制が加えられている。有料・無料を問わず、職業紹介事業を行うには厚生労働大臣の許可を要する。ただし、学校・特別法による法人（商工会議所や農業協同組合など）・地方公共団体による無料の職業紹介は、同大臣への届出でよい。

　民間の有料職業紹介事業は、職業安定法32条の11で禁止されている次の職業

以外のものについて行うことができる（ネガティブ・リスト方式。無料の職業紹介事業にはこのような規制はない）。(a)港湾運送業務に就く職業。(b)建設業務に就く職業。(c)その他有料の職業紹介事業においてその職業のあっせんを行うことがその職業に就く労働者の保護に支障を及ぼすおそれがあるものとして厚生労働省令で定める職業。

　また、民間の有料職業紹介事業者は、一定の場合を除き求職者からは手数料を徴収してはならないとされる。有料とは原則として求人側から手数料を得ることを意味するものであり、求職者から得ることを意味するものではない。

(2)　職業能力の開発・向上

　①職業能力開発の意義　職業能力開発には次の2つの機能がある。(a)人的資本の価値向上を通じた就職の促進（求職者に対する職業訓練）。(b)雇用の維持・キャリア形成（在職者に対する教育訓練）。

　②職業能力開発促進法　職業能力開発促進法は、労働施策総合推進法と相まって、(a)職業訓練・職業能力検定に関する施策と、(b)労働者が自ら教育訓練・職業能力検定を受ける機会を確保するための施策等を総合的・計画的に講ずることにより、(c)労働者の職業能力の開発・向上の促進と、職業の安定・労働者の地位の向上を図るとともに、(d)経済及び社会の発展に寄与することを目的とする（職業能力開発促進法1条）。また、第3条にわが国の職業開発促進の理念を掲げる。

　③職業能力の開発・向上に関する諸施策　わが国の職業能力開発に関する諸施策は、この職業能力開発促進法が定める諸施策に加え、雇用保険法（教育訓練給付・能力開発事業）や求職者支援法（求職者支援訓練）などに基づき実施されている。【web資料Ⅱ-③職業能力の開発・向上に関する諸施策】は、本稿執筆時点における職業能力の開発・向上に関する諸施策である。

(3)　失業の防止・失業した労働者に対する給付

　①諸施策　就業している労働者の失業防止に関する主な施策として、労働施策総合推進法に基づく施策（事業主による再就職援助計画の作成・認定［労働政

資料Ⅱ-2　雇用保険制度

①	求職者給付	○一般被保険者に対する求職者給付（基本手当、技能習得手当、寄宿手当、傷病手当） ○高年齢者に対する求職者給付（高年齢求職者給付金） ○短期雇用特例被保険者に対する求職者給付（特例一時金） ○日雇労働者に対する求職者給付（日雇労働求職者給付金）
	就職促進給付	○就業促進手当、移転費、求職活動支援費
	教育訓練給付	○教育訓練給付金
	雇用継続給付	○高年齢雇用継続基本給付金、高年齢者再就職給付金、介護休業給付金
②		○育児休業給付金、出生時育児休業給付金
③	雇用安定事業	○各種の助成金（雇用調整助成金、労働移動支援助成金、65歳超雇用推進助成金、特定求職者雇用開発助成金、トライアル雇用助成金、中途採用等支援助成金、地域雇用開発助成金、通年雇用助成金、人材確保等助成金、キャリアアップ助成金）
	能力開発事業	○職業訓練・職業講習・作業環境に適応させる訓練等に係る各種の助成・援助 ○公共職業能力開発施設等の設置・運営 ○キャリアコンサルティングの機会の確保 ○技能検定の実施に係る経費の負担等 ○その他働者の能力の開発・向上のために必要な事業

　※①失業等給付、②育児休業給付、③雇用保険2事業
出所：筆者作成

策総合推進24条]）や、雇用保険法に基づく施策（事業主に対する雇用調整助成金
［雇保62条1項1号］、労働者に対する雇用継続給付［雇保61条〜61条の5］、雇用安定
事業［雇保62条]）がある。

　また、失業した労働者に対する主な施策として、雇用保険の求職者給付（雇
保13条〜56条の2）や就職促進給付（雇保56条の3〜60条）がある。ここでは、わ
が国の雇用保険法について説明しよう。

　【資料Ⅱ-2】【Web資料Ⅱ-④　雇用保険制度の概要】は、わが国の雇用保険制度
である。雇用保険制度は、失業等給付と雇用保険事業とで構成される。わが国
の雇用保険制度の特徴は、所得保障の機能と雇用保障の機能をあわせ持つ点に
ある。

②**保険者・適用事業・被保険者**　雇用保険の保険者は政府である。保険料の納付等については、原則的に雇用保険と労災保険を「労働保険」として一体のものとして取り扱っている（Ⅲ-6の**2**(1)①）。

労働保険は、いずれも個人単位ではなく事業単位で適用される。ここでいう「事業」とは、独立性を持った1つの経営組織のことである。したがって、同一企業内であっても、本社・支店・工場などが独立していれば、それぞれが1つの事業となる。雇用保険は、一部の例外を除き、労働者を1人でも雇用するすべての事業に強制的に適用される。

雇用保険の被保険者は、適用事業に雇用される労働者で、就業形態などにより雇用保険が適用されない者（適用除外）を除く者である。被保険者は就労形態によって4つに分類される。(a)一般被保険者。(b)高年齢継続被保険者。(c)短期雇用特例被保険者。(e)日雇労働被保険者。

短時間就労者や派遣労働者も、1週間の所定労働時間が20時間以上で、31日以上引き続き雇用されることが見込まれる場合には、一般被保険者として雇用保険が適用される。複数の事業主の適用事業に雇用される労働者は、原則として、生計を維持するのに必要な主たる賃金を受ける1つの事業についてのみ被保険者となる。

③**保険関係の成立と消滅**　適用事業の保険関係は、事業開始の日またはその事業が適用事業に該当するに至った日に自動的に成立する。事業主はその日から10日以内（翌日から起算する）に、保険関係成立届を労働基準監督署長または公共職業安定所長に提出しなくてはならない。保険関係は事業が廃止または終了した日の翌日に消滅する。事業主は保険関係の消滅後50日以内に「確定保険料申告書」を提出して、保険料の精算手続きをとらなくてはならない。

④**失業等給付**　被保険者に対する保険給付である失業等給付は、労働者が失業してその所得の源泉を喪失した場合、生活や雇用の安定と再就職の促進のために支給される。

保険事故となる「失業」とは、離職し労働の意思と能力を有するにもかかわらず、就労できない状態のことをいう（同4条3項）。したがって、事業主との雇用関係が終了したこと（4条2項「離職」）だけでは保険事故とはならない。

裁判例に、定年退職後、会社を設立し代表取締役に就任した者について、収入の有無に関わらず失業しているとはいえないとするものがある（岡山職安所長事件・広島高判昭和63年10月３日）。なお、失業等給付の受給に際して労働の意思が必要とされるのは、憲法27条の「勤労の義務」の反映であるものということができる。

　給付制限の対象に次のものがある。(a)職業紹介や職業訓練等の拒否（同32条）。(b)被保険者の自己の責めに帰すべき重大な理由による解雇や、正当な理由のない自己都合の退職（同33条）。(c)不正受給（同34条、60条、60条の３）。

　また、失業等給付を受ける権利は、譲り渡し、担保に供し、または差し押えることができない（同11条）。租税その他の公課は、失業等給付として支給を受けた金銭を標準として課することができない（同12条）。

　⑤育児休業給付　　育児休業給付は、「労働者が子を養育するための休業をした場合」（雇保１条）に現金給付を行うことで、「労働者の生活及び雇用の安定を図る」（同条）ものである。育児休業給付金は、一般被保険者が１歳未満の子（保育所等における保育の実施が行われないなどで育児休業を延長する場合には２歳未満まで）を養育するために育児休業を取得した場合に支給される（雇保61条の７）。ただし、育児休業開始前２年間にみなし被保険者期間が通算して12か月以上あることを要する（同条）。

　⑥支給決定・審査請求　　保険給付の支給決定は、公共職業安定所長が行う（原処分）。原処分に不服がある場合の審査請求は、次のような流れとなっている（雇保69条以下。【Web資料Ⅱ-⑤　労働保険審査制度】）。

　(a)原処分に不服がある場合、雇用保険審査官に対して60日以内に審査請求を行う。(b)この雇用保険審査官の決定に不服がある場合、60日以内に労働保険審査会に再審査請求を行う。また、審査請求から３か月を経過しても決定が無い場合も同様である。(c)この労働保険審査会の裁決に不服がある場合、６か月以内に裁判所に不支給決定の取消訴訟を提起する。また、再審査請求から３か月を経過しても裁決がない場合も同様である。このように、不服申立前置主義がとられている。

　雇用保険審査官と労働保険審査会は、いずれも労働保険審査官および労働保

険審査会法に基づき設置されている。雇用保険審査官と労働者災害補償保険審査官（Ⅲ-8の**2**(3)）は都道府県労働局に置かれ、厚生労働大臣が任命する。また、労働保険審査会は厚生労働大臣の所轄の下に置かれる。同審査会の委員は9人で組織され、両議院の同意を得て厚生労働大臣が任命する。

⑦**雇用保険事業**　雇用保険事業は、「雇用安定事業」と「能力開発事業」からなる（雇保3条）。雇用安定事業は、失業の予防・雇用状態の是正・雇用機会の増大・その他雇用の安定を図るために実施される（同62条）。また、能力開発事業は、職業生活の全期間を通じて、被保険者等の能力を開発し、および向上させることを促進するために実施される（同63条）。

これらによって、各種助成金の支給などが行われている。雇用保険二事業として支給される助成金などは、譲渡・担保・差押えの対象となる。また、租税その他の公課の対象ともなる。

雇用保険二事業に係る処分に不服がある場合には、行政不服審査法に基づき都道府県労働局長に対して不服申立てを行う。この点で、保険給付に係る原処分に不服がある場合に、雇用保険審査官に対して審査請求を行うのとは異なる。裁判例は、助成金の不支給決定には行政処分性が認められないとする（福岡高那覇支判平成5年12月9日）。

⑧**費用負担**　失業等給付に要する費用は、保険料と国庫負担でまかなわれる。保険料は、事業主が被保険者に支払った賃金額に一定の保険料率を乗じて算出され、被保険者と事業主とで負担する。これに対して、雇用保険二事業には国庫負担がなく、この事業にかかる費用は、事業主の保険料負担のみによって全額まかなわれている。剰余金は積立てられ、景気悪化時の財源や、保険料納期前の短期的な資金需要への対応に用いられる。

4　障害者・高齢者・青少年の雇用促進

(1)　**障害者**

①**3つのアプローチ**　障害をもつ人を労働市場に統合または再統合するための主な法政策には、次の3つのアプローチがある（OECD2004：110）。(a)市民

権に基づくアプローチ（差別禁止法制）。(b)使用者の雇用義務に基づくアプローチ（義務的割当雇用制度）。(c)雇用へのインセンティブを高めるアプローチ。差別禁止と割当雇用のいずれを選択するかは、「主として文化的な違い、文化的な態度、文化的な経験に基づいているようである」（OECD2004：112）。わが国は、義務的割当雇用制度と差別禁止法制を採用している。

②**雇用率制度**　　義務的割当雇用制度の根拠法となるのが、障害者の雇用の促進等に関する法律（障害者雇用促進法）である。同法では、国家は社会連帯の観点から事業主に対して一定割合の障害者を雇用するよう求め、障害者個人はいわばその反射的効果として一般雇用の場を得るという枠組が採用されている（増田1997：128）。

　具体的には、雇用率制度が導入されている。これにより、一定数以上の常用労働者を雇用する事業主は、その雇用している労働者に占める身体障害者・知的障害者・精神障害者の割合を、政令で定められる雇用率（「法定雇用率」）以上にしなくてはならないものとされる。

　一般の民間企業の法定雇用率は、2024年度は2.3％で、2025年年度以降、段階的に引き上げられ、2026年度には2.7％となる。特殊法人等・国・地方公共団体の法定雇用率は、2024年度は2.6％で、2026年度には3.0％となる。教育委員会の法定雇用率は、2024年度は2.5％で、2026年度には2.9％となる。

　なお、障害者雇用促進法は、障害者を次のように定義している。「身体障害、知的障害又は精神障害（略）があるため、長期にわたり、職業生活に相当の制限を受け、又は職業生活を営むことが著しく困難な者」（2条1号）。

③**雇用率の通算**　　雇用率制度と関連して、(a)企業グループ全体で障害者の実雇用率を通算できる制度（特例子会社制度と企業グループ算定特例）や、(b)事業協同組合等とその組合員である中小企業とで障害者の実雇用率を通算できる制度（「事業協同組合等算定特例」）が導入されている（【Web資料Ⅱ-⑥　特例子会社制度】【Web資料Ⅱ-⑦　企業グループ算定特例と事業協同組合等算定特例】）。

　特例子会社制度とは、事業主が障害者の雇用に特別の配慮をした子会社を設立し、一定の要件を満たす場合、子会社の労働者を親会社に雇用されているものとみなし実雇用率を算定できる制度である。特例子会社を持つ親会社につい

ては、関係する子会社も含めた企業グループ全体で実雇用率を算定できる。

　企業グループ算定特例とは、一定の要件を満たす企業グループとして厚生労働大臣の認定を受けたものについては、特例子会社がない場合であっても、企業グループ全体で実雇用率を算定できる制度である。

　特例子会社制度に関しては、「特例子会社の認定要件を緩和することでその設立件数が増加することは、障害者の雇用の場が拡大することを意味する。しかしそれと同時に、企業が効率性の観点から障害者を健常者と分離して、専ら子会社に雇入れることにより法定雇用率の達成を図るという傾向が強まることも否定できないであろう。仮に、企業の間にこの傾向が強まるのであれば、特例子会社制度はノーマライゼーションの理念に照らして望ましいものでなくなる」（増田1997：130）点に留意する必要がある。

　④障害者雇用納付金・各種の誘導措置　雇用する障害者の数が法定雇用率に満たない事業主からは、「障害者雇用納付金」を徴収する。ただし、常用雇用労働者が100人以下の事業主からは徴収しない。

　障害者雇用納付金を財源として次の３つのことが行われている。(a)雇用率達成事業主への「障害者雇用調整金」（常用雇用労働者100人以上の事業主）や「報奨金」（同100人以下で障害者を４％または６人のいずれか多い数を超え雇用する事業主）の支給。(b)在宅就業障害者に仕事を発注する事業主への「調整金」や「報奨金」の支給。(c)障害者を雇入れるための施設の設置・介助者の配置等への各種助成金の支給。

　このような雇用率制度に加え、障害者雇用促進法は、事業主の障害者雇用へのインセンティブを高めるための各種の誘導措置を規定している。

　⑤障害者差別の禁止　障害者雇用促進法は、障害者の差別禁止について規定している。わが国は2013年12月４日の参議院本会議において、国連障害者権利条約（2007年９月28日署名）の批准が可決・承認された。同条約は、障害に基づく差別（直接差別、間接差別、合理的配慮の欠如）を禁止している。同条約の批准に向けた差別禁止法制の整備の一環として、障害者雇用促進法の一部が改正され、事業主に対して次の義務が課された（Ⅳの**6**）。(a)障害者に対する不当な差別的取扱いの禁止。(b)障害者に対する合理的配慮の提供。(c)前記(a)(b)に係

るその雇用する障害者からの苦情の自主的解決（努力義務）。具体的な規定については Ⅳ-6 で説明する。

　⑥就労支援のサービス　　障害者雇用促進法は、職業リハビリテーションの原則（8条）を定めるとともに、職業リハビリテーションにかかわる組織等（公共職業安定所、障害者職業センター、障害者就業・生活支援センター）について規定する。また、障害者総合支援法は、就労支援のサービス（就労移行支援事業、就労継続支援 A 型事業、同 B 型事業、就労定着支援事業）について規定する（【Web資料Ⅱ-⑧　障害者総合支援法における就労系障害福祉サービス】）。職業能力開発推進法は、職業訓練の施設である障害者職業能力開発校について規定する。

(2)　高齢者

　①高年齢者等の雇用の安定等に関する法律　　高齢者の安定した雇用の確保に関しては、労働施策総合推進法による採用・募集時の年齢制限禁止とともに（前述 **2**(3)：31頁）、高年齢者等の雇用の安定等に関する法律（高年齢者雇用安定法）による次の諸施策がある。(a)高年齢者雇用確保措置（70歳までの就業確保措置。定年年齢の引き上げ・継続雇用）。(c)創業支援等措置。(c)再就職の援助・促進。(d)多様な就業・社会参加の促進。(e)シルバー人材センター。

　なお、労働者の募集や採用において、やむを得ない理由により65歳未満の年齢であることを条件とするときには、事業主は求職者に対してその理由を示さなければならない（高年齢者雇用安定法18条の2）。そのため、労働施策総合推進法が定める募集や採用に係る年齢制限禁止の例外に該当する場合で、65歳未満であることを募集や採用の条件とするときには、事業主は求職者にその理由を示さなくてはならない。

　②高年齢者雇用確保措置・創業支援等措置　　高年齢者雇用安定法は、70歳までの就業確保措置（「高年齢者就業確保措置」）を事業主の努力義務とする（10条の2）。就業確保措置には、後述の「高年齢者雇用確保措置」と「創業支援等措置」がある。

　定年制（Ⅲ-5の**8**）に関して、高年齢者雇用安定法は、定年年齢は厚生労働省令で定める例外を除き60歳を下回ることができないとする（8条）。また、

65歳未満の定年を定めている事業主は、高年齢者雇用確保措置または創業支援等措置をとらなくてはならないとする（10条の2）。ただし、創業支援等措置は、過半数組合または過半数代表者の同意を得る必要がある（同条）。

　高年齢者雇用確保措置は次の3つである（9条1項）。(a)定年年齢の引き上げ。(b)継続雇用制度（定年後も引き続き雇用する制度。事業主間の契約に基づき子会社や関連会社などに引き続き雇用される場合も含む）の導入。(c)定年の定めの廃止。また、創業支援等措置は次の2つである（10条の2）。(d)希望する高年齢者に対する70歳までの継続的な業務委託契約の締結。(e)高年齢者が希望するときは70歳まで継続的に、事業主が自ら実施する／事業主が委託・出資する社会貢献事業に従事することのできる制度の新設。

　これらは、年金支給開始年齢の引き上げへの対応（65歳の支給開始までの雇用の確保）という側面を有している。

　事業主が60歳未満の定年規定を設けていた場合、高年齢者雇用安定法8条に違反するその規定は無効になるものと一般に解されている（それにより定年が60歳に変更されると解するか、定年そのものがなくなると解するかについては議論がある）。

　また、高年齢者雇用確保措置を規定する同法9条1項の私法的効力に関して、学説・判例は、9条1項が定めるのは公法的義務に過ぎず、使用者がいずれの措置をとらない場合にも、労働者は地位確認などの請求はできないとする（西谷2020：442。裁判例にNTT西日本事件・大阪高判平成22年12月21日など）。

　なお、継続雇用の拒否に関して、最高裁判決は、継続雇用の基準に該当するにもかかわらず再雇用を拒否された嘱託雇用契約の労働者について、労働者には「雇用が継続されるものと期待することには合理的な理由があると認められる」が、使用者の再雇用の拒否には「他にこれをやむを得ないものとみるべき特段の事情もうかがわれない以上、客観的に合理的な理由を欠き、社会通念上相当であると認められない」として、嘱託雇用契約の終了後も「再雇用されたのと同様の雇用関係が存続しているものとみるのが相当」であるとした（津田電気計器事件・最1小判平成24年11月29日）。

(3)　青少年

　青少年の雇用の促進等に関する法律（青少年雇用促進法）は、適性・技能・知識の程度にふさわしい職業の選択に関する措置や、職業能力の開発・向上に関する措置等を総合的に講ずることにより、雇用の促進等を図ることを通じて青少年が能力を有効に発揮することができるようにし、もって福祉の増進を図り、あわせて経済及び社会の発展に寄与することを目的とする（1条）。また、第2条と第3条に同法の理念を掲げる。

　この目的と理念の下、同法は次の措置等について定める。(a)厚生労働大臣による「青少年雇用対策基本方針」の策定。(b)公共職業安定所における職業指導・職業紹介・就職後の相談や指導。(c)労働者の募集を行う者が講ずべき措置（青少年雇用情報の提供の努力義務）。(d)青少年の募集・採用方法の改善、職業能力の開発・向上、職場定着の促進に関する優良な取り組みを行う中小企業に対する認定制度。(e)青少年の職業能力の開発・向上に関する措置。(f)職業生活における自立促進のための措置。

5　雇用の創出

　地域雇用開発促進法は、雇用情勢が特に悪い地域（「雇用開発促進地域」）について、都道府県による地域雇用開発計画の策定と、当該地域の事業主に対する必要な助成・援助の実施（7条。雇用保険法の雇用安定事業または能力開発事業として行う）を規定している。

　また、雇用創造に向けた意欲が高い地域（「自発雇用創造地域」）について、都道府県による地域雇用創造計画の策定と、計画の推進に必要な事業の実施または当該地域の市町村・経済団体等で構成される地域の協議会への当該事業の委託（10条。雇用保険法の雇用安定事業または能力開発事業として実施または委託）を規定している。

2　労働者派遣

1　雇用形態の多様化

　雇用形態というのは、労働者と使用者が締結する労働契約の違いから生ずる雇われ方である。企業は、経営戦略の下で労働者の採用や配置を考える。一般的に、基幹的な仕事には、期間の定めのない労働契約を結ぶ正規雇用の労働者（正社員）を雇用し、補助的、定型的、臨時的な仕事には、期間の定めのある労働契約を結ぶ非正規雇用の労働者を雇用する。非正規雇用の労働者が正規雇用労働者と同じ仕事をする場合もあるが、その場合でも景気の変動に応じて雇用調整する要員として位置づけられている。非正規雇用の労働者の労働条件や処遇は、正規雇用の労働者と比較すると劣っている。賃金が時給あるいは日給であり、定期昇給は通常なく、賞与や退職金もないことが多く、何よりも、期間の定めがあるために雇用が不安定である。景気が悪くなると、真っ先に非正規雇用の労働者から解雇あるいは雇止めされることになる。

　非正規雇用の雇用形態には、契約社員（特定職種に従事し専門能力の発揮を目的として雇われる場合もあるが、単に人件費の安い労働力として雇われる場合もある）、嘱託社員（多くの場合、定年退職者を一定期間雇用する目的で雇う）、期間工（期間を定めて工場労働に雇う）、パートタイム労働者（正社員よりも1日の所定労働時間が短いか、1週の所定労働日数が少ない働き方をする。なお、日本には正社員と同じ所定労働時間働く「フルタイムパート労働者」という雇われ方の労働者がいる）、派遣労働者（労働者派遣契約によって、派遣元企業から派遣されて派遣先企業で働く労働者）などがある。このうち、契約社員、嘱託、期間工、パートタイム労働者などは、労働力を提供する使用者に直接雇用されている「直接雇用」であるが、派遣労働者や請負労働者は、実際に働く先の使用者とは労働契約を結んでいない「間接雇用」である。（【Web 資料Ⅱ-⑨　雇用形態の多様化】）。

2　労働者派遣の合法化

　通常の労働関係では、労働者に指揮命令を行うのは、労働契約を結んだ使用者である。職安法44条は、何人も、雇用する労働者を他の使用者に使用させる目的で供給する労働者供給事業を行うこと、およびそのような労働者供給事業を行う者から労働者の供給を受けて、自らの指揮命令下において労働させることを原則禁止している（【資料Ⅱ-3】の図1）。

　しかし、企業は、景気の変動や労働コストの削減等の要請から、必要な時に必要な人材をリースできる労働者を求め、職安法の禁止にもかかわらず、実態として労働者派遣が行われていた。他方、自分の都合に合わせた働き方を求める労働者も存在した。そこで、職安法44条の例外として、全面的に禁止されていた労働者供給事業の中から、「供給元と労働者の間に雇用関係があり、供給先と労働者の間に指揮命令関係しか生じさせないような形態」を取り出し、「労働者派遣」として合法化したのが労働者派遣法（以下派遣法）である。

　派遣法は、1985年に制定され、1986年7月1日に施行された。当初の正式名称は、「労働者派遣事業の適正な運営の確保及び派遣労働者の就業条件の整備等に関する法律」といった。労働者派遣は一時的、臨時的な労働力供給事業として位置づけられ、常用労働者が派遣労働者によって代替されることを避けるために、当初の派遣法は、労働者派遣を原則禁止し、例外的に認める業務を規定していた（ポジティブ・リスト方式）。しかし、原則自由化に転換した1997年のILO 181号条約（民間職業仲介事業所条約、日本政府1997年7月28日批准）を背景に、政府主導の規制緩和の強い方針の下で、労働者派遣は原則解禁となり、認められない業務を規定するようになった（ネガティブ・リスト方式）。その後も法改正により、労働者派遣の認められる業務が拡大した。そして、派遣法の網をくぐるように、日雇い派遣が行われるようになった。

　2004年に解禁された製造業派遣において、派遣法の派遣先としての法的責任を免れるために「偽装請負」（【資料Ⅱ-3】の図4）が行われ、日雇派遣において、派遣元および派遣先の雇用管理責任が果たされず、労働災害の発生原因となり、社会問題となった。また、登録型の派遣労働者は、派遣先の都合で派遣

資料Ⅱ-3　労働者供給・労働者派遣・請負・偽装請負・職業紹介・出向

図1　労働者供給

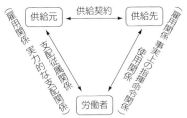

図2　労働者派遣

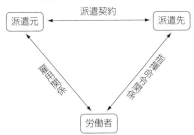

※労働者派遣に該当するものは、労働者供給に含まれない。

図3　請　負

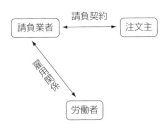

図4　偽装請負（法的には労働者派遣に該当）

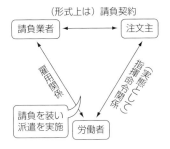

図5　職業紹介

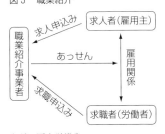

図6　出　向

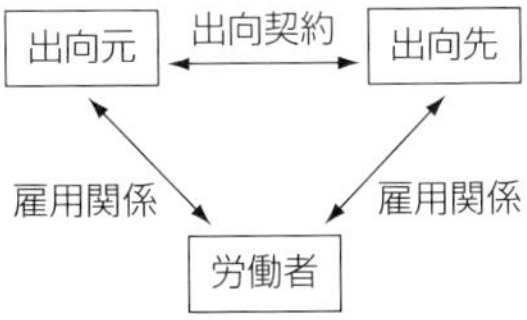

出所：厚生労働省

元との労働者派遣契約が中途解除されると、派遣元から解雇され雇用を失うという不安定な雇用関係にあり、さらに同種の派遣先労働者の待遇と比較して賃金等の待遇が劣っていた。裁判において、違法な派遣が行われていても、派遣先と派遣労働者間に黙示の労働契約の成立が認められることは非常に難しかった（Ⅱ-2の**4**(3)）。そこで、派遣法の改正が行われ、労働者の保護を明記し、「労働者派遣事業の適正な運営の確保及び派遣労働者の保護等に関する法律」に改称した（2012年10月1日施行。労働契約申込みみなし制度のみ2015年10月1日施行）。しかし、登録型派遣や製造業派遣の原則禁止は、見送られた。

　政府は、2012年の派遣法改正法の国会審議における附帯決議である「いわゆる専門26業務に該当するかどうかによって派遣期間の取扱いが大きく変わる現行制度について、派遣労働者や派遣元・派遣先企業に分かりやすい制度となるよう、速やかに見直しの検討を開始すること」を受けて、労働政策審議会で審議し、派遣法改正法案は2015年9月11日に成立し、同年9月30日より施行された。2015年の主な改正は、(i)労働者派遣事業の健全な育成を図るため、特定労働者派遣事業（届出制）と一般労働者派遣事業（許可制）の区別を廃止し、全ての労働者派遣事業を許可制とする。(ii)専門業務等からなるいわゆる26業務には期間制限がかからず、その他の業務には原則1年・例外3年の期間制限がかかる制度は分かりにくい等の課題があることから廃止することとし、全ての業務に共通する派遣労働者個人単位の期間制限（3年）と派遣先の事業所単位の期間制限（3年、一定の場合に延長可）を設ける。(iii)派遣元事業主は、派遣労働者の雇用の安定とキャリアアップを図る措置を講ずること、派遣先は派遣先に雇用される労働者の募集に係る事項の周知が義務づけられた。

　安倍政権において、総理大臣が議長となった働き方改革実現会議が2016年9月に発足し、働き方改革の議論のなかで、同一労働同一賃金の実現などの雇用形態にかかわらない公正な待遇の確保が課題となった。2018年6月29日に成立した働き方改革関連法は、派遣労働者について、(i)派遣先の労働者との均等・均衡待遇、または(ii)一定の要件を満たす労使協定による待遇のいずれかを確保すること等義務化した（2020年4月1日施行、中小企業は2021年4月1日施行）。

3　労働者派遣とは何か

　派遣法 2 条によると、労働者派遣とは、「自己の雇用する労働者を、当該雇用関係の下に、かつ、他人の指揮命令を受けて、当該他人のために労働に従事させることをいい、当該他人に対し当該労働者を当該他人に雇用させることを約してするものを含まないもの」である（【資料Ⅱ-3】の図 2）。ここで、「自己」とは派遣元、「他人」とは派遣先のことであり、ここに登場する「労働者」が、派遣労働者である。供給元と雇用関係のないもの、および供給元と労働者の間に雇用関係のある場合であっても供給先に労働者を雇用させることを約して行われるものは、職安法で禁止される労働者供給事業に該当する。

　請負は、労働の対価としての仕事の完成を目的とする契約であるので（民法632条）、注文主と請負業者の雇用する労働者との間に指揮命令関係を生じないという点で、労働者派遣と異なる（【資料Ⅱ-3】の図 3）。

　職業紹介は、求人および求職の申込みを受けて、求人者と求職者の間における雇用関係の斡旋をすることをいい、紹介者と求職者の間には雇用関係がないこと、および求人者と求職者の間で雇用関係が成立する点で、労働者派遣と異なる（【資料Ⅱ-3】の図 5）。問題は、出向と労働者派遣の法的違いである。出向は、出向元企業の従業員として地位を保ちながら、出向先企業の指揮命令を受ける。その点では出向は労働者派遣と似ている（【資料Ⅱ-3】の図 6）。しかし、出向の場合は、労働者は出向元企業との労働契約関係を維持しつつ、出向先企業から指揮命令を受けるだけではなく、労働者は出向契約によって全面的または部分的に出向先との労働契約関係に入るという点で、労働者派遣と異なっている（菅野2019：387）。

　労働者派遣に関しては、法令として、派遣法、政令（労働者派遣事業の適正な運営の確保及び派遣労働者の保護等に関する法律施行令）、省令（労働者派遣事業の適正な運営の確保及び派遣労働者の保護等に関する法律施行規則）、行政解釈として告示（労働者派遣事業と請負により行われる事業との区分に関する基準を定める告示、派遣元が講ずべき措置に関する指針、派遣先が講ずべき措置に関する指針等）、労働者派遣事業関係業務取扱要領などが規定している。

4　労働者派遣法の内容

(1)　労働者派遣事業の規制

①**労働者派遣事業の許可**　2015年の法改正により、すべての労働者派遣事業は、新たな許可基準に基づく厚生労働大臣による許可制（有効期間3年、更新必要）となった（5条1項）。専ら特定の者に労働者派遣の役務を提供することを目的とする労働者派遣（専ら派遣）などに対しては、厚生労働大臣は原則許可しない（7条1項1号）。

②**労働者派遣契約**　派遣元が派遣先に労働者を派遣する場合、まず派遣元と派遣先の間で、労働者派遣契約を結ぶことが必要である。派遣法は、次の事項を定めることを義務づけている。(i)派遣労働者の業務内容、(ii)派遣先事業所の名称・所在地・派遣就業場所・組織単位、(iii)派遣先の指揮命令者、(iv)労働者派遣の期間・派遣就業日、(v)派遣就業の開始及び終了の時刻・休憩時間、(vi)安全・衛生、(vii)苦情処理、(viii)労働者派遣契約解除の際の派遣労働者の雇用の安定に必要な措置、(ix)紹介予定派遣の場合の紹介予定派遣に関する事項、(x)派遣労働者の従事する業務に伴う責任の程度、(xi)派遣元責任者・派遣先責任者、(xii)派遣就業時間の延長時間数、派遣就業日以外の就業日数、(xiii)派遣先の福利厚生施設などの便宜供与、(xiv)労働者派遣終了後における派遣先・派遣元との間の紛争防止措置、(xv)派遣労働者を協定対象派遣労働者に限るか否かの別、(xvi)派遣労働者を無期雇用派遣労働者または60歳以上の者に限るか否かの別（26条）。労働者派遣契約に基づいて就業条件が決まり、派遣労働者は派遣先に派遣される。

③**労働者派遣の原則解禁と派遣禁止業務**　労働者派遣は原則解禁となった。現在労働者派遣が禁止されているのは、(i)港湾運送の業務、(ii)建設の業務、(iii)警備の業務、(iv)医療関連業務で一定の施設（医療法上の病院・診療所・助産所、介護保険法上の介護老人保健施設、医療を受ける者の居宅）で行われる業務（紹介予定派遣や社会福祉施設等の医療関連業務は可）の4業務である（4条）。

④**労働者派遣可能期間の制限**　労働者派遣期間には制限があるが、適用除外となる労働者派遣がある。それは、(i)無期雇用派遣労働者の労働者派遣、

(ii) 60歳以上の労働者派遣、(iii) 有期プロジェクト業務の労働者派遣、(iv) 日数限定業務の労働者派遣、(v) 産前産後休業等の代替としての労働者派遣である。したがって、上記「適用除外となる労働者派遣」以外の有期雇用の労働者派遣に、派遣可能期間の制限が適用される（40条の2第1項）。

　期間の制限は、事業所単位の期間制限と個人単位の期間制限がある（40条の2、40条の3）。事業所単位の期間制限により、派遣先の同一の事業所に対する派遣可能期間は原則継続3年が限度とされている（【資料Ⅱ-4】）。派遣先が3年を超えて派遣を受け入れようとする場合は、派遣先の過半数労働組合などからの意見を聴く必要がある（同意ではない）。個人単位の期間制限により、同一の派遣労働者を、派遣先の事業所における同一の組織単位（「課」単位の業務など）に対し派遣できる期間は継続3年が限度である（【資料Ⅱ-5】）。

　なお、いずれの期間制限も期間が「継続」していることが要件であるので、新たな労働者派遣の開始とその直前の労働者派遣の終了との間が3か月を超える場合は、当該直前の労働者派遣の期間は通算の対象とならない（クーリング、派遣先指針第2の14の(3)）。

　⑤**労働者派遣の禁止行為**　　㋐派遣元　日々または30日以内の期間を定めて雇用する労働者を派遣する日雇派遣は原則禁止されている。ただし、例外的に日雇派遣が認められる場合がある。(i) 禁止の例外として政令で定める業務（情報処理システム開発、機械設計、事務用機器操作、通訳・翻訳・速記、秘書、ファイリング、調査、財務処理、取引文書作成、デモンストレーション、添乗、受付・案内、研究開発、事業の実施体制の企画・立案、書籍等の制作・編集、広告デザイン、OAインストラクション、セールスエンジニアの営業・金融商品の営業、社会福祉施設等で看護師が行う看護業務）について派遣する場合、および(ii) 60歳以上の人、雇用保険の適用を受けない学生、生業収入の額が500万円以上で副業として日雇派遣に従事する人、世帯収入が500万円以上で主たる生計者でない人を派遣する場合である（35条の4）。

　派遣元が属するグループ企業に派遣労働者を派遣する割合は、全体の8割以下に制限される（23条の2）。

　本来直接雇用とすべき労働者を派遣労働者に置き換えることで、労働条件が

資料Ⅱ-4　事業所単位の期間制限

同一事業所への派遣可能期間は3年

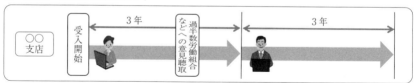

出所：厚生労働省「派遣先の皆様へ　派遣社員を受け入れるときの主なポイント」

資料Ⅱ-5　個人単位の期間制限

同一の組織単位（いわゆる「課」など）への派遣可能期間は原則3年

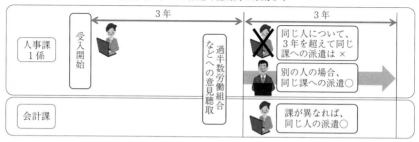

出所：厚生労働省「派遣先の皆様へ　派遣社員を受け入れるときの主なポイント」

切り下げられることのないよう、派遣元が派遣先の離職後1年以内の人と労働契約を結び、従前の勤務先（＝派遣先）に派遣することは禁止されるし、かつ、派遣先も当該労働者の離職後1年を経過する日まで派遣労働者として受け入れることは禁止されている。ただし、60歳以上の定年退職者は禁止対象から除外される（35条の5、40条の9）。

　(イ)派遣先　派遣先が、派遣労働者の国籍、信条、性別、社会的身分、派遣労働者が正当な労働組合活動をしたことなどを理由として労働者派遣契約を解除することは禁止されている（27条）。

　派遣元（A社）から受け入れた派遣労働者を派遣先（B社）が派遣元となって、別の派遣先（C社）にさらに派遣する二重派遣は、B社と派遣労働者の間には雇用関係がないので、B社からC社への派遣は労働者供給に該当し、職安法44条違反になる（鎌田・諏訪2022：62-63）。

⑵　派遣労働者の保護

①派遣労働者の待遇に関する説明義務　派遣元は、(i)派遣労働者として雇用しようとするとき、(ii)派遣労働者を雇入れるとき、(iii)労働者派遣をしようとするとき、(iv)派遣労働者から説明を求められたときに、派遣労働者の待遇に関する事項（Ⅱ-2の⑵⑦(ア)）を説明しなければならない。

派遣労働者として雇用しようとするとき、当該労働者を派遣労働者として雇用した場合における当該労働者の賃金の見込み額その他の当該労働者に待遇の事項等を説明しなければならない（31条の2第1項）。

派遣労働者を雇入れるとき（労働契約締結時）、労基法15条に基づく労働条件の明示とともに、昇給の有無、退職手当の有無、賞与の有無、労使協定の対象となる派遣労働者であるか否か、派遣労働者から申出を受けた苦情処理に関する事項を明示し、待遇決定方式の説明をしなければならない（31条の2第2項）。

労働者派遣をしようとするとき、あらかじめ書面などにより就業条件（業務内容、就業場所など）を明示しなければならない。このときに、期間制限違反が労働契約申込みみなし制度の対象となることを明示しなければならない（31条の2第3項）。

派遣労働者から説明を求められたとき、待遇決定方式に応じて、一定の事項について説明しなければならない（31条の2第4項）。

また、雇入時、派遣開始時、派遣料金額の変更時には、派遣労働者の「労働者派遣に関する料金額（派遣料金）」の明示が派遣元に義務づけられている（34条の2）。

労働者や派遣先が、より適切な派遣会社を選択できるように、インターネットなどにより派遣会社のマージン率や教育訓練に関する取組み状況などの情報を提供することが派遣元に義務づけられている。

②労働者派遣と労働法の適用　労働者派遣では、労働契約上の使用者は派遣元であるが、労働法などの適用については、一定の条文については派遣先も法適用上の「使用者責任」を負う（【資料Ⅱ-6】）。派遣先の「使用者責任」は、労働契約から生じる法的責任ではなく、派遣法が派遣先に課している「使用者責任」である。

③派遣元・派遣先の講ずべき措置　㋐派遣元　派遣元は、有期雇用派遣労働者のうち、派遣先の事業所等の同一の組織単位の業務について継続して1年以上の期間派遣労働に従事する見込みがある者（「特定有期雇用派遣労働者」）などに対して、次のような雇用安定措置をとる努力義務がある（3年間の雇用見込みのある者については法的義務）。(ⅰ)派遣先への直接雇用を求めること、(ⅱ)派遣労働者としての就業の機会の確保等、(ⅲ)派遣元における無期雇用の機会の確保等、(ⅳ)教育訓練等（30条）。

派遣元は、その雇用する派遣労働者が段階的かつ体系的に派遣就業に必要な技能及び知識を習得することができるように教育訓練を実施しなければならない（30条の2、キャリアアップ措置）。

2018年の派遣法改正により、派遣元に対して、派遣労働者に対する不合理な待遇等が禁止された。このことについては、**第Ⅳ章　差別禁止法**で述べる。

㋑派遣先　労働者派遣契約に定めることに反することのないように適切な措置を講じなければならない（39条）。派遣労働者から当該派遣就業に関して苦情の申出を受けたときは、苦情の内容を派遣元に通知するとともに、派遣元との密接な連携の下に誠意をもって遅滞なく苦情の適切かつ迅速な処理を図らなければならない。派遣元からの求めに応じて一定の場合は派遣労働者に対して教育訓練を実施しなければならない。派遣先が雇用する労働者が利用できる福利厚生施設のうち、給食施設、休憩室、更衣室については派遣労働者についても利用の機会を与えなければならない（40条）。組織単位ごとの同一の業務で派遣元から継続して1年以上の期間同一の特定有期雇用派遣労働者の労働者派遣の役務の提供を受けた場合、受け入れ期間以後に新規に労働者を雇い入れようとするときは、特定有期雇用派遣労働者を遅滞なく雇い入れるよう努めなければならない（40条の4）。一定の場合、派遣先に雇用される労働者の募集を行うときは、派遣労働者に周知しなければならない（40条の5）。

④紹介予定派遣　　紹介予定派遣は、2000年12月1日から導入され、2004年3月1日から正式に派遣の一形態となった。紹介予定派遣とは、労働者派遣のうち、労働者派遣事業と職業紹介事業の双方の許可を受けまたは届出をした者が、派遣労働者・派遣先の雇用関係の成立のあっせん（職業紹介）を行い、ま

資料Ⅱ-6　派遣元・派遣先の使用者責任（労働基準法）

派遣元が責任を負う事項	派遣先が責任を負う事項
均等待遇	均等待遇
男女同一賃金の原則	
強制労働の禁止	強制労働の禁止
	公民権行使の保障
労働契約	
1か月単位の変形労働時間制、フレックスタイム制、1年単位の変形労働時間制の協定の締結・届出、時間外・休日労働の協定の締結・届出、事業場外労働に関する協定の締結・届出、専門業務型裁量労働制に関する協定の締結・届出	労働時間、休憩、休日
時間外・休日、深夜の割増賃金	
年次有給休暇	
最低年齢	
年少者の証明書	労働時間および休日（年少者）
	深夜業（年少者）
	危険有害業務の就業制限（年少者および妊産婦等）
	坑内労働の禁止（年少者および女性）
帰郷旅費（年少者）	
産前産後の休業	産前産後の時間外、休日、深夜業
	育児時間
	生理日の就業が著しく困難な女性に対する措置
徒弟の弊害の排除	徒弟の弊害の排除
職業訓練に関する特例	
災害補償	
就業規則	
寄宿舎	
申告を理由とする不利益取扱禁止	申告を理由とする不利益取扱禁止
国の援助義務	国の援助義務
法令規則の周知義務	法令規則の周知義務（就業規則を除く）
労働者名簿	
賃金台帳	
記録の保存	記録の保存
報告の義務	報告の義務

出所：厚生労働省

たは行うことを予定としてするものである（2条4号）。企業は、人材の確保と
見極めができ、労働者は、就職先の見極めができる。

　紹介予定派遣を行うためには、労働者の申し出や同意が必要である。派遣就
業開始前の面接（26条6項）、履歴書の送付等の派遣先が派遣労働者を特定する
ことを目的とする行為が可能である。紹介予定派遣の派遣受入期間は6か月を
超えてはならない。なお、派遣先が紹介予定労働者を雇用しない場合などの理
由を、派遣元の求めに応じて、明示しなければならない。さらに、派遣元は派
遣労働者の求めに応じて、派遣先から明示された理由を派遣労働者に対して書
面で明示しなければならない。

⑶　労働者派遣と労働契約

　①無期雇用派遣労働者の労働契約の終了　　派遣元が、無期雇用派遣労働者
との労働契約を一方的に解約する場合、すなわち解雇する場合は、Ⅲ-5の**3**
で述べる解雇の規制および法理が適用される。

　②有期雇用派遣労働者の労働契約の終了　　有期雇用労働者派遣において、
労働契約の終了で問題となるのは、第1に、有期労働契約の中途解約であり、
第2に、期間満了による雇止めである。

　有期雇用労働者派遣では、派遣元と派遣先の労働者派遣契約が中途解除され
ると（いわゆる「派遣切り」）、それに合わせて、派遣元が、派遣労働者との間に
結んだ期間の定めのある労働契約を期間途中で解約すること（解雇）が生じ、
かつて社会問題化した。労働契約法（以下「労契法」）17条は、期間の定めのあ
る労働契約は、やむをえない事由がある場合でなければ解約できないと定めて
いる。したがって、労働者派遣契約の解約を理由とすることは、「やむをえな
い事由」といえるのかが法的に問題となる。また、労基法20条は、解雇は少な
くとも30日前の予告を必要とすると定めている。労働行政では、労働者派遣契
約は企業間の民事契約であるので、中途解除の問題には民事不介入の立場を
取っている。ただし、「派遣先が講ずべき措置に関する指針」は、派遣先は、
その都合によって労働者派遣契約の中途解除をする場合には、派遣労働者の新
たな就業機会の確保を図ること、およびそれができないときは派遣元に生ずる

損害である休業手当等に相当する額以上の額についての損害賠償を行うことを
定める等の措置を講じなければならないと定めている（第二の六㈠イ）。

　労働者派遣契約の終了に伴って、派遣元が有期雇用派遣労働者との労働契約
を期間満了によって雇止めする場合はどう考えるべきなのだろうか。登録型派
遣があった時の判決であるが、伊予銀行・いよぎんスタッフサービス事件（高
松高判平成18年5月18日）は、第1に、労働者派遣法は、常用代替防止をも立法
目的としており、派遣労働者の雇用継続に対する期待は、派遣法の趣旨に照ら
して合理性を有さず、保護すべきものとはいえないこと、第2に、派遣元と派
遣労働者間の登録型派遣の雇用契約は、派遣元と派遣先の労働者派遣契約の存
在を前提として存在するものであり、企業間の商取引である労働者派遣契約に
更新の期待権や更新義務を観念することはできないから、その期間が満了し、
更新がされなかったことにより終了したものと認められることとし、そうする
と、派遣元と派遣労働者間の雇用契約が反復更新されたとしても、あたかも期
間の定めがない契約と実質的に異ならない状態で存在している場合、あるいは
期間満了後も使用者である派遣元が雇用を継続すべきものと期待することに合
理性が認められる場合には当たらないとしている。

　③黙示の労働契約の成立　　派遣労働者と派遣先との間に、「黙示の労働契
約」が成立することはないのだろうか。マイスタッフ事件（東京高判平成18年6
月29日）は、「労働契約の本質は使用者が労働者を指揮命令及び監督し、労働
者が賃金の支払いを受けて労務を提供することにあるから、黙示の合意により
労働契約が成立したかどうかは、明示された契約の形式だけでなく、当該労務
供給形態の具体的実態により両者間に事実上の使用従属関係があるかどうか、
この使用従属関係から両者間に客観的に推認される黙示の意思の合致があるか
どうかによって判断するのが相当である」とする。そして、労働者派遣におい
て派遣労働者と派遣先間に黙示の労働契約が成立する場合は、派遣元が形式的
存在に過ぎず、派遣労働者の労務管理を行っていない反面、派遣先が実質的に
派遣労働者の採用、賃金額その他の就業条件を決定し、配置、懲戒等を行い、
派遣労働者の業務内容・期間が派遣法で定める範囲を超え、派遣先の正社員と
区別しがたい状況となっており、派遣先が、派遣労働者に対し、労務給付請求

権を有し、賃金を支払っており、そして、当事者間に事実上の使用従属関係が
あると認められる特段の事情のあるときであるとする。同事件では、マイス
タッフは派遣元として独立した企業または使用者としての実質を有し、控訴人
（労働者）も自己がマイスタッフの派遣社員であることを理解していたのである
から、就労の具体的実態から、派遣先と派遣労働者との間に事実上の使用従属
関係があり、労働契約締結の黙示の意思の合致があったものと認めることはで
きないと判断した。

　松下プラズマ事件では、下請労働者が、元請会社である松下プラズマディス
プレイと下請会社であるパスコ間の業務委託契約によって、元請会社に派遣さ
れて働いていた。しかし、当該下請労働者は元請会社の従業員から指揮命令、
指示を受けて、元請会社の従業員と混在して共同して作業に従事するなどして
いたことから、高裁は、元請と下請会社間の業務委託契約は脱法的な労働者供
給契約として、職安法44条および中間搾取を禁じた労基法6条に違反し、強度
の違法性を有し、公の秩序に反するものとして民法90条により無効と判断し
た。製造業への労働者派遣が解禁された2004年3月20日以降も、元請会社と下
請会社間、下請労働者と下請会社間の各契約は、契約当初の違法、無効を引き
継ぎ、公の秩序に反するものとして民法90条により無効というべきであるとし
た。そして、黙示の合意により労働契約が成立したかどうかは、「当該労務供
給形態の具体的実態により両者間に事実上の使用従属関係、労務提供関係、賃
金支払関係があるかどうか、この関係から両者間に客観的に推認される黙示の
意思の合致があるかどうか」によって判断するのが相当であるとする。元請会
社は下請労働者を直接指揮監督していたものとして、その間に事実上の使用従
属関係があったと認めるのが相当であること、また元請会社は下請労働者が受
領する金員の額を実質的に決定する立場にあったことから、元請会社が下請労
働者を直接指揮、命令監督して工場において作業せしめ、その採用、失職、就
業条件の決定、賃金支払などを実質的に行い、下請労働者がこれに対応して工
程での労務提供をしていたということができるとした。そうすると、無効であ
る前記各契約にもかかわらず継続した下請労働者と元請会社間の上記実態関係
を法的に根拠づけ得るのは、両者の使用従属関係、賃金支払関係、労務提供関

係などの関係から客観的に推認される両者の労働契約にほかなく、両者間には黙示の労働契約の成立が認められるとした（大阪高判平成20年4月25日）。

　しかし、最高裁は、派遣法の趣旨およびその取締法規としての性質、派遣労働者を保護する必要性等にかんがみて、仮に派遣法に違反する労働者派遣が行われた場合においても、特段の事情のない限り、そのことだけで労働者と派遣元との間の雇用契約は無効になることはないとし、元請会社が下請会社の労働者採用に関与していたとは認められないこと、労働者が下請会社から受けていた給与等の額を事実上決定していたという事実もうかがわれないこと、かえって下請会社は労働者の具体的就業形態を一定の限度で決定し得る地位にあったこと等を総合して、2005年7月20日までの間に元請会社と下請労働者との間に雇用関係が黙示的に成立していたと評価できないとした（最2小判平成21年12月18日）。

　④**労働契約申込みみなし制度**　このように、裁判において、たとえ違法な労働者派遣であったとしても、黙示の労働契約の成立を法的に認められることは困難であった。そこで、立法的な解決が、2012年の改正によりなされた。それが、「労働契約申込みみなし制度」である。

　「労働契約申込みみなし制度」とは、派遣先が、違法派遣の派遣労働者を受け入れている場合、違法状態が発生した時点で派遣先が派遣労働者に同一の労働条件を内容とする労働契約の申込みをしたものとみなす制度である。派遣先の意思にかかわりなく、派遣先が派遣労働者に労働契約の申込みをしたものとみなす民事的な効力を与えている。派遣先の当該労働契約の申込みは、違法派遣行為が終了してから1年間は撤回できない（60条の6第2項）。派遣労働者が、当該申し込みを承諾するか否かは自由である。

　違法派遣にあたるのは、(i)禁止されている派遣業務に従事させること、(ii)許可を受けていない労働者派遣事業を行う事業主から労働者派遣を受け入れること、(iii)派遣可能期間を超えて労働者派遣を受け入れること、(iv)偽装請負による労働者派遣の受け入れである。ただし、派遣先が、その行った行為が違法行為に該当することを知らず、かつ知らなかったことにつき過失がなかったときはこの限りではない（40条の6第1項）。

　東リ事件は、被控訴人（被告）会社と業務請負契約を締結した会社の労働者（控訴人・原告）が、派遣法40条の６により被控訴人会社との間に労働契約が存在することの確認および賃金の支払いを求めた事件である。第一審は敗訴したが（神戸地判令和２年３月13日）、大阪高裁は、控訴人の主張を認めた（大阪高判令和３年11月４日。最３小決令和４年６月７日［上告棄却］上告不受理で確定）。60条の６の制度趣旨を「違法派遣の是正に当たって、派遣労働者の希望を踏まえつつ雇用の安定を図ることができるようにするため、違法派遣を受け入れた者に対する民事制裁として、当該者が違反行為を行った時点において、派遣労働者に対し労働契約の申込みをしたものとみなすことにより、労働者派遣法の規制の実効性を確保することにある」と解している。そして、偽装請負といいうるためには、(i)法律の適用を免れる目的をもち、および(ii)請負その他の労働者派遣以外の名目で契約を締結していることが要件となる（60条の６第１項５号）。大阪高裁は、偽装請負等の状態が発生したというだけで、直ちに偽装請負等の目的があったと推認することは相当ではないとしたが、日常的かつ継続的に偽装請負等の状態を続けていたことが認められる場合には、特段の事情がない限り、労働者派遣の役務の提供を受けている法人の代表者または当該労働者派遣の役務に関する契約の契約締結権限を有する者は、偽装請負等の状態にあることを認識しながら、組織的に偽装請負等の目的で当該役務の提供を受けていたものと推認するのが相当であるとした。本件では、被控訴人会社に偽装請負等の目的があったことを認め、違法行為がなされている日ごとに労働契約の申込みをしたとみなされるとし、下請の会社の労働者は、被控訴人会社に対し、その雇用の申込みを承諾する意思表示を発し被控訴人会社に到達しているから、労働契約が成立したものと認めた。

第Ⅲ章　個別的労働関係法

1　労働契約の生成

1　労働法上の労働契約

　「労働契約」の名称が用いられるようになったのは19世紀後半以降のことである。19世紀後半のイギリスでは主従法の適用対象を土台として、労働者を雇用契約下で排他的な労務に従事する者として概念化した。これに対し20世紀前半、ドイツでは労働法学の発展や民法典編集を通じ、労働契約に基づき従属して労務提供する義務を負う者が労働者であると概念化した。英米法系・大陸法系と法体系を異にするにも関わらず、労働契約（雇用契約）に基づく従属関係下で労務に従事する者が労働者であるとする基本的概念が、ヨーロッパで生成されたことが理解できる。

　民法における雇用契約とは、労務とそれに対する報酬（賃金）の交換を目的とする双務有償契約である。その概念は契約自由の原理に基づいて構成されるため、原則として諾成契約として理解されてきた（わが国の場合、民法623条）。すなわち社会関係を締結する基本として平等かつ個別的である法的主体を想定し、独立した自由な個人対個人の関係性から契約は発生するとの思想が根底にある。これに対して大陸法系諸国の労働法学が創設した「労働契約」の概念は、労働契約を雇用契約と峻別するところから始まる。資本主義社会における労働者の地位は、使用者に対して常に自由かつ対等とは言い難い。そのような経済的地位の相対的な弱さや交渉力の格差を契約概念に反映させた結果が、新たな「労働契約」概念の創設につながったといえよう。このような労使間の

「使用従属関係」に依拠する契約が労働契約であるとする思想は、大陸法系諸国の労働法に共通する（労働法と市民法の区別、「使用従属関係」等についてはⅠ-1(1)および7参照）。

　このような考え方は、第2次世界大戦後に労働法体系が整備されたわが国においても、同様に取り入れられた。但しわが国における「使用従属性」の概念は、民法上の雇用契約と労働法上の労働契約を峻別する論理としてではなく、むしろ民法上の雇用契約の枠組みを土台として、さらにそれを超えて、外形上請負契約等の形態をとるような労務供給契約に対して、労働法の実体的適用を考慮する場面で用いられるようになった。

　昭和30〜40年代にかけてわが国の労働法学は、新卒者採用・年功序列型賃金体系・終身雇用等を特徴とした日本的雇用慣行を背景として形成された。すなわち若年者は各人の最終学歴となる学卒直後に企業等に就職し、多くは当該企業の中で労働者として長期にわたる職業生活を営むという単線的な正規雇用労働者の姿が想定されたのである。しかし近年、わが国の雇用関係は大きな変化を見せている。全労働者に占める正規労働者比率は減少し、現在では非正規雇用労働者の比率が40％近くを占めるに至っている。このように労働形態が多様化した社会では、単線的な正規雇用労働者を前提とした従来の法解釈では対応しきれない状況が生じている。戦後の労働法学は民法の雇用契約にかかる条項をその根底に置き、その上に、労働基準法等の制定法と共に、裁判例の集積を通じて形成された判例法理を基礎として法体系を形成してきた。しかし前提たる労働環境が変化する中で、それまでの体系と解釈論では対応しきれない状況に直面することとなった。現代社会では、それまでの体系および解釈論を修正する必要が生じたのである。

　それでは現代社会における労働契約とは何であろうか。もともと労働法上、労働契約に関する明文規定は多くない。労働基準法は、労働者にとって重要な労働条件である賃金・労働時間等については多くの規定を置いたが、契約の締結等に関しては、両当事者の意思解釈に任せる形で緩やかな規制を置くに留めてきた。そのため戦後の労働法理論は、判例法理に重きを置いて発展した。一方では柔軟な解釈を可能とするこのような労働法学の在り方が、他方では労働

法体系そのものを一般に見えにくくし、理解し難いとの批判を生起させること
になった。2007年「労働契約法」の制定は、まさにこのような批判に対応する
必要から生じたといえよう。同法はそれゆえ、それまでの判例法理の明文化と
いう側面を持つ。

　労働法が、一面において国による使用者に対する行政的取締規定であること
は、歴史的にも認識されている。しかし同時に労働法は、労使間の契約内容を
決する私法的規定でもある（I‐1参照）。この2つの側面をいかに調整するか
が労働法学を貫く重要な課題である。第Ⅲ章では、労使間の労働契約の生成、
その内容、および契約終了について解説する。

2　労働契約の成立プロセス

　本来労働契約も諾成契約であり、両当事者には各々相手を選択する自由があ
るとされてきた。使用者の持つ採用の自由は、民法における契約法の基本原則
と考えられ、三菱樹脂事件・最高裁判決（最大判昭和48年12月12日）でも使用者
側の採用の自由を強調している（試用期間については本節5で後述）。本件で最高
裁は、「企業者は……労働者を雇傭するにあたり、いかなる者を雇い入れるか、
いかなる条件でこれを雇うかについて、法律その他による特別の制限がない限
り、原則として自由にこれを決定できる」とした。

　ただし労働者の思想・信条を理由とする使用者の採用拒否については、労基
法3条の適用の有無について学説の対立がある（肯定説として片岡2009：25）。三
菱樹脂事件・最大判および通説的見解は使用者の採用の自由を広く捉え、雇入
れそのものを制約する趣旨と解していない。しかし雇入れ段階における差別は
その弊害が大きいため、一定の歯止めをかける必要があるとする考え方も多
い。たとえば人権規定の私人間効力に関する憲法上の間接適用説により、民法
90条等の一般条項を用いて救済を図ること等が議論されている（三井2012：90）
たとえ採用を強制されないとしても、使用者は民709条の不法行為による損害
賠償の責を負う可能性がある。

　加えて労働法は採用について、各法律で規制をかける。例えば、①労働組合

資料Ⅲ-1　労働契約の成立と展開

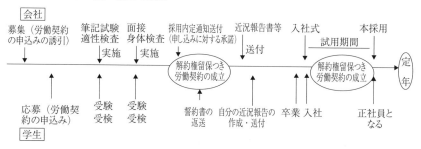

出所：大日本印刷事件を参考に筆者（神尾）が作成した。

法7条1項は、使用者が労働者を雇用するにあたり、当人の労働組合からの脱退を雇用条件にすることを明文で禁止する（「黄犬契約」→Ⅴ-5(1)）。加えて採用時に特定の労働組合の組合員を不利に取り扱うことも、不当労働行為の一環と考えられる。②均等法第5条は、募集・採用過程において男女に均等機会を付与することを強行規定によって要請する（Ⅳ章）。③障害者雇用促進法は、障害者雇用率制度を設け、一定の範囲で事業主に障害者を雇用すべき義務を課している（Ⅳ章）。④職業安定法では、労働条件について使用者が労働者に誤解を与えるような虚偽の表示をした場合には罰則を科される（職安42条、同65条参照）。

　労働者派遣法についても留意する必要がある。平成24年改正では労働契約申込みみなし制度が採り入れられた。同制度は、派遣先が一定の違法派遣（いわゆる「偽装請負」等）を受け入れている場合、違法状態が発生した時点において、派遣先企業が派遣労働者に対して、当該派遣労働者の派遣元事業主における労働条件と同一の労働条件を内容とする、労働契約の申込みをしたものとみなす制度である（Ⅱ-2参照）。

　わが国の雇用慣行の下では、労使が署名した労働契約書を取り交わす要式は一般的とは言い難い。そのため労働条件は、個別的労働契約によって定められるよりも、まず就業規則あるいは労働協約によって当該職場において集団的に規定される方が一般的であった。以下に述べる採用内定・試用期間を経て本採用に至るプロセスは、正規労働者、特に日本的雇用慣行の下にある新卒採用の

際に専ら用いられてきた。しかし現在社会では「第二新卒」の名称で表される転職経験者も増加しており、典型的な採用プロセスがそのまま適用されるとはいいがたい。さらに増大する非正規労働者は、むしろ募集から時間をおかず直ちに採用される方式であり、その多くは有期雇用契約である。このように多様な雇用形態の労働者が併存する社会では、労働条件等について統一的な対応を取ることが困難となる場面もある（労働契約の成立と展開の一連の流れについては、【資料Ⅲ-1】）。

3 労働契約の始期

　労働契約は、いつ締結されたと理解するべきか。両当事者間に明確な合意がある場合はそれに従う。しかし採用の仕方は多様であり、どの時点でいかなる内容の労働契約が成立したかが争われる場合もある。日本的雇用慣行の下では、多くの企業は将来性のある若年労働者を確保するため、特に新卒採用の場面では、卒業前に採用内定を通知するのが一般的である。しかし新卒者の場合、採用前に実務上の職務能力を労働現場で評価する方策がない。そのため方式は各企業によって異なるものの、まず内々定という形で採用予定者を確保した上で、誓約書提出・研修への参加等の様々な経緯を経て、法律上内定と解される段階に至る。次に採用予定者が卒業し労務提供が具体的に開始された後に、新規採用の労働者に対して試用期間を設け、実際の職務能力をチェックするという採用プロセスを経るのが一般的であった。

(1) 採用内定の法的性質
　民間企業の場合、優秀な労働力を予め確保するために、実際の労務提供よりも相当早い段階から将来の労働者候補を囲い込む方式がとられてきた。これを採用内定と呼ぶ。しかし労働契約の本質は、使用者による賃金支払いと労働者による労務の提供が対価的関係に立つ双務有償契約である。そう解するならば、採用内定期間中は労務提供も賃金支払も原則として存在しないので、採用内定は労働契約たり得ないことになる。但し公務員の採用に関しては、公務員

法の規定から、採用が内定しても実際の労働契約関係は実際の労務提供と同時に開始され、採用内定の通知は採用発令の手続を支障なく行うための準備手続としてされる事実上の行為にすぎないと解されている（東京都建設局事件・最1小判昭和57年5月27日）。したがって損害賠償の問題しか発生しない。

　民間企業の内定においては、未だ実際の労務提供が行われていないこともあり、使用者から一方的に内定取消しが行われる場合がある。その際、内定者の被る社会的影響は多大である。労働法学は、このような被害の発生に対応するため、採用内定をもって労働契約の始期と認め、内定者が内定取消しを受けた際には既に労務の提供を行っている労働者に対すると類似の保護を与えるとの判例法理を形成してきた。採用内定をめぐる議論は当初は学説が先行し、内定を契約の予約とみる「予約説」や「労働契約締結過程説」などが提起された。但しこれらの学説では、内定者の法的保護は十分ではない。その後の裁判例では、「無名契約説」（大日本印刷事件・大津地判昭和47年3月29日）が提起され、少なくとも労使の間に存する契約として認識されるようになった。さらに労働契約は採用内定で始まるとする「労働契約説」が提唱されるようになり、現在の通説は採用内定をもって労働契約の始期とする。

　その中でも通説的見解は、「始期付解約権留保付労働契約説」である（大日本印刷事件・最2小判昭和54年7月20日）。同判決において、最高裁判所は、採用内定通知のほかには労働契約締結のための特段の意思表示をすることが予定されていなかったことを考慮して、会社の募集を「労働契約の申込みの誘引」ととらえ、学生がそれに応募したことを「労働契約の申込み」と解している。そして、会社からの採用内定通知および学生の誓約書の提出をもって、当事者間に誓約書記載の採用内定取消事由に基づく解約権を留保した労働契約が成立したと判断した（【資料Ⅲ-1】）。

　なお内定期間中の労働契約については、就労始期付と解するか効力始期付と解するかで違いがある。労働契約を就労始期付労働契約と解した場合、労働基準法や就業規則を適用し、さらには解雇法理の適用を認めて内定者の請求を認容することになる。これに対し効力始期付と解するならば、それらの適用は否定されることになる。従来の裁判例もまた、事実関係から両当事者の意思を推

資料Ⅲ-2　留保される解約権（本採用後は解雇権と呼ぶ）のイメージ図

　上図は、使用者が留保する解約権の幅をイメージしたもの。

　すなわち採用内定時を労働契約の始期と捉えても、内定段階（①）で使用者が留保する解約権は、当該学生が入社して試用期間中（いわば研修中、②段階）に留保する解約権よりも、広いといえる。入社後の方が、保護される量が増えていく。

　但しそれも、労働者が本採用された後に、使用者が当該労働者に対して有する解雇権よりは、留保されている幅が広いといえる。イメージとしては①＞②＞③

　別の意味合いで考えれば、太線のように、使用者と労働者の関係性は次第次第に深まって行き、それに伴い解約権は狭められていく、とも解される。

出所：筆者（内藤）作成。

認し上述の対応をとってきた。実社会における内定の実態や、内定者保護という法政策的観点に立つならば、就労始期付労働契約と解する見解の方が有効であろう。

(2)　採用内定の取消し

　採用内定の取消事由は、誓約書に記載がある場合にはそれを参考として、上記の留保された解約権の趣旨・目的に照らして判断される。解雇に関すると同様に、合理的な解約権行使でなければ認められない。上記判決において、最高裁判所は、「採用内定当時知ることができず、また知ることが期待できないような事実であって、これを理由として採用内定を取消すことが解約権留保の趣旨、目的に照らして客観的に合理的と認められ社会通念上相当として是認することができるものに限られる」としている（【資料Ⅲ-2】を参照）。

　なお、学生からの採用内定の辞退は、民法627条が適用され、理由を問わず

いつでも解約の申入れができ2週間を経過することによって解約の効力が発生する。ただし信義則に反するようなやり方で内定を辞退した場合には、逆に使用者側から法的責任が問われることがある。

　但し留意するべきは、未だ始期付解約権留保付労働契約が成立したとは認められなかった場合、すなわち未だ内定に至らない「採用内々定」の取消しの問題である。労働契約としての効力は認められずとも、企業が責任を問われる場合がある。(コーセーアールイー事件〔第1事件〕福岡高判平成23年2月16日、同〔第2事件〕・内々定取消事件、同高判平成23年3月10日)。本事案では、数日前まで内定式参加を要請していながら、内定通知書授与式の直前に内々定を取り消した会社側の行為が、労働契約締結過程における信義則に反するとして、学生側からの損害賠償請求を一部認容した。

(3)　採用内定期間中の労働契約

　通説的見解は内定をもって労働契約の成立を認め、内定取消に際しては留保された解約権の濫用法理によって判断する。では内定期間中の者はいかなる義務を負うであろうか。たとえば使用者が研修等を開催する場合、内定者の研修参加義務については学説上肯定説と否定説に大別される。両説は、①内定者には就労義務そのものは存しない、②研修はあくまで学生生活に支障のないものとし、公序や強行法規に違反するものでなく報酬の支払いを要する、とする点では共通している。

　肯定説は、入社前教育の目的が必ずしも不法と言えないことから、入社前教育として妥当であるかぎり、業務命令に準ずる何らかの法的拘束力を認めざるを得ないとする。研修を受けることにより、内定者にとっても当該企業に即応する労働力養成に有用である点も理由に挙げられる。ただしこの場合企業には、学業を阻害せず、また研修に合理的理由をもって参加出来なかった内定者に対して不利益な取扱をせず、所定の時期に就労させるべき準備をする義務が発生する。これに対し否定説は、採用内定制度が主に企業側の要請から生み出されたものであるため、入社前教育等に関しては労働契約上の何らの拘束力も肯定すべきでないとする。同説は、研修義務とは労務提供義務の内容をなして

おり入社前には就労義務は認められないので、業務命令として研修を強制することはできないと主張する。

　具体的には、企業からの事前説明があって内定者側が特に異議を述べていない場合、研修参加につき黙示的合意が成立したと解釈できる場合が多かろう。裁判例では、採用内定通知を受けて博士号取得に向け研究中であった大学院生が、一旦は入社前研修への参加に合意した後に、研究との両立に支障が生じた等の合理的理由を挙げて研修参加を取り止めたことに対し、内定先企業がこれを内定辞退として扱ったことが争われた事案がある。(宣伝会事件、東京地判平成17年1月28日) 判決は、一旦研修参加に同意した内定者が、学業・研究への支障等といった合理的な理由に基づき入社日前の研修等への参加を取り止める旨申し出たときは、内定先企業は信義則上 (労働契約法3条4項) 研修を免除する義務を負うとし、内定者が求めた損害賠償請求を一部認容した。

4　試用期間

　試用期間とは、企業が新規採用者と確定的な雇用関係に入る本採用前に、当該労働者の資質・職務遂行能力・性格等を判断するために置く一定の期間のことである。新規学卒者を採用することを慣行としてきたわが国においては、採用された新規労働者の実務能力を確認するために欠かせない期間と位置付けられてきた。しかし昭和30年代には、雇用の調整弁として試用期間の名の下に本採用拒否を安易に行い、実質的に簡便な解雇手段として用いた事案が多く見受けられた。また試用期間を際限なく延長し、現代で言う有期労働契約の更新としての機能をもたせる等、多くの社会的問題が指摘された。学説はその点を指摘し、試用期間とは労働契約の一部であると確認した。また本採用拒否には合理的理由が必要とされる。

(1)　試用期間の法的性質

　試用期間の法的性質論については、採用内定の法的性質をめぐる議論に準じ、当初はこれを労働契約とは見ない「予備契約説」も存在した。しかしなが

ら、試用期間の場合にはすでに労務提供と賃金支払が行われており、これを労働契約とみることは必然であろう。学説上は民法の理論に依拠する「停止条件説」、「解除条件説」なども見受けられたが、現在では「解約権留保付労働契約説」が通説的見解となっている。この学説の特徴は、試用期間を労働契約と認めつつも、本採用後の労働者より多少広範囲の解約権を使用者に認めるところにある。

(2)　本採用拒否の合理的理由

　本採用拒否の合理性を判断する際も解雇権濫用法理に準じて、目的に照らし客観的かつ合理的な理由が存し、社会通念上相当として是認されることが必要である。例えば実際の労務提供開始後に従業員として能力・適格性に欠けるところがあった場合は、本採用拒否が有効となる。典型例として、欧州共同体委員会事件（東京地判昭和57年5月31日）がある。但し採用決定後判明した事実によって本採用拒否を行い得るか、については労働法学説より批判がある（菅野2019：240）、三菱樹脂事件・最大判昭和48年12月12日）。また、試用期間満了とその延長については、労働者の同意のない使用者側からの一方的な期間延長は認められない。

5　労働条件明示義務

　使用者は労働契約締結に際して、労働者に対して労働条件を明示しなければならない（労基法15条、労契法4条②）。中でも重要な事柄は、書面等で交付することを使用者に義務づけている。加えて労働契約締結と有期労働契約の更新毎に、「雇い入れ直後」の就業場所・業務内容及び「変更の範囲」（将来の配置転換等によって変わり得る就業場所・業務の範囲）の明示も義務づけた（労働基準法施行規則5条改正、2024年施行）（【資料Ⅲ-3】）。また短時間有期労働法が適用される非正規労働者に対しては、同法第6条が上記労基法の規定に加えて、厚生労働省令で定める労働条件についても明示することを使用者に義務づけている。有期雇用の労働者にとって、有期労働契約の継続や終了に関してはその予測が

資料Ⅲ-3　労働条件の明示

必ず明示しなければならない事項	──── 書面によらなければならない事項 ──── ①労働契約の期間　②就業の場所・従事すべき業務（就業の場所および従事すべき業務の変更の範囲も含む）　③始業・終業の時刻。所定労働時間を超える労働（早出・残業等）の有無、休憩時間、休日、休暇　④労働者を2組以上に分けて就業させる場合における就業時転換に関する事項　⑤賃金の決定、計算・支払いの方法、賃金の締切り・支払いの時期　⑥退職に関する事項（解雇事由を含む） ⑦昇給に関する事項 有期労働契約の場合、(1)更新に関する事項（通算契約期間、更新回数の上限）。(2)「無期転換申込権」が発生する場合、申込機会の存在および無期転換後の労働条件 短時間有期労働法が適用されるパートタイム労働者に対しては、上記の事項に加えて以下の事項も文書の交付等で明示しなければならない。 (1)昇給の有無　(2)退職手当の有無　(3)賞与の有無　(4)相談窓口
定めをした場合に明示しなければならない事項	⑧退職手当の定めが適用される労働者の範囲、退職手当の決定、計算・支払いの方法及び支払の時期 ⑨臨時に支払われる賃金、賞与及び最低賃金額に関する事項 ⑩労働者に負担させる食費、作業用品などに関する事項 ⑪安全・衛生 ⑫職業訓練 ⑬災害補償・業務外の傷病扶助 ⑭表彰・制裁 ⑮休職

出所：厚生労働省の資料に筆者（神尾・内藤）が手を加えた。

困難であり、労使間の紛争も生じ易い。有期労働契約に関するトラブル防止のため使用者が講ずべき措置については、厚労省告示（平15年告示357号、平20年一部改正）でその基準が定められた。労基則改正にともない、有期労働契約の場合は当該契約期間満了後の更新に関する事項も明記しなければならない。労契法18条①項所定の通算契約期間、更新回数に上限を定める場合には当該上限を明示する。さらに当該契約期間内に同18条①所定の「無期転換申込権」が発生する場合には、当該契約更新ごとに同権利の存在、無期転換後の労働条件も明示しなければならない（Ⅲ-5⑦参照）（派遣労働者についてはⅡ-2参照）。

　もし明示された労働条件が事実と異なる場合、労働者は、民法の雇用契約の

解約に関する規定にかかわらず、即時に労働契約を解約する権利が与えられている（労基15条2項）。加えて就業のために住居を変更した労働者が、契約解除の日から14日以内に帰郷する場合には、使用者は必要な旅費を負担しなければならない（同条3項）。求人票に初任給"見込額"を記載したにも関わらず、実際の支給金額と乖離した事案に、八州〈旧八洲測量〉事件（東京高判昭和58年12月19日）がある。裁判所は、採用内定時に示された求人票記載の基本給額は、採用内定における労働契約の特殊性から見て見込額を記載したにすぎず基本給としての賃金が保障されたとは言えないとした。しかし賃金は最も重大な労働条件の一つであるので、求人者はみだりに求人票記載の見込額を著しく下回る額で賃金を確定すべきでないことは信義則から明らかであるとした。

6 労働契約の期間

　労働契約の締結に際しては契約期間を定めることができる。前述のとおりわが国の雇用慣行は期間の定めのない労働契約を基本としてきた。契約期間の定めをおく場合には、労基法14条は当初、戦前の我が国に見られた労働者の退職の自由を奪い人身を拘束する契約を野放しにしたことへの反省から、契約期間について厳しい規定を置いていた。

　しかし社会情勢が変化し雇用形態が多様化する中で、有期労働契約に対しても柔軟な対応が求められ、同条項は平成15年大幅に改正された。雇用期間の上限はそれまでの1年から3年に延長され更新も可能になった。高度の専門的知識・技術を有する者、および満60歳以上の者との労働契約については、最長5年を認めるまでになっている。ただし労基法137条において、労働契約期間の初日から1年を経過した後は労働者は何時でも退職できることが規定されており、退職の自由は確保されている。近年では少子高齢化社会の労働力確保等の見地から、労働者の定年退職後の嘱託雇用の問題が注目されている（高年雇用安等Ⅱ-1の4⑵およびⅣ-5）。

2　労働契約の内容とその決定・変更

1　労働契約の概念

　労働法における権利・義務関係は大別して、①労働者と使用者の間、②労働組合と使用者の間、そして③労働者と労働組合の間の、三者間関係で理解する事ができる。本章ではこの内、①について解説する（②と③については→第Ⅴ節）。

　労働者と使用者の間の労働条件は、労働契約によって決定される。この労働契約は、民法の雇用契約の概念を基本とする双務有償諾成契約である（Ⅲ-1参照）。したがって労働契約を規律するルールの基本は民法である。民法623条以下の雇用契約に関する条項が適用されるのみならず、民法の諸原則や債権債務関係に関する諸規定もまた労働契約を律することになる。同時に労働契約を律する労働保護立法（労基法、最賃法、労安衛法など）は、民法の特別法としての地位にあり、国家が契約の自由に介入する仕組みとして制度化されている。労働契約が労働者の置かれる従属的地位を考慮する以上、その締結、履行、終了については、社会立法による規制がなされる必要がある（峯村1976：59）。

(1)　労働保護立法

　具体例としては、例えば労基法が定める最低基準に違反する労働契約の部分を無効とし（強行的効力）、その部分を法定の最低基準に置き換える（直律的効力）場面に現れる（労基13条）。但し労基法の一部の条項は、事業場の労働者の過半数代表と使用者との書面による合意（＝労使協定）が締結された場合に、特に他の強行規定に抵触しない範囲で緩和される旨を定める（Ⅳ-3の【資料Ⅳ-4】）。あるいは国を背景として実効性を担保するために、労働保護立法の違反者に対しては刑事罰の規定をおくこともある（労基117条以下、最賃39条以下、賃確17条以下、など）。これに加えて行政取締の規定と機構も用意されている（都道府県労働局・労働基準監督署・労働基準監督官・産業安全専門官・労働衛生専門官な

ど）（Ⅰの１参照）。

(2)　労働契約

　労働契約は、基本として両当事者の個別的合意を基礎とする（狭義の労働契約）。しかしわが国では、両当事者間で個別具体的な契約書を取り交わすことは一般的と言えない。むしろ労働条件の個別具体的な内容は、就業規則、労働協約、当該職場における労使慣行によって集団的に決定されることが多い（労働協約はⅤ-３参照）。同時に、労使間の個別的紛争を解決する判断枠組みは、長らく裁判例の集積を通じて形成される判例法理によってきた。それら判例法理は、わが国の労働法体系において確かな判断基準とされて来たのである。しかしその内容は一種の不文法であったため、個別的労働紛争が多発した1990年代から、内容が不分明であるとの批判にさらされることとなった。2007年に労契法が制定されたのはこのような背景による。

　労契法は、労働契約の基本的理念と原則、および労働契約内容の決定・変更などを明文化している。民法の特別法と位置づけられる労契法は、国家および地方公務員には適用されず、また、使用者が同居の親族のみを使用する場合の労働契約にも適用されない（労契21条）。労契法自体は刑事罰や行政取締の規定を設けておらず、専ら私法上の権利義務関係を規律する。この点で、労働条件の最低基準を定める労基法などとは異なる。

　なおここで言う労使慣行（労働慣行）とは、労働者と使用者の暗黙の合意の下、長期にわたり当該職場で反復継続されてきた慣行の事を言う。これもまた事実たる慣習（民92条）として、労働契約の内容となり得る。もしも使用者が、労働契約内容として認められた慣行に反する権利行使をした場合は、権利濫用として無効になることがある。最高裁はこの点、労使慣行が成立するための基準について、同種の行為または事実が一定の範囲において長期間反復継続して行なわれており、労使双方が明示的にこれによることを排除・排斥していないほか、当該慣行が労使双方の規範意識によって支えられていることを要するとした（商大八戸ノ里ドライビングスクール事件・大阪高判平成５年６月25日・最１小判平成７年３月９日【資料Ⅳ-４】）。このように既に労働契約内容になっている労使

慣行は、労働者の同意がない限り一方的に変更はできない（全日本検数協会事件・大阪地判昭和53年８月９日）。

2　労働契約上の権利・義務

　このようにして定められた労働契約によって、契約当事者たる労働者と使用者は各々契約から生ずる権利・義務関係が生ずる。基本的に労働者は労務提供義務と賃金請求権を、使用者はその対置概念としての労務請求権と賃金支払義務を負うことになる。加えて現代では、これらに付随する権利・義務関係の重要性が増している。

(1)　基本的な権利・義務

　①**労働者の権利・義務**　　a）労務提供義務　使用者の指揮命令の下で労働力を提供する義務のことをいう。「為す債務」である労働力の提供に際しては、労働契約における債務の本旨に従い（民493条）、誠実に履行することが求められる（労契３条４項）。なお、労契法が適用されない公務員については、公務員法に職務専念義務の規定がある（国公96条１項、地公30条）。

　労働者が債務の本旨に従った労働力を提供しなかった場合や、職務遂行過程で故意または過失によって使用者に損害を与えた場合、使用者は債務不履行や不法行為として労働者に損害賠償を請求することができる。ただし、あらかじめ賠償額を定めることは許されない（労基16条）。また、一方的に賠償額を賃金と相殺することも許されない（労基24条。Ⅲ-３）。

　この労務提供に際しては、労働者は誠実労働義務（職務専念義務）を負うとされ、例えば就業時間中のプレート着用が問題となった事案（目黒電報電話局事件・最３小判昭和52年12月13日【Web 資料Ⅲ-①　職務専念義務に関する最高裁判決】）では、最高裁は「職員がその勤務時間及び職務上の注意力のすべてをその職務遂行のために用い職務にのみ従事しなければならないことを意味するもの」であり、同義務違反が成立するためには「現実に職務の遂行が阻害されるなど実害の発生を必ずしも要件とするものではない」とした（Ⅴ章-２、リボン闘争等

に関する解説を参照、【Web 資料Ⅲ-①】）。なお労働者が労務を提供した際は、当然に見返りとしての賃金請求権を持つことになる。

　b）就労請求権　使用者が何らかの理由で労働者を就労させない場合、労働者はその期間の賃金の支払とともに、就労を請求する権利（「就労請求権」）を有すると想定される。しかしこれは、労働者の提供する労働力を使用者は受領する義務が存するかという議論になる。この点、学説は肯定説と否定説とに分かれており、多数説は原則的として労働者の就労請求権を否定する。裁判例も、労働契約に特別の定めがある場合や、業務の性質上労働者が労務の提供について特別の合理的な利益を有する場合を除いて、一般的には就労請求権を有しないとする傾向にある（読売新聞社事件・東京高決昭和33年8月2日：【Web 資料Ⅲ-②　労働者の就労請求権に関する裁判例】など）。

　ただし肯定説も有力である。特に肯定説の理論的な根拠は、信義則上の労働付与義務、労働者の自己実現、キャリア権、不利益取り扱いの禁止、などが主張される。

　②使用者の権利・義務関係　　a）業務命令権　使用者は、労働契約により業務命令権を取得する（電電公社帯広局事件・最1小判昭和61年3月13日）。業務命令は、労務提供に関する指揮命令を中核とするが、それよりも広く例えば調査への協力（Ⅲ-4）、健康診断の受診（Ⅲ-9）、出向（Ⅲ-4）など、当該労働者の本来的労務提供とは必ずしも直接に関連しない事項をも対象とする（中窪・野田2019：96-97）。

　業務命令は、労働契約上の根拠に基づき契約目的の範囲内でなされなくてはならない。また、違法な業務命令は無効となる。たとえば次の禁止や就労制限などへの違反である。強制労働の禁止（労基5条）、危険有害業務の就労制限（労基62条、64条の3、労安衛61条）、坑内業務の就業制限（労基63条、64条の2）、病者の就業禁止（労安衛68条）、年少者の深夜業禁止（労基61条）、徒弟の弊害排除（労基69条）。同時に使用者の権利濫用や公序良俗違反となる業務命令も無効となる。（労働契約の予想を超えた生命身体への危険を伴う業務命令の拒否を理由とする解雇を無効とした例、電電公社千代田丸事件・最3小判昭和43年12月24日）。

　b）賃金支払義務　労働者が労働契約の本旨に従い労働義務を履行（労働力

の提供）をした場合、使用者は、その対価として労働者に対する賃金支払義務を負うことになる。しかし労働者は、原則として現実に労働力を提供した後でなければ、具体的な額の賃金（報酬）を使用者に請求することができない（民624条1項）。これを「ノーワーク・ノーペイの原則」という。この点について最高裁は、「賃金請求権は、労務の給付と対価的関係に立ち、一般には、労働者において現実に就労することによって初めて発生する後払的性格を有する」（宝運輸事件・最3小判昭和63年3月15日）とする。

　債務の本旨に従った労働義務の履行が不能となったとき（労働者が労働力を提供できないとき）の賃金は、民法の危険負担の問題として判断される（民536条2項）。すなわち、使用者の責めに帰すべき事由によって労働させることができない場合には、賃金支払義務が生ずる。但し危険負担の原則によれば、労働者の責めに帰すべき事由や労使双方とも責めに帰すことができない事由によって労働できなかった場合には、使用者は賃金支払義務を免れることになる。【賃金についてはⅢ-3参照】

(2)　付随的な権利義務

　上記の基本的な権利義務に加え、労働者・使用者は信義則に基づく付随的な義務（付随義務）も負う。労働契約は「特別な継続的債権関係として、当事者の信頼関係を基礎とするから、一般債権関係における信義誠実の原則の支配より以上に強化された誠実関係が要請される」（峯村1976：57、63）ためである。

　労働者の付随義務とされるものには、秘密保持義務（守秘義務）、競業避止義務、企業秩序遵守義務などがある。また使用者の付随義務には、安全配慮義務、職場環境配慮（整備）義務、プライバシー保護義務（守秘義務）などがある。これらの付随義務は、多くが法解釈および判例法理によって形成されてきたが、現在では労契法5条に安全配慮義務が規定され、さらに均等法や労働施策推進法等により、各種ハラスメントに関する使用者の公法上の責任も徐々に法定化されてきた。付随的義務は現代社会において重要性を増しており、各々の項目にて取り上げる。

3　就業規則

(1)　定義と機能

　労働契約の内容は、就業規則、労働協約、労使慣行などにより集団的に決定されることが一般的である。もちろん労働条件の決定と変更は、国家の後見的な介入の下において、労働者と使用者との自主的な交渉を通じた個別的または集団的な合意によって行うことが原則となる（労契1条）。ただし労契法および労基法は、労使間の合意を経ずに使用者が労働条件の決定や変更を行う規定を置いている。それが就業規則である。

　就業規則とは、当該職場における労働条件や服務規律などの事項について使用者が定める規則である（労基89）。その意義は一方では、組織的かつ秩序正しい雇用管理を行うために一定の服務規律を定めること、言い換えれば、使用者の指揮命令権の内容やあり方を明示的に示すことにある。他方、当該職場における労働者の労働条件を画一的に決定すること、すなわち統一的な労働条件基準を提示する機能をもつ。わが国では、後者の機能が特に重要である。

　理由として、わが国の労働組合の組織率は近年ますます低下する傾向にあり、労働条件の具体的決定の多くは労使の団体交渉を通じた合意（労働協約）によることができない。本来法構造上は、労働協約が就業規則に優位するものの、実際には労働組合の存在を欠き、労働協約を締結できない職場が少なくないためである（第Ⅴ章参照）。

　労基法は、「産業団体の内規」（峯村1962：15）である就業規則を法により制度化することで、就業規則がもつ契約内容の形成機能のコントロールを図っていると理解される。また労契法は民法の契約原理を踏まえ、労働契約と就業規則との関係を規定する。

(2)　効　力

　①**労働契約との関係**　就業規則は労働契約との関係において、労働条件の最低基準を定める効力（最低基準効）を有する。労働契約のうち就業規則が定める基準に達しない部分は無効となり、その部分は就業規則で定める基準に置

資料Ⅲ-4 労働条件決定の効力関係とプロセス

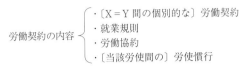

労働契約の内容
- 〔X＝Y間の個別的な〕労働契約
- 就業規則
- 労働協約
- 〔当該労使間の〕労使慣行

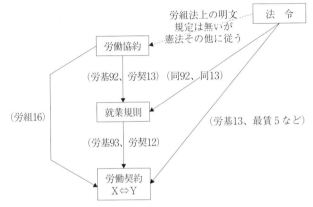

出所：筆者（内藤）作成。

き換えられる（労契12）。但し就業規則の基準を上回る労働条件を定めた労働契約の部分は、有効であると解される。労契法12条が「基準に達しない」と規定しているためである（比較参照：Ⅴ-3）。

　労働契約を締結する際には、使用者が合理的な労働条件を定める就業規則を労働者に周知させている場合には、（労働契約で労使が就業規則の内容と異なる労働条件を合意していた部分を除き）労働契約の内容はその就業規則によるとされる（労契7条。但し7条は10条と異なり、合理性判断の要素を含まない）。就業規則を変更する場合において、変更後の就業規則を労働者に周知させ、かつ就業規則の変更が合理的なものであるときは、労働契約の内容である労働条件は、変更後の就業規則に定めるところによることとなる（同10条）。

　②法令・労働協約との関係　就業規則は、法令の私法的強行規定（Ⅰの**5**(2)）や当該事業場に適用される労働協約に反してはならない（労基92条1項）。行政官庁は、法令や労働協約に抵触する就業規則の変更を命ずることができる（同条2項）。就業規則がこれらに反する場合、その反する部分については、労

契法7条、10条、12条の規定（前述①）は、当該法令や労働協約の適用を受ける労働者との間の労働契約には適用されない（労契13条）。【資料Ⅲ-4】

　就業規則が労働協約に反してはならないのは、「使用者が一方的に作成する就業規則よりも、労働組合との協定によって成立する労働協約に、より一層労働者の意思が盛り込まれている」（峯村1962）ためである。労働協約の基準を下回る就業規則の規定は、労働協約に反するものとして無効となる。なお労働協約と同一内容を定める就業規則の規定は、労働協約が失効した後も有効に存続する。

(3)　使用者の義務

　①作成・届出義務　　常時10人以上の労働者を使用する使用者は、一定の事項について就業規則を作成し、行政官庁（所轄の労働基準監督署）に届け出なければならない（労基89条）。この10人とは労基法上の労働者（Ⅰ-2参照）の数であり、嘱託社員、パートタイム労働者、アルバイト等も含む。ただし派遣労働者は使用者を異にするので、数に含まれない。労基法の適用単位は事業場単位であるため、労働者数の算出は事業場単位で行われる。常態として10人以上であれば、一時的に10人を下回る場合でも、作成・届出義務は発生する。

　就業規則の記載事項には、記載しなければならない事項（「必要記載事項」）が定められるが、必要記載事項以外の事項（就業規則の総則的事項や労働組合との協議条項等）を記載しても差し支えない（「任意記載事項」）。

　必要記載事項には、絶対的必要記載事項（労基89条1号～3号）と相対的必要記載事項（同条3号の2～10号）とがある。絶対的必要記載事項とは、これを欠くと就業規則にはならない事項のことである。また、相対的必要記載事項とは、これを欠いても就業規則と認められるが、その事項について定める場合には必ず就業規則に書いておかなくてはならない事項のことである。いずれの必要記載事項も、その一部を欠く就業規則は作成義務違反となる（労基89条）。ただし、他の要件を具備する限り就業規則の効力には影響がない。

　絶対的必要記載事項には次に関するものがある。始業・終業の時刻、休憩時間、休日、休暇等（労基89条1号）、賃金（臨時の賃金を除く）の決定・計算・支

払の方法、賃金の締切り・支払の時期・方法、昇給（同条2号）、退職（同条3号、解雇に関する事項を含む）。また、相対的必要事項には次に関するものがある。退職手当（同条3号の2）、臨時の賃金・最低賃金（同条4号）、労働者による食費・作業用品その他の負担（同条5号）、安全衛生（同条6号）、職業訓練（同条7号）、災害補償・業務外の傷病の扶助（同条8号）、表彰・制裁（同条9号）、その他当該事業場の労働者のすべてに適用されること（同条10号）。

　②意見聴取義務　　使用者は、就業規則の作成・変更の際には、当該事業場の労働者の過半数で組織する労働組合（労働組合がない場合には労働者の過半数を代表する者）の意見を聴かなければならないとされる（労基90条1項）。なおパートタイム労働者に係る就業規則の作成・変更の際にも、当該事業場において雇用するパートタイム労働者の過半数を代表する者の意見を聴くよう努めなければならない（パート労働7条）。労基署に届出の際、労働者の意見を記し、労働者を代表する者の署名または記名押印のある書面を添付しなければならない（労基90条2項、労基則49条2項）。

　これらの規定は、就業規則に労働者の意見を反映させるための手続であるが、法律上、労働組合などとの合意の成立や協議の実施までは求められていない。行政解釈は、届出の際に添付する意見書の全面的・部分的な反対意見について、他の要件を具備する限り就業規則の効力には影響がないとする（昭和24年基発373号）。また、労働組合等が故意に意見を表明しない場合や、意見書への署名・押印を拒否している場合であっても、意見を聴いたことが客観的に証明できる限りこれを受理するものとする（昭和23年基発735号、昭和23年基発1575号）。

　③周知義務　　使用者は、就業規則を次の方法で労働者に周知しなくてはならない（労基106条、労基則52条の2）。(a)常時各作業場の見やすい場所へ掲示し、または備え付けること。(b)書面を労働者に交付すること。(c)磁気記録にして各作業場に常時その内容を確認できる機器を設置すること（平成11年1月29日基発45号は、社内LANによる閲覧はこれに該当するとする）。

　④義務違反　　就業規則の作成・届出義務違反、意見聴取義務違反、周知義務違反には罰則が科される（労基120条）。これらの義務違反があった場合、就

業規則は、労働契約との関係でいかなる効力をもつであろうか。

　(a)届出と意見聴取義務については、就業規則の変更の場合における労働契約規律効の発生要件とされている（労契11条→労基89条・90条）。これに対して、最低基準効および労働契約の締結の場合における労働契約規律効に関する明文規定はない。労契法の制定以前より議論されていた問題であり、学説の見解は分かれている。但し裁判例は、労基法120条を行政取締の規定と解し、これらの義務に違反しても就業規則の効力に影響はないとする（前出・日本コンベンションサービス事件、シンワ事件・東京地判平成10年3月3日、ブイアイエフ事件・東京地判平成12年3月3日、NTT西日本事件・京都地判平成13年3月30日、レオキス航空事件・東京地判平成15年11月28日、日音事件・東京地判平成18年1月25日など。【Web資料Ⅲ-③　就業規則の届出義務・周知義務に関する最高裁判決・裁判例】）。

　(b)周知義務については、労契法7条および10条が、労働者への周知を労働契約規律効の発生要件としている。したがって、周知を欠く場合には就業規則は効力を生じない。これは従来の通説および最高裁判決（フジ興産事件・最2小判平成15年10月10日【Web資料Ⅲ-③】）の見解を踏まえたものである。これに対して、周知義務と最低基準効（労契12条）の関係に関しては明文規定がなく、説が分かれている。行政解釈は、労働法7条および10条における周知の概念について、「労働者が知ろうと思えばいつでも就業規則の存在や内容を知り得るようにしておくことをいう」（平成20年1月23日基発0123004号）ものであるとする。また、その方法については「実質的に判断されるものとする」（同）とし、労基106条を受けた労基則52条の2が定める方法に限定されるものではないとする。

　最高裁判決や裁判例も、周知の方法については必ずしも労基法106条の定めに従った方法である必要はないと解している（朝日新聞小倉支店事件・最大判昭和27年10月22日、日本コンベンションサービス事件・大阪高判平成10年5月29日、須賀工業事件・東京地判平成12年2月14日、前述・レキオス航空事件【Web資料Ⅲ-③】）。

(4)　法的性質論

　①学説上の対立　　就業規則は歴史的には、職場の統一的ルールを必要とし

た使用者によって一方的に作成されたことから創出された制度である。それが大正15年施行の工場法施行令に取り込まれ、第二次世界大戦後は労基法89条以下によって、労働契約を規律する強い効力をもつことになった。しかし自然発生的に使用者が作出した制度が、なぜ労働契約を書き換える程の強い拘束力を持つかについては、その根拠をめぐり学界は激しい議論を重ね、四派十六流などと称される多岐にわたる説が主張されることになった。大別すると法規範説（法規説）と契約説を主軸とする議論である。

　(a)法規範説は、「就業規則が事業場における事実上の規範として機能している実態を直視し、このことを法理の中に取り込み、就業規則が法規範であることに拘束力の根拠をみる」（清正・菊池2009）。この説の立場に立つと、就業規則は労働者の同意なく当事者を拘束することになる。これに対し、(b)契約説は、「就業規則そのものは契約のひな形にすぎない。それが拘束力を持つことになるのは、労働者の同意により労働契約の内容となるということによるとする」（同書：75）。就業規則の拘束力の根拠に関する学説は、この両説を軸に多様に分岐し、現在、なお通説的見解を形成するに至っていない。

　②**最高裁判決**　このような学説の状況に対して、秋北バス事件・最高裁判決（最大判昭和43年12月25日【**Web 資料Ⅲ-④　就業規則の法的性質・不利益変更に関する最高裁判決**】）は、労働契約関係においては、経営上の要請から労働条件は統一的・画一的に決定され、労働者は経営主体が定める定型化された契約内容に従わざるを得ないとの認識の下、それまでの学説のいずれにも属さない独自の議論を示した。

　同判決は、「……この労働条件を定型的に定めた就業規則は、一種の社会的規範としての性質を有するだけでなく、それが合理的な労働条件を定めているものであるかぎり、経営主体と労働者との間の労働条件は、その就業規則によるという事実たる慣習が成立しているものとして、その法的規範性が認められるに至っている（民法92条参照）ものということができる」とする。学説は当初、秋北バス事件判決を一種の法規範説に立っているものと評価した。

　しかしこれに対して、同判決を、普通契約約款に関する法理を労働法の解釈に取り入れたものと理解する説が提起された（下井1978）。この説は「定型契約

説」と命名され（菅野1988）、現在に続く有力な支持を受けることになった。この説は、保険契約や運送契約等の普通契約約款が、契約者の知・不知を問わず契約者を拘束する根拠に関する通説的な見解を、労働法学に取り込んだものと理解される。すなわち「契約内容は特別の事情がない限りその約款で定めるところによる」という慣行が、民法92条の事実たる慣習を媒介として契約当事者を拘束するという法的構成を、秋北バス事件判決に適用したものである。この説によれば、「就業規則を労働契約の内容とする」との合意が、労働契約の締結時に特段の反対がない限り成立しているものと解されることになる。

　これに対して、秋北バス事件判決をこのように理解する見解を批判する学説も提起された。たとえば、川口（1981b）は、同判決の理論構成を「わが国の就業規則論の系譜からすればむしろ授権説の一ヴァリエーションになってくる」として、法規範説の系譜に属する保護法授権説（就業規則はそれ自体としては法的効力を有しないが、労働関係法が労働者保護の目的から法的効力をとくに与えたとする説［峯村1976：100］。労働者保護とならない就業規則の変更は許されないとする）の1つに位置づけ、「この理論を労働者が明示的に反対している一方的変更の説明に当然に移用・流用するわけにはいかない」と評した。

　しかし最高裁はその後も、「……就業規則が労働者に対し、一定の事項につき使用者の業務命令に服従すべき旨を定めているときは、そのような就業規則の規定内容が合理的なものであるかぎりにおいて当該具体的労働契約の内容をなしているものということができる」（電電公社帯広局事件・最1小判昭和61年3月13日）との見解を示した。これは、定型契約説の立場に立つと見ることができよう（他に日立製作所武蔵工場事件・最1小判平成3年11月28日【Web資料Ⅲ-④】）。

⑸　不利益変更の法理

　①判例法理の形成　　就業規則をめぐる学説の議論が、専ら法的性質論を中心に展開されたのに対して、現実の法的紛争は、就業規則が使用者によって一方的に変更されたことの是非を争う事案として多発した。就業規則の不利益変更と称されるこの問題は、最初に秋北バス事件・最高裁判決によって、その判

断枠組みが示された（最大判昭和43年12月25日【Web資料Ⅲ-④】）。当事案は、それまで定年の規定がなかった職場において、就業規則で新たに設けられた55歳定年制の導入に伴う解雇の効力が争われたケースである。同判決は、「新たな就業規則の作成又は変更によって、既得の権利を奪い、労働者に不利益な労働条件を一方的に課することは、原則として、許されないと解すべきであるが、労働条件の集合的処理、特にその統一的かつ画一的な決定を建前とする就業規則の性質からいって、当該規則条項が合理的なものであるかぎり、個々の労働者において、これに同意しないことを理由として、その適用を拒否することは許されないと解すべきであ」るとの見解を示した。

　この判断枠組みは、その後の幾多の最高裁判決に受け継がれ、不利益変更に関する合理性判断の基準を形成することになる（御國ハイヤー事件・最2小判昭和58年7月15日、タケダシステム事件・最2小判昭和58年11月25日、大曲市農協事件・最3小判昭和63年2月16日、第一小型ハイヤー事件・最2小判平成4年7月13日、第四銀行事件・最2小判平成9年2月28日【Web資料Ⅲ-④】、みちのく銀行事件・最1小判平成12年9月7日、函館信用金庫事件・最2小判平成12年9月22日など）。なかでも第四銀行事件判決は、合理性判断の基準を集約したものとなっている。

　②合理性判断の基準　　最高裁の考える合理性判断とは、「不利益変更の必要性」と「労働者の被る不利益の内容・程度」の比較衡量を基本とする総合判断であり、具体的には次の諸事情が総合的に考慮されるものである。

　(a)変更の必要性の程度（大曲市農協事件判決は、賃金や退職金などの労働者にとっての重要な権利や労働条件の変更を伴うものは高度な必要性を要するとする）。(b)労働者の受ける不利益の程度。(c)変更後の内容自体の相当性。(d)不利益を補う代償措置・経過措置などの有無。(e)労働組合などとの交渉経緯。(f)他の労働組合または他の従業員の対応。(g)同種事項に関するわが国社会における一般的状況。

　事業場の大多数を組織する労働組合との十分な交渉を経た合意がある場合には、合理性が一応推測されるとして、手続を重視する判決がある（第四銀行事件、第一小型ハイヤー事件）。これに対し、労働組合との合意を「大きな考慮要素と評価することは相当ではない」（みちのく銀行事件）とする事案もあるが、下級審の裁判例は多数組合との合意を重視する傾向にある。

　③**労働契約法の制定**　　しかし判例法理で定着したかに思われた合理性判断の基準は、平成12年3つの最高裁判決によってそのメルクマールとしての曖昧さを批判されることになった。みちのく銀行事件（最1小判平成12年9月7日）、北都銀行〔旧・羽後銀行〕事件（最3小判平成12年9月12日）、函館信用金庫事件（最2小判平成12年9月22日）、である。これら三判決は同じ合理性判断の枠組みを用いながら、各々の地裁判決を高裁が覆し、最高裁が高裁判決を再度覆したために、当該判断基準に対する疑念が提起される結果となった、折からその制定に向けて議論されていた労働契約法は、この事態に対して、就業規則の不利益変更の判断枠組を明文化した。しかし同法は、使用者が一方的に作成する就業規則によって、労働者との合意なく労働条件を変更することができる理論的な根拠（拘束力の根拠）までは明らかにしていない。

　労働条件の変更は、あくまで契約の原理に基づき、労働者と使用者との個別的または集団的な合意によって行うのが原則となる。そして、その例外となるのが、使用者が行う就業規則の変更による労働条件の集団的な変更である（労契9条、10条）。就業規則が変更されると、労働条件の変更に合意していない労働者も新たな就業規則に拘束されることになる。労契法はこの理を同法第6条以下で示し、特に就業規則の不利益変更については、第10条で労働者への周知に加え、変更内容が合理的であることをその要件とした。変更が合理的であるか否かについては、上記の最高裁判例法理を受けて、労働者の受ける不利益の程度、労働条件の変更の必要性、変更後の就業規則の内容の相当性、労働組合等との交渉の状況その他の就業規則の変更に係る事情に照らして判断される。

　このように労契法は一見すると、それまでの判例法理を踏襲し、使用者による労働条件の一方的変更に対する歯止めとしての機能を当事者間の合意に求めるのではなく、裁判所による合理性の判断に求めたように解された。合理性の判断は、労働者と使用者の利益調整の観点から行う。新たな就業規則の内容は労働者と使用者の合意に基づくと同時に、それが労働者と使用者の利益調整のルールとしての合理性を有するかを重視した労契法のあり方は、一連の最高裁判決の判例法理に基づくものと位置づけられた。

(6)　就業規則変更への労働者の合意

　労契法が、労働契約の基本は両当事者の合意に基づくという原則を確認したことにより、その施行以降、新たな論点が提起されることになった。労契法8条・9条（反対解釈）は、使用者が対象となる労働者の個別的同意を得たときは、就業規則の労働条件を当該労働者にとって不利益に変更することを可能とする。この時、労契法10条が重視した合理性の存否は考慮されないことになる。すなわち労契法上の労働条件変更規定（労契8・9・10条）の相互関係とその解釈が、議論されることとなったのである。

　学説の見解は大別して、二つに分かれる。合意基準説と合理性基準説である（荒木尚史・岩村正彦・村中孝史・山川隆一編2023『注釈・第2巻』385頁以下）。前者は、労働者と使用者の間に個別合意があると認められるならば、当該合意の存在をもって、労働条件は就業規則によって適法に変更されると考える。この立場は労契法8条および同9条の反対解釈に、その理論的根拠をおく（荒木・菅野・山川2014：128）。これによれば労働条件変更にかかる合理性は、問われる必要がないと解される。

　これに対し合理性基準説は、労使間の個別的合意がよしんば存在したとしても、変更後の就業規則の周知および合理性という労契法10条の要件は充たされる必要があると考える。この説によれば、変更後の就業規則に労契法10条の合理性が認められない場合は、変更後の就業規則の最低基準効（労契12条）により個別的合意は無効であると構成される（矢野昌浩「就業規則の効力」西谷・根本編2010：175）

　裁判例では、例えば一審・控訴審で判断の分かれた協愛事件（控訴審・大阪高判平成23年3月18日）や熊本信用金庫事件（熊本地判平成26年1月24日）等、立場の異なる下級審裁判例が続くことになった。この状況を受けて、平成28年、最高裁は山梨県民信用組合事件（最2小判平成28年2月19日）において、就業規則に定められた労働条件の変更に際しても、労働者と使用者の「個別の合意によって」変更されうることは、合意に伴う就業規則の変更を要することを除けば何ら変わらないことを判示した。これは原則に則り、合意に依拠する立場を明確化したものと理解される。

　しかし同時に最高裁は、労働者の合意の認定に際しては、「当該行為が労働者の自由な意思に基づいてされたものと認めるに足りる合理的な理由が客観的に存在するか否かという観点」を踏まえて、判断すべきことを明らかにした。最高裁が、労働者が使用者の指揮命令下にあり労働者側の情報収集能力には限界が存在するといった、労働契約関係の特質を考慮した点を評価するべきであろう。労使間の合意に根拠を置きつつも、労働者が当該合意を形成するにいたるプロセスに踏み込み、慎重な判断をするべき枠組みを提示した点に大きな意義がある。この検証のプロセスにおいて、合理的であるか否かが判断されることになる。【Web 資料Ⅲ-⑤　就業規則の変更における労働者の合意をめぐる裁判例】

3　労働基準法の定める労働条件

1　労働条件に対する法規制

　労働条件は、主に労基法によって規制されている。労基法の定める労働条件は、標準的な基準ではなく、最低の基準である（労基1条2項）。そのような最低基準を使用者に守らせるために、労基法違反に対しては、多くの場合罰則が規定されている（Ⅲ-2の1(1)）。

　ところで、労基法は、すべての労働条件についてこと細かに定めているわけではない。契約の自由に委ね、法が沈黙していることの方がむしろ多い。労基法2条に定めるように、労働条件は労使対等の立場で決定すべきものであるが、いちいち労使が個別的に話し合って決めるということは少ない。実際には、労働組合がなければ、使用者が契約の自由の名の下に、就業規則によって労働条件を決めている場合が多い（Ⅲ-2の3）。労基法は、賃金、労働時間、休憩、休日、年次有給休暇について最低基準を定めている。そして、年少者と女性については、特別の保護を規定している。本節では、労基法等による労働条件に対する法規制の概要と契約の自由に委ねられている部分についての裁判例を説明する。

2　賃　金

　労働法が賃金に関して定めていることは、最低賃金額や賃金の支払方法である。賃金体系、諸手当、昇給などは、契約の自由に委ねられている。

(1)　賃金とは

　労基法11条は、労基法上の賃金の定義をしている。賃金、給料、手当、賞与など名称は問わず、「労働の対償」として使用者が労働者に支払うものをいう。「労働の対償」とは、労働者が労務の提供をしたことに対する報酬として支払われるという意味である。使用者が退職金や賞与を支払うことを義務づける規定は、労基法にはない。しかし、労働協約、就業規則、労働契約等によって予め支給条件が明確である場合の退職手当は、労基法11条の賃金であり、24条2項の「臨時の賃金等」に当たるとされる。結婚祝金・死亡弔慰金・災害見舞金等の恩恵的給付は原則として賃金とみなさないが、同じく労働協約、就業規則、労働契約等によって予め支給条件の明確なものは賃金に当たる（昭和22年9月13日発基17号）。チップは、旅館従業員等が客から受け取るものであるので、賃金ではない（昭和23年2月3日基発164号）。退職金の法的性質については、判例においても行政解釈と同様の法解釈をしている（住友化学事件・最3小判昭和43年5月28日）。

(2)　賃金請求権の発生と消滅

　賃金請求権の発生については民法624条が規定し、債務の本旨に従った労務の提供後発生する。したがって、不完全な労務の提供は、債務の本旨に従った履行の提供とはいえないので、使用者はそのような労務の受領を拒否しても、賃金支払い義務は発生しない。最高裁は、労働者が職種や業務内容を特定せずに労働契約を締結した場合は、実際に就業を命じられた特定の業務について労務の提供が十全にはできないとしても、その能力、経験、地位、当該企業の規模、業種、当該企業における労働者の配置・異動の実情および難易等に照らして当該労働者が配置される現実可能性があると認められる他の業務について労

務の提供をすることができ、かつ、その提供を申し出ているならば、なお債務の本旨に従った履行の提供があると解するのが相当であるとしている（片山組事件・最 1 小判平成10年 4 月 9 日。Ⅲ- 4 の**2**(4)①）。賃金請求権の消滅時効については、労基法115条が規定し、2020年 4 月 1 日以降賃金については 5 年（当分の間 3 年）、退職金については 5 年とされている。

(3)　最低賃金

　最低賃金額は、最低賃金法により規定されている。最低賃金額を下回る賃金の定めは無効となり、無効となった部分は、最低賃金と同じ定めをしたものとみなされる（最賃 4 条 2 項）。最低賃金は、都道府県ごとに最低賃金審議会で毎年決定され、地域別最低賃金（産業や職種にかかわりなく、都道府県内のすべての労働者とその使用者に適用され、各都道府県に 1 つずつ定められている）と特定（産業別）最低賃金（特定の産業について、関係労使が基幹的労働者を対象として、地域別最低賃金より金額水準の高い最低賃金を定めることが必要と認めるものについて設定され、全国で250の最低賃金が定められている）があり、地域別と産業別の両方の最低賃金が同時に適用される場合には、使用者は高い方の最低賃金を支払わなければならない。最低賃金の対象となる賃金の例は【Web 資料Ⅲ-⑥　最低賃金の対象となる賃金の例】のとおりである。

(4)　賃金支払いの原則

　賃金は、労働者の生活の糧であるので、確実に労働者の手に渡るように 5 つの支払い原則を、労基法は定めている。

　①通貨払の原則　　賃金は、通貨で支払われなければならない（労基24条 1 項）。通貨とは、強制通用力のある貨幣をいい、小切手は認められるのかについては学説に争いがある。通貨払の原則の趣旨は、価格が不明瞭でお金に換金しにくい現物給与を禁止することにある。ただし、通貨払の原則には、24条 1 項但書によって、例外が認められている。「法令若しくは労働協約に別段の定めがある場合又は厚生労働省令で定める賃金について確実な支払の方法で、厚生労働省令で定めるものによる場合」である。労働者の同意を得た場合、労働

者が指定する銀行等に対して労働者名義の預金口座への賃金振込みができると
している。また、賃金のデジタル払い（いわゆる○○PAY といったキャッシュレ
ス決済）も2023年 4 月 1 日から可能になった（労基則 7 条の 2 ）。

　②**直接払の原則**　　賃金は、直接労働者に支払わなければならない（労基24
条 1 項）。労働者本人以外の者に賃金を支払うことを禁止するものである。労
働者の親権者その他の法定代理人に支払うこと、労働者の委任を受けた任意代
理人に支払うことはいずれも、本条違反となり、労働者が第三者に賃金受領権
限を与えようとする委任、代理等の法律行為は無効である。ただし、使者に対
して賃金を支払うことは差し支えない（昭和63年 3 月14日基発150号）。労基法59
条は、念を押して、未成年者は独立して賃金を請求することができ、親権者又
は後見人は未成年者に代わって賃金を受け取ってはならないと定めている。以
上のことから、子どもの賃金を取りに来た親への支払いは直接払の原則違反に
なるが、配偶者は使者と考えられるので、夫の賃金を取りに来た妻に支払って
も直接払の原則には違反しないことになる。

　小倉電話局事件（最 3 小判昭和43年 3 月12日）では、労働者の退職金債権を譲
渡された者が使用者に対して退職金の支払いを求めたが、最高裁は、24条 1 項
の趣旨から、労働者が賃金の支払を受ける前に賃金債権を他に譲渡した場合に
おいても、その支払について同条が適用され、使用者は直接労働者に対し賃金
を支払わなければならず、賃金債権の譲受人は、自ら使用者に対してその支払
を求めることは許されないとした。

　③**全額払の原則**　　賃金は、その全額が支払われなければならない（労基24
条 1 項）。たとえば、 5 分の遅刻を30分の遅刻としてカットするような処理は、
労働の提供のなかった限度を超えるカットにあたり全額払の原則に反し、違法
となる（昭和63年 3 月14日基発150号）。ただし、24条 1 項但書は、法令に別段の
定めがある場合又は労使協定がある場合に、賃金の一部を控除することを認め
ている。所得税法183条、健康保険法167条、厚生年金保険法84条などによっ
て、税金や社会保険料等の控除が認められている。

　また、使用者が組合員の賃金から組合費を控除し組合に渡すチェック・オフ
を行うためには、労使協定が必要となる。最高裁は、このような労使協定は免

罰的効果しか有せず、労働者はいつでもチェック・オフの中止を使用者に申し入れることができるとしている（エッソ石油事件・最1小判平成5年3月25日）。

　労基法は、全額払の原則には前述以外の例外を定めていないので、使用者が、労働者に対して有する債権をもって労働者の賃金債権を相殺することも、全額払の原則から禁止されることになる。しかし、最高裁は、労働者の同意が、労働者の自由な意思に基づいてされたものであると認めるに足る合理的理由が客観的に存在するときは、相殺することを民事的に認めている（日新製鋼事件・最2小判平成2年11月26日）。

　④毎月1回以上一定期日払の原則　　賃金は、毎月1回以上、一定の期日を定めて支払わなければならない（労基24条2項）。なお、臨時に支払われる賃金、賞与その他これに準ずるもので厚生労働省令で定める賃金については、この原則の例外とされている。厚生労働省令によると「その他これに準ずるもの」とは、1か月を超える期間による精勤手当、勤続手当、奨励加給、能率手当である（労基法施行規則8条）。

　⑤非常時払の原則　　労働者が、出産、疾病、災害などの非常の場合の費用に充てるために請求する場合においては、使用者は、支払期日前であっても、既に行われた労働に対する賃金を支払わなければならない（労基25条）。

(5)　休業手当

　使用者の責に帰すべき事由による休業の場合、使用者は、休業期間中当該労働者に、その平均賃金の60％以上の手当を支払わなければならない（労基26条）。民法536条2項によれば、「反対給付を受ける権利を失わない」のであるから100％の賃金保障が受けられるのに対して、労基法26条は、平均賃金の60％以上としているので、給付水準から見ると、民法よりも不利な取扱いになっている。しかし、支給理由を見ると、民法536条2項の「債権者（＝使用者）の責めに帰すべき事由」よりも労基法26条の「使用者の責に帰すべき事由」の方が広い概念である。たとえば、経営障害による休業は、前者には該当しないが後者には該当する（昭和23年6月11日基収1998号）。

　最高裁も、26条の「使用者の責に帰すべき事由」とは、取引における一般原

則である過失責任主義とは異なる観点を踏まえた概念ととらえ、民法536条2項よりも広く、使用者側に起因する経営、管理上の障害を含むと解している（ノース・ウエスト航空事件・最2小判昭和62年7月17日）。

(6) 出来高払制の保障給

出来高払制その他の請負制で使用する労働者については、使用者は、労働時間に応じ一定額の賃金を保障しなければならない（労基27条）。

(7) 平均賃金

解雇予告手当、休業手当、年次有給休暇の賃金、休業補償等の災害補償、減給制裁の制限の金額を算定する時に基準となるのが平均賃金である（労基12条）。平均賃金は、直前3か月間の賃金総額（支給総額）を3か月間の総日数（暦日数）で割った額（原則）と、直前3か月間の賃金総額（支給総額）を3か月間の労働日数で割って0.6を掛けた額（最低保障）とを比較して、高い方になる。平均賃金の計算において、労災による療養休業期間、産前産後休業期間、使用者の責に帰すべき事由による休業期間、育児休業・介護休業期間、試用期間は、その日数およびその期間中の賃金は、期間および賃金総額から控除する。

(8) 賞　与

労基法は、賞与の支払い義務を規定していない。賞与を支払うか否かは労働契約上の問題となる。退職金と同様に就業規則等で支給基準が定められていれば、労基法上の賃金と解される。行政解釈によれば、賞与とは、定期または臨時に原則として労働者の勤務成績に応じて支給されるものであって、その支給額が予め定められていないものをいうので、定期的に支給されかつその支給額が確定しているものは名称にかかわらず賞与とはみなさないとしている。そのような賞与とみなされないものについては、施行規則8条に該当する場合を除いて、毎月1回以上一定期日払の原則の適用があるが、賞与とされるものには適用されない（昭和22年9月13日発基17号）。

　賞与の支給基準として、支給日に在籍していることを要件とする支給日在籍要件は、有効なのだろうか。最高裁は、大和銀行事件において、改定された就業規則はそれまでの労使慣行を明文化したにとどまるものであって、その内容においても合理性があるとして、支給日在籍要件を有効と判断した（最1小判昭和57年10月7日）。その後の多くの下級審判決は、支給日在籍要件を有効と解している。

(9)　退職金

　退職金には、一括して支払う退職一時金（通常はこれを退職金と称する）と年金の形で支払う退職年金がある。労基法は、使用者に退職金を支払う義務を課していないので、退職金を支払うか否かは労働契約上の問題となる。前述したように、行政解釈、判例、学説はいずれも、就業規則等で支給基準が予め明確であれば、退職金は労基法上の賃金と解している。しかし、退職金の性質から、賃金に関する支払原則のうち、毎月1回以上一定期日払の原則は適用されない。また、退職金は、予め定められた支払時期に支払えば足りるものであるので、非常時払の原則は適用されない（昭和26年12月27日基収5483号、昭和63年3月14日基発150号）。

　退職金の支給条件については、労基法は何も定めていない。そこで、退職金の支給制限条項は私法的に有効かどうかが問題となる。三晃社事件（最2小判昭和52年8月9日）では、就業規則に勤続3年以上の社員の退職については退職金規則によって退職金を支払うことが規定されていたが、退職金規則では退職後同業他社への転職の場合は自己都合退職の2分の1の乗率で計算されることになっていた。最高裁は、会社が社員に対し退職後の同業他社への就職をある程度の期間制限することをもって、ただちに社員の職業の自由等を不当に拘束するものとは認められないとし、本件退職金が功労報償的な性質を併せ持つことも考慮して、合理性のない措置であるとすることはできないと判断した。本件の退職金減額は、制限違反の就職をしたことによる勤務中の功労に対する評価が減殺されて、退職金の権利そのものが自己都合の退職の場合の半額しか発生しないこととする趣旨であると解すべきとしている。

(10)　賃金債権の確保

　会社が倒産して、未払いの賃金がある場合、未払い賃金について、次のような場合に国が立替払する事業がある（賃確）。対象となるのは、破産、特別清算の開始、整理の開始、再生手続の開始、更生手続の開始について、裁判所の決定または命令があった場合、または、破産などの手続は取られていないが、事実上、事業活動が停止して、再開する見込みがなく、かつ、賃金支払能力がないことについて労働基準監督署長の認定があった場合である。立替払を受けることができる労働者は、労災保険の適用事業で1年以上事業活動を行ってきた企業（法人、個人を問わない）に労働者として雇用されて、企業の倒産等に伴い退職し、未払い賃金（2万円以上）が残っている場合、または、裁判所に対する破産等の申立日または労働基準監督署長に対する倒産の事実についての認定申請日の6か月前の日から2年の間に当該企業を退職した場合である。立替払の限度額は、【Web資料Ⅲ-⑦　賃金確保法施行令による立替払の限度額】のとおりである。

3　労働時間

(1)　労基法上の労働時間

　労基法上の労働時間は、拘束時間から休憩時間を引いた実労働時間である（労基32条1項）。労基法上の労働時間とは、使用者の指揮監督下におかれている時間および使用者による明示または黙示の指示により業務に関連した行為をなす時間をいう。最高裁は、労働者が就業を命じられた業務の準備行為等を事業所内で行うことを使用者から義務付けられ、またはこれを余儀なくされたときは、当該行為を所定労働時間外において行うものとされている場合であっても、当該行為は特段の事情のない限り、使用者の指揮命令下に置かれたものと評価することができるとしている（三菱重工長崎造船所事件・最1小判平成12年3月9日）。作業と作業の間に待機している手待ち時間は、労基法上の労働時間である。仮眠時間も場合によっては該当する。各ビルの仮眠室に待機し、警報が鳴る等した場合は直ちに対応して所定の作業を行うが、そのような事態が生

じない場合は睡眠をとってもよいとされていたビル管理会社の従業員の仮眠時間が問題となり、最高裁は、不活動仮眠時間であっても労働からの解放が保障されていない場合には労基法上の労働時間に当たるというべきであると述べている（大星ビル管理事件・最１小判平成14年２月28日）。

(2)　法定労働時間

　法定労働時間とは、法律で定めた最長の労働時間のことであり、所定労働時間とは、会社で定めた労働契約上の労働時間のことである。労基法32条は、法定最長労働時間を原則１日８時間かつ１週40時間と定め、特例措置対象事業場である事業場の規模が10人未満の商業・映画演劇業・保健衛生業・接客娯楽業については、１週については44時間としている（労基法131条）。所定労働時間が法定労働時間を超えることは、労基法違反になる。

(3)　労働時間の弾力化—変形労働時間制

　季節や月によって仕事に繁閑がある場合、忙しい時にたくさん働いてもらい、そうでもない時には少なく働いてもらった方が効率的である。そこで、一定の期間についての総労働時間が一定の労働時間の枠内に収まるのであれば、１日あるいは１週の労働時間が８時間あるいは40時間を超えても、処罰されず、また割増賃金を支払うことを義務づけられないという、柔軟な労働時間制が企業から求められた。そこで、労基法は、４つのタイプの変形労働時間制を定めている。

　①１か月以内型の変形労働時間制　　１か月以内の一定の期間を平均して、１週間の労働時間が40時間（特定措置対象事業では44時間）以下の範囲内で、特定の日や週について、１日および１週間の法定労働時間を超えて労働させることができる制度である（労基32条の２、【Web資料Ⅲ-⑧　１か月単位の変形労働時間制】）。

　②１年以内型の変形労働時間制　　１年以内の一定期間を平均して、１週間の労働時間を40時間の範囲内にした場合、特定の日や週について１日および１週間の法定労働時間を超えて労働させることができる制度である（労基32条の

4、【Web資料Ⅲ-⑨ 1年単位の変形労働時間制】)。

　③1週間型非定型の変形労働時間制　　労働者数30人未満の小売業、旅館、料理・飲食店において、労使協定により、1週間単位で毎日の労働時間を弾力的に定めることができる制度である（労基32条の5）。この制度を採用するためには、労使協定が必要である（届出も必要）。週平均労働時間は、40時間以下とし、40時間を超えて労働させた時は、割増賃金を支払う。労働時間変形の上限は、1日10時間である。労働日・労働時間の特定が必要で、起算日を定めて前週末までに労働者に通知する。連続労働日の制限はない。

　④フレックスタイム制　　1日の所定労働時間の長さを固定的に定めず、1か月以内の一定の期間（清算期間）の総労働時間を定めておき、労働者がその範囲内で各日の始業および終業の時刻を自分の意思で決定して働く制度である（労基32条の3、【Web資料Ⅲ-⑩　フレックスタイム制】）。この制度を採用するためには、就業規則等により、始業および終業の時刻を労働者の決定に委ねることが必要であり、併せて、労使協定の締結も求められる（届出不要）。労使協定には、対象となる労働者の範囲、清算期間とその起算日、清算期間における総労働時間、標準となる1日の労働時間、コアタイムを定める場合などはその時間帯、出勤時間帯と退勤時間帯に制限を設ける場合はその時間帯を記載しなければならない。なお、2018年改正で、清算期間が1か月から3か月まで拡張され、その場合、労使協定の届け出も必要になった。

⑷　事業場外のみなし労働時間制

　新聞記者や営業社員など労働者が事業場外で労働し、使用者による労働時間の把握ができない場合がある。その場合には、原則として所定労働時間労働したものとみなす「みなし労働時間制」がある（労基38条の2）。なお、無線やポケットベル等によって随時使用者の指示を受けながら事業場外で労働している場合などは、労働時間を算定しがたい場合には該当せず、みなし労働時間制の適用はない（昭和63.1.1基発1号）。また、ツアー添乗員の添乗業務につき、指示書等記載の具体的業務指示や添乗日報の記載により、労働時間算定可能とし、みなし労働時間制を否定した裁判例（阪急トラベルサポート第2事件・最2小

判平成26年1月24日）がある。

　労働日の労働時間の全部が労働時間の算定が困難な事業場外労働である場合は、その日の労働時間は、「所定労働時間≧通常必要時間」の場合は所定労働時間、「所定労働時間＜通常必要時間」の場合は通常必要時間となる。労働日の労働時間の一部が労働時間の算定困難な事業場外労働である場合は、その日の労働時間は、「所定労働時間≧通常必要時間＋事業場内の労働時間」の場合は所定労働時間となり、「所定労働時間＜通常必要時間＋事業場内の労働時間」の場合は通常必要時間＋事業場内の労働時間がその日の労働時間である。

　2020年コロナで、テレワークが急速に広がり、みなし労働時間制が用いられた（【Web資料Ⅲ-⑪　テレワークガイドライン】）。

(5)　裁量労働制

　業務の性質から、業務の遂行の手段や時間の配分などに関して、使用者が具体的な指示を行なわず、労働者の裁量に委ねることが適切な場合、労使の合意で定めた労働時間数を働いたものとみなす制度である。

　①専門業務型裁量労働制　　対象事業場には制限がなく、19の専門業務に限って認められ、労使協定により採用する（届出必要）（労基38条の3、【Web資料Ⅲ-⑫　専門業務型裁量労働時間制】）。2024年4月1日以降、①本人の同意を得ることや同意しなかったことにつき、不利益取扱いをしないこと、②同意の撤回手続を労使協定に定めなければならない。

　②企画業務型裁量労働制　　本社や支店等において、一定の要件を満たした場合に限り、予め定めた時間働いたものとみなす制度である（労基38条の4）。したがって、対象業務は本社や支店における、事業の運営に関する事項についての企画、立案、調査および分析の業務である。採用するためには、労使委員会による委員の5分の4以上の多数による決議と所轄の労基署への届出が必要である。労使委員会とは、賃金、労働時間などの当該事業場における労働条件に関する事項を調査審議し、事業主に対して意見を述べることを目的とする委員会であり、労使それぞれ半数で組織する。【Web資料Ⅲ-⑬　企画業務型裁量労働制】）。

(6)　時間外労働・休日労働

①三六協定と時間外労働・休日労働義務　　法定労働時間を超える労働（時間外労働という。残業≧時間外労働）や法定休日の労働（休日労働という）は、本来労基法違反であり罰則が適用される。時間外労働や休日労働を労働者にさせるためには、三六協定が必要である（労基36条）。三六協定は時間外労働や休日労働をさせても使用者に労基法の罰則の適用を免れさせる効果があるにすぎない。労働者に時間外労働や休日労働を命ずるためには、就業規則、労働協約などにおける時間外労働の定めが必要であるという見解（包括的合意説）と、労働者の個別の同意が必要であるという見解（個別的合意説）がある。

　最高裁は、日立製作所武蔵工場事件において、使用者が三六協定を締結し、所轄労基署長に届け出た場合において、使用者が当該事業場に適用される就業規則に、当該三六協定の範囲内で一定の業務上の事由があれば、労働契約に定める労働時間を延長して労働者を労働させることができる旨を定めている時は、当該就業規則の規定の内容が合理的なものである限り、それが具体的労働契約の内容をなすから、就業規則の適用を受ける労働者は、労働契約に定める労働時間を超えて労働をする義務を負うものと解するとしている（最1小判平成3年11月28日）。時間外労働は、厚生労働大臣が定める時間外労働時間の限度基準によって限度が定められている（【Web資料Ⅲ-⑭　1日を超える期間の延長時間の限度】）。

②割増賃金　　時間外労働・休日労働・深夜業に対しては、使用者は割増賃金を支払わなければならない（労基法37条、【資料Ⅲ-5】）。前述したように、時間外労働および休日労働の割増賃金は、管理監督者には支払うことは義務づけられていない（労基41条2号）。そこで、問題となるのは、管理監督者の定義である。行政解釈は、名称にとらわれず、実態に即して判断すべきものであるとし、実態に基づく判断として、経営者と同じ立場で仕事をしていること（職務内容、責任と権限）および出社・退社や勤務時間について厳格な制限を受けていないこと（勤務態様）に着目する必要があるとし、その地位にふさわしい待遇がなされているかということも判定に当たって無視しえないものであるとしている（昭和22年9月13日発基17号、昭和63年3月14日基発150号）。

資料Ⅲ-5　割増賃金の種類と割増率

種　類	支払う条件	割増率
時間外（時間外手当・残業手当）	1日8時間、週40時間を超えたとき	45時間まで25％以上、45時間超〜60時間まで労使で時間短縮・割増賃金率の引上げ（努力義務）、60時間超えると50％以上。事業場で労使協定を締結すれば、1か月に60時間を超える時間外労働を行った労働者に対して、改正法による引上げ分（＝25％分）の割増賃金の支払に代えて、有給の休暇を付与することができる。
休日（休日手当）	法定休日（週1日）に勤務させたとき	35％以上
深夜（深夜手当）	22時から翌朝5時までの間に勤務させたとき	25％以上

資料出所：厚生労働省の資料に筆者（神尾）が手を加えた。

【様々な法定割増率】
・時間外労働が60時間以下の場合
　時間外労働＋深夜業　1.25＋0.25＝1.50以上
　休日労働＋時間外労働　1.35以上
　休日労働＋深夜業　1.35＋0.25＝1.60以上
・時間外労働が60時間を超える場合
　時間外労働＋深夜業　1.50＋0.25＝1.75以上
　休日労働＋時間外労働　1.35以上
　休日労働＋深夜業　1.35＋0.25＝1.60以上

　日本マクドナルド事件（東京地判平成20年1月28日）では、裁判所は、管理監督者の判断基準として、3つあげている。第1に、職務内容、権限と責任に照らし、労務管理を含め、企業全体の事業経営に関する重要事項にどのように関与しているか、第2に、その勤務形態が労働時間などに対する規制になじまないものであるか否か、第3に、給与（基本給、役付手当等）および一時金において、管理監督者にふさわしい待遇がされているか。問題となった店長について、いずれの観点からも管理監督者に当たらないと判断した。

　③高度プロフェッショナル制度　　高度プロフェッショナル制度（労基法41条の2）は、高度の専門的知識等を有し、職務の範囲が明確で一定の年収要件（年収1075万円以上）を満たす労働者を対象として、労使委員会の決議及び労働

者本人の同意を前提として、年間104日以上の休日確保措置や健康管理時間の状況に応じた健康・福祉確保措置等を講ずることにより、労働基準法に定められた労働時間、休憩、休日及び深夜の割増賃金に関する規定を適用しない制度である（【Web資料Ⅲ-⑮　高度プロフェッショナル制度】）。

　④勤務間インターバル制度　　「勤務間インターバル」制度とは、１日の勤務終了後、翌日の出社までの間に、一定時間以上の休息時間（インターバル）を設けることで、働く方の生活時間や睡眠時間を確保するものである（【Web資料Ⅲ-⑯　勤務間インターバル制度】）。労働時間等設定改善法２条１項で、「勤務間インターバル制度」導入が企業の努力義務となった。また、高度プロフェッショナル制度の健康確保措置の中の４つの選択的措置の内の１つになっている（労基法41条の２第１項５号イ）。

　⑤固定残業制　　ここでは固定残業制と呼ぶが、定額払い、みなし残業など呼び名は多数あるが、時間外割増賃金を込みにして、例えば、月給25万円（40時間分の時間外労働手当５万円含む）とされることがあり、その適法性が問題となる。

　この点につき、行政解釈（昭和24.1.28基収3947号）は、労基法37条所定の計算方法でなくても、実際の支払額が法所定の割増賃金額を下回らない限り違法ではないとし、近年の裁判例（熊本総合運輸事件・最２小判令和５年３月10日）も①当該定額手当が、時間外労働に対する対価として、法の要求する割増賃金に代えて支払われること（対価性）が必要である、②割増賃金込みで賃金が設定されているような場合、法所定額が支払われていることがわかるように、通常賃金部分と割増賃金部分とが判別できなければならない（判別可能性）、③これらの定額手当が、法所定額に満たない場合には、不足分を追加的に支払わなければ、当然労基法違反になる（テックジャパン事件・最１小判平成24.3.8）。

4　休　憩

　労働者は１日の労働の中で一定の時間働くと疲労するので、その疲労回復のために、休憩が労働時間の途中に労働者に与えられる。休憩は、労働者が労働

義務から解放される時間である。労働時間が6時間を超える場合は45分以上、8時間を超える場合は1時間以上の休憩を労働者に与えなければならない（労基法34条1項）。休憩は、原則一斉に与えなければならない（労基34条2項、一斉休憩の原則）。例外として、2つの場合が認められている。第1に、運輸交通業、商業、保健衛生業、接客娯楽業など、第2に、第1以外の事業で労使協定の締結がある場合。また、使用者は、休憩時間を自由に利用させなければならない（労基34条3項、自由利用の原則）。警察官、消防団員、養護施設など児童のための福祉施設の職員で児童と起居をともにする者については、適用除外になっている。

　目黒電報電話局事件（最3小判昭和52年12月13日）では、休憩時間にビラ配布等の政治活動を行った労働者に対する懲戒処分の効力が争われたが、最高裁は、就業時間外であっても休憩時間中に行われる場合には他の従業員の休憩時間の自由利用を妨げ、ひいてはその後の作業効率を低下させるおそれのあることなど、企業秩序維持の見地から、就業規則により職場内における政治活動を禁止することは合理的な定めとして許されると解した。

5　休　日

　1週間続けて働くと、さらに労働者には疲労が蓄積する。そこで、使用者は、労働者に対して、毎週少なくとも1回の休日を与えなければならない（労基34条1項）。ただし、毎週1回ではなく、4週に4日以上の休日を与えることも認められている（労基34条2項、変形休日制）。1回の休日とは、原則暦日（午前0時から午後12時まで）である。休日は労働義務のない日である。日本の労基法は、いつを休日とするかを定めていない。振替休日と代休については、【資料Ⅲ-6】を参照。

資料Ⅲ-6　振替休日と代休の相違点

項　目	振替休日	代　休
意　味	予め定めてある休日を、事前の手続きをして他の労働日と交換すること。その日は休日労働にならない。	休日に労働させ、事後に代わりの休日を与えること。休日労働の事実は変わらない。
どんな場合に行われるのか	三六協定が締結されていなかった場合などに、休日労働をさせる必要性が生じたとき。	休日労働や長時間労働をさせた場合に、その代償として他の労働日を休日とするとき。
行われる場合の要件	①就業規則等に振替休日の規定があること。②振替休日を事前に特定。③振替休日は、できるだけ近接した日が望ましく、4週の範囲内。④遅くとも振替は前日の勤務時間終了までに通知。	特になし。制度として行う場合、就業規則等に記載が必要。代休自体、任意に与えることができるが、法定休日労働には三六協定が必要となる。
振替後の日又は代休の指定	予め使用者が指定する。	使用者が指定することもあるし、労働者の申請によって与えることもある。
賃　金	振替休日が同一週内の場合、休日の出勤日については通常の賃金を支払えばよく、振替休日に賃金を支払う必要はない。なお、振替休日により働いた日を含む週の労働時間が週法定労働時間を超えた場合には、この部分については時間外労働となるので、割増賃金の支払いが必要となる。	休日労働の事実は消えないので、休日の出勤日については割増賃金を支払わなくてはならない。代休日を有給とするか無給とするかは、就業規則等の規定による。

資料出所：厚生労働省の資料に筆者（神尾）が一部補足した。
注：法定休日以外の休日の労働は、労働法の休日労働に該当しない。

6　年次有給休暇

(1)　年休の意義と取得要件

　6か月あるいは1年という一定の期間働くと、さらに労働者には疲労が蓄積する。そこで、まとまった休暇を付与されることにより、労働者は疲労を回復し、場合によっては、自己啓発などに使うことができる。休日は労働義務のない日であるのに対し、年次有給休暇（以下年休）は、労働義務のある労働日を

資料Ⅲ-7　年次有給休暇の付与日数

週所定労働日数5日以上または週所定労働時間30時間以上の労働者の年次有給休暇の付与日数

勤務年数	0.5年	1.5年	2.5年	3.5年	4.5年	5.5年	6.5年以上
付与日数	10日	11日	12日	14日	16日	18日	20日

注：給料の締切日や勤務シフトの期間とは全く関係なく、採用日から起算する。

週所定労働時間30時間未満の労働者の年次有給休暇の付与日数（比例付与）

週所定労働日数	1年間の所定労働日数	勤務日数						
		0.5年	1.5年	2.5年	3.5年	4.5年	5.5年	6.5年以上
4日	169日から216日	7日	8日	9日	10日	12日	13日	15日
3日	121日から168日	5日	6日		8日	9日	10日	11日
2日	73日から120日	3日	4日		5日	6日		7日
1日	48日から72日	1日	2日			3日		

資料出所：厚生労働省の資料に筆者（神尾）が一部補足した。
注：所定労働日数が週により決まっている場合は「週所定労働日数」、それ以外の場合には「1年間の所定労働日数」で判断する。
　　年の途中で労働日数が変わった場合であっても、付与日時点の所定労働日数で計算する。

年休として指定することによって労働義務が消滅し労働力を提供しないが賃金が支払われる日である。年休の賃金に関しては、平均賃金、所定労働時間労働した場合に支払われる通常の賃金、健康保険法に定める標準報酬日額に相当する金額のうちいずれかを支払わなければならない。年休を取得するためには、労働者は「6か月継続勤務＋全労働日の8割以上出勤」という条件を満たさなければならない。労災による休業期間、育児・介護休業期間、産前産後休業期間、年休取得日（労基39条1項）は、出勤したものとみなされる（労基39条8項）。

(2)　付与日数

　年休の付与日数は、【資料Ⅲ-7】のとおりである。事業場で労使協定を締結すれば1年に5日分については子の通院等の事由などに対応して、時間単位あるいは日単位での年休取得が可能になる（労基39条4項。たとえば、1日分の年休を1時間×8などに分割して取得する）。年休の時効は2年間である（労基115条）。

　また、年5日の年休の確実な取得が使用者の義務になり、その対象労働者は、年休の付与日数が10日以上の者である（正社員は当然として、その他にも【資料Ⅲ-7】で10日以上比例付与されるパートなども対象になる）。そのため、使用者は労働者ごとに、年休を付与した日（基準日）から1年以内に5日について、取得時期を指定して年休を取得させなければならない。この時期指定は、労働者の意見を聴取したうえで、労働者の希望に沿った取得時期になるように努めなければならない。さらに、年休管理簿を作成し、5年間（当分の間3年間）保存しなければならない（労基則24条の7）。

(3)　利用目的

　労基法には、年休の利用目的を規制する規定はなく、年休の利用目的に関しては、労働者の自由である。白石営林署事件（最2小判昭和48年3月2日）で、最高裁は、年休の利用目的は労基法の関知しないところであり、休暇をどのように利用するかは、使用者の干渉を許さない労働者の自由であると解するのが法の趣旨であると解している。

(4)　時季指定権、時季変更権

　年休取得要件を満たせば、労働者に年休権が発生する。労働者が、いつ年休権を行使するのか具体的に年休の時季を指定して請求する権利を、時季指定権という。これは、労働者による一方的な指定であり、使用者の承諾は必要ない。時季指定によって、労働者の労働日の労働義務が消滅する。使用者は、請求された時季に年休を与えることが、「事業の正常な運営を妨げる場合」においては、他の時季に変更して与えることが出来る（労基39条5項、時季変更権）。「事業の正常な運営を妨げる場合」とは、事業の内容、年休指定者の作業内容、代行者の配置の難易等の諸般の事情を考慮して、判断する（安枝・西村2021：178-179）。長期の年休の取得が問題となった時事通信社事件（最3小判平成4年6月23日）では、長期のものであればあるほど事業の正常な運営に支障を来す蓋然性が高くなり、使用者の業務計画、他の労働者の休暇予定等との事前の調整を図る必要が生ずるのが通常であるから、労働者がそのような調整を経るこ

となく、年休の時季を指定した場合には、事業運営にどのような支障をもたらすか、年休の時期・期間につきどの程度の修正、変更を行うかに関し、使用者にある程度の裁量的判断の余地を認めざるをえないとしている。

(5)　計画年休

年休の日数のうち、5日を超える部分については、労使協定の定めるところにより、年休を与えることが出来る（労基39条6項）。計画年休が行われた場合、5日については労働者の時季指定権があるが、5日を超える部分には、労働者は、時季指定権を行使できない。労使協定によって設定された日に年休を取得しなければならない。計画年休の付与方式には、一斉付与方式、班別交替付与方式、年休付与計画表による個人別付与方式などがある。

(6)　年休取得の不利益取扱い

使用者は、年休を取得した労働者に対し、賃金の減額等その他不利益な取扱いをしてはならない（労基136条）。労基法136条については、私法上の効力があるか否かが問題となっている。最高裁は、労基法136条はそれ自体としては使用者の努力義務を定めたものであって、労働者の年休の取得を理由とする不利益取扱いの私法上の効果を否定するまでの効力を有するものとは解されないとしている（沼津交通事件・最2小判平成5年6月25日）。

7　女性の保護

均等法制定以前は、女性保護を中心に規定されていた。年少者とともに、保護すべき労働者ととらえられていた。均等法制定の際に、経営者側から「保護と平等論」が提示され、母性保護は充実するが、一般的に女性を保護する規定は見直しがなされた。その結果、性別による労働時間規制の差異はなくなった（母性保護については、Ⅲ-7の2参照）。

厚生労働省は、妊産婦保護を母性保護と解し、それ以外の女性保護を一般女性保護と解している。労基法は、坑内における掘削・掘採・運搬業務等の就業

制限（64条の2第2号）、危険有害業務の就業制限（64条の3第2号）、生理日の就業が著しく困難な女性に対する措置（68条）を定めている。

8　年少者の保護

　年少者は成長途上であり、身体的にも精神的にも未成熟であるので、特別の保護をしている。

(1)　最低就労年齢

　労基法は、児童が満15歳に達した日以後の最初の3月31日（中学校を卒業する年度末）が終了するまで使用することを使用者に禁止している。しかし、例外的に健康・福祉に有害でない軽易な作業に限り、新聞配達など非工業的事業では満13歳以上、映画・演劇の子役では満13歳未満の児童でも、労基署長の許可を条件に修学時間外に働かせることができる（労基56条）。

(2)　年少者の労働条件

　15歳以上18歳未満の者を年少者といい、法定労働時間が厳格に適用される。原則として、時間外労働・休日労働は禁止され、各種の変形労働時間制で働かせることも禁止されている（例外あり、労基60条・61条）。

(3)　危険有害業務の就労制限

　法定の26業務の危険有害業務の就労が禁止されている（労基62条）。

(4)　未成年者の労働契約、賃金請求権

　労基法は、親権者又は後見人が未成年者に代わって労働契約を締結することを禁止している（労基58条）。また、未成年者に代わって、賃金を受け取ることも禁止している（労基59条。Ⅲ-3の**2**(4)②）。

4　労働契約の展開

1　人事異動

(1)　人事異動と人事権

　人事異動とは、「昇進・昇格、配転、出向、休職など、企業内における労働者の地位や処遇を変更すること」をいう（清正・菊池2009：158［山下昇執筆］）。また、これらに関する使用者の決定権限を一般に人事権と称する。人事権に関する法律等の規定は存在しない。多くの学説は、人事権を労働契約に基づく使用者の権限の１つとしてとらえている。「人事権も労働契約に基礎づけられているものである以上、契約の解釈による限定や、権利の制限についての一般法理の適用を受けるのは当然である」（中窪・野田2019：344）とされる。

(2)　人事考課（査定）

　労働者に対する成績評価のことを「人事考課」または「査定」という。人事異動の多くは人事考課に基づいて行われる。人事考課はまた、昇給、一時金の支給、能力開発などの判断にも用いられる。

　人事考課の内容や評価方法は使用者の裁量による。光洋精工事件・大阪高判平９年11月25日は、「人事考課は、労働者の保有する労働能力（個々の業務に関する知識、技能、経験）、実際の業務の成績（仕事の正確さ、達成度）、その他の多種の要素を総合判断するもので、その評価も一義的に定量判断が可能なわけではないため、裁量が大きく働く」ものとする。

　ただし、人事考課における使用者の裁量は無制約なものではなく、法律で禁止された差別的事項を考慮に入れた人事考課は違法となる。均等待遇（労基３条）、男女同一賃金（労基４条）、配置・昇進・降格・教育訓練における男女均等取扱い（雇均６条１号）、不当労働行為（労組７条１号、同４号）などへの違反である。

　また、裁量権の逸脱・濫用が認められる不公正な人事考課も違法となり、労

働者は使用者に対して損害賠償を請求することができる（裁判例に、住友生命事件・大阪地判平成13年6月27日、マナック事件・広島高判平成13年5月23日、大阪市交通局事件・大阪高判令和元年9月6日など）。

(3) 昇進・昇格・降格

①**定義**　昇進とは、企業内における職務上の地位（職位、すなわち部長、課長、係長などの役職）が上がることをいう。また、昇格とは、労働者の職能資格が上がることをいう。職能資格とは、労働者の「職務遂行能力に基づく格付けを指し、参与、参事、主事、社員（例えば主事3級6号）などと呼称され、これに従って基本給（職能給）が決定される。役職制度と職能資格制度は、制度的には別のものであるが、実際にはゆるやかに結びついていることが多い（例えば参事はおおむね課長相当、主事はおおむね係長相当とされる）」（水町2022：124）ものである。

これに対して、昇進または昇格の反対措置、すなわち「職務上の地位の引き下げ」や「職能資格の引き下げ」のことを降格という。

②**昇進・昇格**　昇進・昇格の判断は使用者の裁量に委ねられる。ただし、一定の差別的行為が法律で禁止されている。均等待遇（労基3条）、配置・昇進・降格・教育訓練における男女均等取扱い（雇均6条1号）、不当労働行為（労組7条1号、同4号）などへの違反である。また、昇進・昇格を行わないことが裁量権の逸脱・濫用と認められる場合には違法となる（民法1条3項、労契法3条5項）。

これらに対する司法救済として、労働者は使用者に対して損害賠償を請求することができる（男女の差別的な取扱いにつき不法行為の成立を認めた裁判例に社会保険診療報酬支払基金事件・東京地判平成2年7月4日）。

これに加えて、労働者は昇進や昇格を請求することができるかが問題となる。裁判例の多くは損害賠償請求を認めるにとどまるところ、昇格・昇進における男女差別が問題となった芝信用金庫事件・東京高判平成12年12月22日（【Web資料Ⅲ-⑰　昇進・昇格・降格に関する裁判例】）では、女性の昇格確認請求を認めた。これは、昇格と昇進とが分離されており、男性は資格試験の合否に

かかわらずほぼ年功的に昇格していたという事案である。

　同判決は、昇格は「賃金の多寡を直接左右するものであるから、職員について、女性であるが故に昇格について不利益に差別することは、女性であることを理由として、賃金について不利益な差別的取扱いを行っているという側面を有するとみることができる」として、労基法（3条、4条、13条、93条）および就業規則の差別禁止規定を根拠に昇格の確認請求を肯定した。これに対して、昇進は使用者の「専権的判断事項というべきものであるから、一概に男女差別に基づいてされたものと断ずることもできないというべきである」として、昇進の確認請求は否定した。

　以上の司法救済に加え、昇進・昇格差別が不当労働行為にあたる場合、労働委員会による行政救済が認められる（Ⅳ-4の**2**）。

　③降格　　降格は、同一の労働契約における内容の変更の範囲内で行なわなくてはならない。裁判例には、懲戒処分として行なわれた教諭から有期雇用の非常勤講師への降格を、全く別個の労働契約に内容を変更するものとして無効とするものがある（倉田学園事件・高松地判平成元年5月25日）。

　降格には、人事権の行使としての降格と、懲戒権の行使としての降格とがある。懲戒権の行使としての降格は、懲戒の法ルールに服する（後述3）。人事権の行使としての降格には、昇進の反対措置として行われるもの（部長から課長への異動など、職務上の地位の引き下げ。「降職」という）と、昇格の反対措置として行われるもの（職能資格上の等級や地位の引き下げ）とがある。

　④昇進の反対措置（降職）　　降職について、裁判例は、「使用者が有する採用、配置、人事考課、異動、昇格、降格、解雇等の人事権の行使は、雇用契約にその根拠を有し、労働者を企業組織の中でどのように活用・統制していくかという使用者に委ねられた経営上の裁量判断に属する事柄であり、人事権の行使は、これが社会通念上著しく妥当を欠き、権利の濫用に当たると認められる場合でない限り、違法とはならないものと解すべきである」（バンク・オブ・アメリカ・イリノイ事件・東京地判平成7年12月4日【Web資料Ⅲ-⑰】）とする。

　裁判例は、使用者は就業規則に特別の根拠がなくても降職を命ずることができるとする（前出・バンク・オブ・アメリカ・イリノイ事件、エクイタブル生命保険

事件・東京地決平成2年4月27日など【Web資料Ⅲ-⑰】）。ただし、労働契約で職位の限定がなされている場合には、一方的な降職を行うことはできない。

裁判例はまた、使用者の裁量権の逸脱・濫用にあたる降職は、違法・無効とする（前出・バンク・オブ・アメリカ・イリノイ事件、東京厚生会大森記念病院事件・東京地判平成9年11月18日など【Web資料Ⅲ-⑰】）。裁量判断の逸脱に関し、バンク・オブ・アメリカイリノイ事件の東京地裁判決は、「（略）人事権の行使は、労働者の人格権を侵害する等の違法・不当な目的・態様をもってなされてはならないことはいうまでもなく、経営者に委ねられた右裁量判断を逸脱するものであるかどうかについては、使用者側における業務上・組織上の必要性の有無・程度、労働者がその職務・地位にふさわしい能力・適性を有するかどうか、労働者の受ける不利益の性質・程度の諸点が考慮されるべきである」とする。

⑤**昇格の反対措置**　職能資格上の等級や地位の引き下げについて、裁判例は、職能部分の賃金の減額（すなわち労働契約の内容である労働条件の変更）を伴うものであり、労働者の合意や就業規則上の根拠がない場合には無効であるとする（アーク証券〈仮処分〉事件・東京地決平成8年12月11日【Web資料Ⅲ-⑤　昇進・昇格・降格に関する裁判例】、コナミデジタルエンタテインメント事件・東京高判平成23年12月27日など）。

(4) 配　転

①**定義**　配転とは、同一企業内における、労働者の職種・職務内容・勤務場所などの長期にわたる変更のことをいう。配転は企業内の人事異動であり、使用者の変更を伴わない点で出向（後述(5)）や転籍（後述(6)）とは異なる。

②**配転命令権の根拠**　配転命令権の行使に、労働者の個別の同意が必要か。最高裁判決は、労働協約と就業規則に定めがあり、労働契約が成立した際に勤務地を限定する旨の合意はなされなかった事案において、個別の同意なく配転命令権を行使できるとする（東亜ペイント事件・最2小判昭和61年7月14日【Web資料Ⅲ-⑱　配転に関する最高裁判決・裁判例】）。

この問題は、使用者の配転命令権を基礎づける労働契約上の根拠の問題とか

かわる。代表的な学説として、「包括的合意説」と「労働契約説」がある。

　(a)包括的合意説（形成権説）は、「労働契約の締結により、労働者は使用者に対して自らの労働力の処分を委ねるという包括的な合意を与え、使用者はこれに基づき職種や勤務場所を命じることができる」（安枝・西村2021：102）と構成する。配転命令権を形成権と解する説である。

　(b)労働契約説は、「使用者が配転命令できるのはあくまで当該労働契約によって合意された範囲内のものであり、この範囲外にあるときは『命令』ではなくて契約内容変更の申し入れであり、労働者の同意を必要とする」（同）と構成する。多数説は労働契約説をとる。

　ただし、包括的合意説に立っても、労働契約に職種や勤務地に関する特約がある場合には使用者の配転命令権は制約を受ける。また、労働契約説に立っても、労働契約に職種や勤務地に関する包括的な合意がある場合には結論的に包括的合意説と違いがなくなる。いずれの説に立つにせよ、結論において、使用者の配転命令権は無制約に行使できるものではないとの点で一致する。そこで、具体的な場面では、配転命令権の限界の基準が問題となる。

　③**配転命令権の限界**　　使用者の配転命令が法令違反、労働契約違反、権利濫用の場合には無効となる。

　(a)法令違反には、公序良俗（民90条）、均等待遇（労基3条）、配置・昇進・降格・教育訓練における男女均等取扱い（雇均6条1号）、通報者の保護（労基104条、労安衛97条）、不当労働行為（労組7条1号、同4号）などへの違反がある。

　(b)労働契約違反には、労働契約で職種を特定されている場合における職種の変更を伴う配転命令や、労働契約で勤務地（勤務場所・勤務地域）が特定されている場合における他の勤務地への配転命令などがある。

　職種の変更を伴う配転命令に関して、日産自動車東村山工場事件・最1小判平成元年12月7日は、長期間（10数年から20数年間）自動車工場で機械工として働いていた労働者について、「機械工以外の職種には一切就かせないという趣旨の職種限定の合意が明示又は黙示に成立したものとまでは認めることができず、(略)業務運営上必要がある場合には、その必要に応じ、個別的同意なしに職種の変更等を命令する権限が被上告人に留保されていたとみるべきである

資料Ⅲ-8　労働者の被る不利益が「通常甘受すべき程度を著しく超える」に該当する・該当しないとされた主な最高裁判決・裁判例

不利益の内容	事件名	判決・決定日	該当
単身赴任に伴う家族との別居など	東亜ペイント事件	最2小判昭和61年7月14日	×
	帝国臓器製薬（単身赴任）事件	最2小判平成11年9月17日	×
	日本入試センター事件	東京高判平成12年1月26日	×
	新日本製鐵（総合技術センター）事件	福岡高判平成13年8月21日	×
	NTT東日本（首都圏配転）事件	東京高判平成20年3月26日	×
本人の健康への悪影響	損害保険リサーチ事件	旭川地決平成6年5月10日	○
	ミロク情報サービス事件	京都地判平成12年4月18日	○
	鳥取県・米子市（中学校教諭）事件	鳥取地判平成16年3月30日	○
	ビジョン事件	東京地判平成27年7月15日	○
家族の看護への支障・家族の健康への悪影響	日本レストランシステム事件	大阪高判平成17年1月25日	○
	北海道コカコーラボトリング事件	札幌地決平成9年7月23日	○
	明治図書出版事件	東京地決平成14年12月27日	○
	ネスレ日本（配転本訴）事件	大阪高判平成18年4月14日	○
家族の介護への支障	ネスレ日本（配転本訴）事件	大阪高判平成18年4月14日	○
	NTT東日本〈北海道・配転〉事件	札幌高判平成21年3月26日	○
子の保育への支障	ケンウッド事件	最3小判平成12年1月28日	×
資格・技能を活かすことへの合理的期待	安藤運輸事件	名古屋高判令和3年1月20日	○

※通常甘受すべき程度を著しく超えるに該当すると判断されたものは「該当」に○を、該当しないと判断されたものは×をつけている。
出所：筆者作成。

とした原審の認定判断」を是認した。なお、この工場の就業規則には職種変更に関する規定があり、また、過去に職種変更の異動が行われた例があった。

　いわゆる専門職については、職種を限定する旨の合意がなされていたことを認める裁判例がある（国家公務員共済組合連合会事件・仙台地判昭和48年5月21日［看護師］、大盛会福岡記念病院事件・福岡地判昭和58年2月24日［検査技師］、金井学園福井工大事件・福井地判昭和62年3月27日［大学教員］、岡山市立総合医療センター（抗告）事件・広島高裁岡山支決平成31年1月10日［外科医］など）。

　勤務地の変更に関しては、現地採用の従業員やアルバイトの従業員について、勤務地を限定する旨の合意がなされていたことを認める裁判例がある

（ブックローン事件・神戸地決昭和54年 7 月12日［現地採用の労働者］、ジャパンレンタカー事件・津地判平成31年 4 月12日［アルバイトの労働者］）。

　(c)権利濫用となる配転命令に関して、最高裁は前出②の東亜ペイント事件において、次の 3 つの判断要素を示している。業務上の必要性、不当な動機・目的、労働者の不利益。したがって、業務上の必要性がある配転命令であっても、不当な動機・目的をもってなされた場合（組合嫌悪・報復・嫌がらせ・退職強要など）や、労働者に著しい不利益を負わせる場合には権利濫用となる。

　業務上の必要性について、同判決は「余人をもっては容易に替え難いといった高度の必要性に限定することは相当でな」いとして、比較的広範に認めている。また、労働者の不利益について同判決は、「通常甘受すべき程度を著しく超える不利益を負わせるものであるとき」という基準を示している。【資料Ⅲ-8】は、配転により労働者の被る不利益が「通常甘受すべき程度を著しく超える」に該当する・該当しないとされた主な最高裁判決や裁判例を類型化したものである。

　④家族的責任　　育児・介護休業法26条は、使用者は「労働者の配置の変更で就業の場所の変更を伴うものをしようとする」場合、労働者の「子の養育又は家族の介護の状況に配慮しなければならない」と規定する。

　通達（平成14年 3 月18日雇児発0318003号）は、同条のいう「配慮」について「労働者の配置の変更で就業の場所の変更を伴うものの対象となる労働者について子の養育又は家族の介護を行うことが困難とならないよう意を用いることをいい、配置の変更をしないといった配置そのものについての結果や労働者の育児や介護の負担を軽減するための積極的な措置を講ずることを事業主に求めるものではないこと」とする。

　裁判例には、同条は「配転を行ってはならない義務を定めてはいないと解するのが相当」としつつ、同法の制定経緯に照らし、「育児の負担がどの程度のものであるのか、これを回避するための方策はどのようなものがあるのかを、少なくとも当該労働者が配置転換を拒む態度を示しているときは、真摯に対応することを求めているものであり、既に配転命令を所与のものとして労働者に押しつけるような態度を一貫してとるような場合は、同条の趣旨に反し、その

配転命令が権利の濫用として無効になることがあると解するのが相当である」
（明治図書出版事件・東京地決平成14年12月27日）とするものがある。

⑸　出　向

①定義　　出向（在籍出向）とは、「労働者が使用者（出向元）との労働契約
を維持しつつ、長期にわたって他企業（出向先）の指揮命令に服して労働する
こと」をいう（土田2024：194）。

　出張や配転とは異なり、労働者は他の使用者（出向先）の指揮命令のもとで
就労し、出向先に対して労働義務を負う。また、労働者派遣では労働者と派遣
先との関係が指揮命令関係にとどまるのに対して、出向では労働者と出向先と
の関係は指揮命令関係以外にも及ぶ（労働条件変更、36協定、労災保険など）。

②出向命令権の根拠　　使用者が労働者に出向を命ずる場合、その同意を要
する。それは、出向は指揮命令権者の変更であり労働契約の重要な要素の変更
であること、および、民法625条１項が「使用者は、労働者の承諾を得なけれ
ば、その権利を第三者に譲り渡すことができない」と規定することによる。

　そこで配転の場合と同様、使用者が出向命令権を行使するときに労働者の個
別の同意が必要か否か問題となる。学説には次のものがある（土田2024：196）。

　(a)個別的同意説（出向の都度の個別的な同意のみを認める）。(b)包括的同意説
（事前［特に採用時］の同意や、労働協約・就業規則の出向条項（「業務上の必要性があ
るときは出向を命ずることがある」との規定）で足りるとする）。(c)具体的同意説
（出向命令権の根拠としては事前の同意や協約・就業規則の出向条項で足りるが、その
中で、または付属の出向規定において、出向先の労働条件・処遇、出向期間、復帰条件
［復帰後の処遇や労働条件の通算など］が整備され、内容的にも著しい不利益を含まな
いことを求める）。

　最高裁判決は、就業規則の出向条項に加えて、労働協約に出向労働者の利益
に配慮した具体的な規定が設けられているケースについて、労働者の個別的同
意なしに出向命令を発することができるとする（新日本製鐵〈日鐵運輸第２〉事
件・最２小判平成15年４月18日）。また、いわゆるグループ企業への出向のケース
について、労働者の個別的な同意は要せず包括的な同意で足りるとする裁判例

がある（興和事件・名古屋地判昭和55年3月26日）。

　③出向命令権の限界　　使用者の出向命令が、法令違反（前述(4)③で示した民90条、労基3条、同104条、雇均6条1号、労安衛97条、労組7条1号、同4号などへの違反）、労働契約違反（上記②の、労働者の同意などがない出向命令）、権利濫用（労契14条）の場合、当該命令は無効となる。

　権利濫用となる出向命令について、最高裁判決は、次の判断要素を示している。業務上の必要性、出向労働者の人選基準の合理性、出向労働者の生活関係および労働条件における不利益、出向発令における手続の相当性（前出・新日本製鐵〈日鐵運輸第2〉事件など。ゴールド・マリタイム事件・最2小判平成4年1月24日は、出向命令を業務上の必要性や人選の合理性がないとして無効とする）。

　④出向中の権利義務の配分　　出向中の労働者と企業との権利義務が、出向元と出向先との間でどのように配分されるかは、出向協定などと称する出向元と出向先との合意によって定まる。ただし、出向労働者との関係では、権利義務は「労働協約、就業規則または個別の労働契約上の根拠（労働者の承諾［民法625条1項］）があって初めて［出向元から出向先に］譲渡されることになる」（水町2023：548）と解されている。

　⑤労働保護法規　　労働保護法規が出向元と出向先のいずれに適用されるかは、法律の趣旨や各事項に関する権限の所在によって定まる。労基法の各規定は、出向元使用者と出向先使用者との取決めによって定められた権限と責任に応じて、出向元または出向先にそれぞれ適用される。労安衛法や労災保険法は、原則として、労務を提供している出向先において適用される。また、雇用保険は、労働者が生計を維持するのに必要な主たる賃金を受けている雇用関係について適用される（Ⅱ-1の**3**(3)②）。

　⑥出向元への復帰　　使用者が、出向中の労働者を出向元に復帰させる場合、当該労働者の同意を要するか。最高裁は、「もともと出向元との当初の雇用契約において合意されていた事柄」であるとして、「特段の事由のない限り、当該労働者の同意を得る必要はない」ものと解する（古河電気工業・原子燃料工業事件・最2小判昭和60年4月5日【Web資料Ⅲ-⑲　出向に関する最高裁判決】）。

(6) 転　籍

①**定義**　転籍とは、「従来の使用者（転籍元）との労働契約（雇用関係）を終了させ、新たに別会社（転籍先）との労働契約関係に入ること」をいう（土田2024：202）。転籍は、次の２つのタイプに分かれる（同）。(a)転籍元との労働契約を合意解約し、転籍先と新たに労働契約を締結するタイプ（解約型）。(b)労働契約上の使用者の地位が転籍元から転籍先に譲渡されるタイプ（譲渡型）。

②**労働者の同意**　使用者が転籍を命ずる場合、(a)(b)いずれについても、労働者の同意を要する（民625条１項）。ただし、(b)のうち合併や会社分割など、一定の場合には、労働者の同意を要しない（後述**4**）。

転籍における労働者の同意について、裁判例は、使用者は事前の包括的同意のみでは労働者に転籍を命ずることはできず、転籍時の個別の同意を要するものとする（三和機材事件・東京地判平成７年12月25日、国立循環器病研究センター事件・大阪地判平成30年３月７日など）。また、裁判例には、密接な業務運営や人事交流がなされている企業グループ内での転籍について、事前の包括的同意に基づき転籍を命ずることができるとするものがある（日立精機事件・千葉地判昭和56年５月25日）。

2　休　職

(1) 定　義

休職とは、「ある労働者を職務に従事させることが不能であるかもしくは適当でない事由が生じたときに、その従業員の地位をそのままにし、一定期間労務に従事させない制度」をいう（清正・菊池2009：167 [山下昇執筆]）。休職の種類には、傷病休職、事故欠勤休職、起訴休職、出向休職、組合専従休職、自己都合休職などがある（同）。

公務員の休職は法定されている（国公79条、同80条、地公28条２項）。これに対して、民間企業の休職制度は法定されておらず、多くは就業規則により制度化されている（この他、労働協約や労使協定などによるものがある）。休職には、労働者と使用者との合意によるものと、使用者の一方的な意思表示（「休職命令」）

によるものとがある。

(2)　休職の終了

　休職は、休職事由の消滅や休職期間の満了により終了する。傷病休職や事故欠勤休職は、解雇の猶予措置または解雇の予告としての機能を有する。すなわち、休職期間満了時に休職事由が消滅していない場合、休職規定に基づく自動退職となるか解雇となる（エール・フランス事件・東京地判昭和59年1月27日は、「自然退職の規定は、休職期間満了時になお休職事由が消滅していない場合に、期間満了によって当然に復職となったと解したうえで改めて使用者が当該従業員を解雇するという迂遠の手続を回避するものとして合理性を有する」とする）。

(3)　休職・復職と賃金

　①**休職と賃金**　　休職中は労働者の労働義務が免除される。民間企業における休職中の賃金の取扱いは法定されておらず、労働協約、就業規則、労働契約などの定めによる。

　②**復職と賃金**　　労働者が休職の終了後、業務を軽減するために原職とは異なる職種や業務に復職する際、使用者は賃金を減額することができるか。降格（前述**1**(3)③）による業務の軽減について、当該降格が適法なものであれば、役職手当の減額や賃金の減額が認められる。また、復職の事案ではないが、配転による業務の軽減について「配転命令により業務が軽減されたとしても、配転と賃金は別個の問題であって、法的には相互に関連していないから、（略）使用者及び労働者の双方は、依然として従前の賃金に関する合意等の契約の拘束力によって相互に拘束されている」（西東社事件・東京地決平成14年6月21日）として、賃金の一方的な減額を認めない裁判例がある。

(4)　傷病休職者の復職

　①**傷病の治癒**　　傷病休職の休職事由は、傷病の治癒によって消滅する。復職は原職への復帰が原則となる。問題となるのが、休職期間満了時に従前の業務を十全に遂行できるまで治癒していない場合、使用者には軽減勤務や他の職

種での復職などの措置をとるべき義務があるか否かである。これは、労働契約における「債務の本旨に従った履行の提供」の解釈に係る問題である。

労働契約で職種・業務内容が特定されていない労働者に関する最高裁判決に、片山組事件・最1小判平成10年4月9日（Ⅲ-3の**2**(2)【Web資料Ⅲ-⑳ 休職・復職に関する最高裁判決・裁判例】）がある。これは、私傷病で休職した建設工事の現場監督が、休職期間満了前に事務作業への復職を申し入れたものの認められず、自宅治療命令を継続されたことから、欠勤扱いとされた期間の賃金支払を求めた事案である。

同判決は、「現に就業を命じられた特定の業務について労務の提供が十全にはできないとしても、その能力、経験、地位、当該企業の規模、業種、当該企業における労働者の配置・異動の実情及び難易等に照らして当該労働者が配置される現実的可能性があると認められる他の業務について労務の提供をすることができ、かつ、その提供を申し出ているならば、なお債務の本旨に従った履行の提供があると解すのが相当である」との判断の枠組みを示した。

裁判例もこの枠組に従った判断を行う（JR東海事件・大阪地判平成11年10月4日【Web資料Ⅲ-⑳】、北産機工事件・札幌地判平成11年9月21日、独立行政法人N事件・東京地判平成16年3月26日など）。なお、JR東海事件で大阪地裁は、「配置換え等により現実に配置可能な業務の有無を検討し、これがある場合には、当該労働者に右配置可能な業務を指示すべきである」として、傷病休職期間満了により休職者を直ちに退職扱いとすることを、信義則に基づき無効とした。

労働契約で職種・業務内容が特定されている労働者に関する事案においても、他の業務への配置による復職の現実的可能性を検討することを信義則に基づき求める裁判例がある（カントラ事件・大阪高判平成14年6月19日など）。また、労働契約で職種・業務内容が特定されている労働者について、比較的短期で従前の業務に復帰することが可能な場合には、実情に応じて短期間の復帰準備期間の提供や教育的措置をとることなどが信義則上求められるとする裁判例がある（全日空〈退職強要〉事件・大阪高判平成13年3月14日）。

②**リハビリ出勤** 通常勤務に向けた労働能力の回復を目的とする訓練的・段階的な就労（いわゆる「リハビリ出勤」）について、休職・復職規定などに定め

がない場合、使用者はその実施義務を負うものではない（裁判例に光洋運輸事件・名古屋地判平成元年7月28日、大阪築港運輸事件・大阪地決平成2年8月31日）。この場合、リハビリ出勤は当事者の合意に基づき実施されることになる。

　リハビリ出勤は、その形態によっては労基法上の労働者となる（無給の合意があっても労基法11条の労働者にあたるとした裁判例にNHK〈名古屋放送局〉事件・名古屋高判平成30年6月26日）。また、リハビリ出勤に伴う症状の増悪が業務上生じたものと判断されれば、労働災害と認められる。なお、使用者は症状の増悪の責任を負わないとの趣旨の合意は、公序良俗に反し無効となるものと考えられる（民90条）。

　③産業医の意見　　傷病休職者の復職の可否を決定するのは、使用者（事業主）である。使用者が復職の決定を行う際、復職後の安全配慮義務の観点から、産業医の意見を求めることが望ましい。産業医は労働衛生の専門家として、労働者との面談や主治医の意見（診断書・面談などによる）から得られた情報に加え、事業場の職場環境、労働強度、通勤事情などを参考に、復職の可否や具体的な条件を総合的に判断することになる。

　このように、診断書に記載された主治医の意見は判断材料の1つとして位置づけられるものである。法律上、復職の可否について主治医の意見と産業医の意見とが異なる場合の調整規定は存在せず、使用者の判断による。筆者は、主治医と産業医とでは同じ医療者とはいえ考察の視点が異なることから、両者の連絡が十分になされたことを前提に、職場環境の実態を熟知している産業医の意見の尊重を基本とすることが望ましいものと考える（産業医の意見を尊重した裁判例に日本通運事件・東京地判平成23年2月25日。厚生労働省「心の健康問題により休業した労働者の職場復帰支援の手引き」［2004年］は、「現状では、主治医による診断書の内容は、病状の回復程度を中心に記載されていることが多く、労働者や家族の希望が含まれている場合もある」と指摘する）。

3　懲　戒

(1)　定　義

　懲戒とは、「業務命令や服務規律に違反した労働者に対して行われる不利益措置」をいう（土田：2024：208）。主な種類に、訓告、譴責、戒告、減給、出勤停止、降格、諭旨解雇、懲戒解雇などがある。なお、公務員については、一定の事由に該当する場合、任命権者は戒告・減給・停職・免職の懲戒処分をなし得る旨が法定されている（国公82条以下、地公29条）。

　労基法は制裁の種類および程度に関する事項を、就業規則の相対的必要記載事項とする（労基89条9号［Ⅲ-2の**3**(3)①]）。また、減給に関して、1回の額が平均賃金の1日分の半額を超え、総額が1賃金支払期における賃金の総額の10分の1を超えてはならないものとする（労基91条）。

(2)　懲戒権の根拠

　懲戒について規定する労契法15条は、使用者は、非違行為を行った労働者に対していかなる法的根拠に基づいて（損害賠償請求とは別に）一種の制裁罰としての懲戒を課すことができるのかを示していない。この問題に関して、学界では次のような学説が展開されてきた（阿久澤1982：41）。(a)使用者に固有の権利として懲戒権を認める見解、(b)その根拠を個別の契約意思に求める見解、(c)労働者の統一的集団意思の同意に求める見解、(d)労基法91条の減給制裁にその根拠を求め、これを超える懲戒を否認する見解、(e)その根拠を経営という小社会の規範意識に求める見解。現在の通説は、「労働者が労働契約において具体的に同意を与えている限度でのみ、懲戒処分が可能である、とする考え方（契約説）」（角田・毛塚・浅倉2004：155［中野育男執筆]）に立つ。

　最高裁判決は、懲戒権の根拠を使用者の企業秩序定立・維持権限に求める（富士重工業事件・最3小判昭和52年12月13日、国鉄札幌運転区事件・最3小判昭和54年10月30日、関西電力事件・最1小判昭和58年9月8日。【Web資料Ⅲ-㉑　懲戒処分に関する最高裁判決・裁判例】）。その後の最高裁判決は、「使用者の懲戒権の行使は、企業秩序維持の観点から労働契約関係に基づく使用者の権能として行われ

るもの」（ネスレ日本事件・最 2 小判平成18年10月 6 日）とする。

　最高裁判決はまた、懲戒処分を行うには根拠規定が必要であるとする。すなわち、使用者は「規則に定めるところに従い」（前出・国鉄札幌運転区事件）懲戒処分をなし得るものであり、使用者が労働者を懲戒する際には、「あらかじめ就業規則において懲戒の種別及び事由を定めておくことを要する」との考えを示している（フジ興産事件・最 2 小判平成15年10月10日）。

(3)　懲戒処分の有効要件

　①懲戒事由の存在　　上記のいずれの立場に立つにせよ、懲戒権を有する使用者が労働者に懲戒処分を課すためには、当該労働者の行為が就業規則に定められた懲戒事由に該当するものでなくてはならない。懲戒事由に該当しない行為に対する処分は、「客観的に合理的な理由を欠き」（労契15条）、無効となる。

　②懲戒処分の選択　　懲戒事由が存在する場合、いかなる懲戒処分を選択するかは、使用者の裁量に委ねられている。しかし、懲戒処分が当該行為の「性質及び態様その他の事情に照らして、（略）社会通念上相当であると認められない場合」（労契15条）には、権利濫用として無効となる。また、他の同種の行為と比べ突出して厳しい内容の処分も、相当性を欠くものとして権利濫用となる。

　③適正手続の原則・罪刑法定主義類似の原則　　懲戒処分が「社会通念上相当」であるか否かは、手続面でも問題となる。懲戒処分に関する手続が就業規則や労働協約で制度化されている場合、規定された手続を欠く懲戒権の行使は、権利濫用として無効となり得る（裁判例に中央林間病院事件・東京地判平成 8 年 7 月26日、千代田学園事件・東京高判平成16年 6 月16日）。

　懲戒権の行使についてはまた、刑事法における罪刑法定主義と類似の原則が妥当するものと一般に解されている。懲戒事由・種類・程度の就業規則への記載、懲戒規定の不遡及（行為時点で存在しなかった規定を遡及的に適用してはならない）、一事不再理（同一の行為に二重の処分をしてはならない。裁判例に日本周遊観光バス事件・大阪地決平成 5 年12月24日）である。これらに違反する懲戒処分も、権利濫用となり得る。なお、最高裁は、懲戒当時に使用者が認識していなかった

非違行為は、特段の事情のない限り、当該懲戒の理由とされたものでないことが明らかであるから、その存在をもって当該懲戒の有効性を根拠づけることはできないとする（山口観光事件・最 1 小判平成 8 年 9 月26日）。

(4)　主な懲戒事由

　①経歴詐称　　経歴詐称とは、「一般に、採用時の履歴書や面接の際に虚偽の学歴、職歴、犯罪歴などを申告すること」をいう（水町2023：609）。最高裁は、最終学歴は単に労働力評価にかかわるだけではなく、企業秩序の維持にも関係する事項であり、懲戒事由に該当するとの原審の判断を支持する（炭研精工事件・最 1 小判平成 3 年 9 月19日。原審・東京高判平成 3 年 2 月20日）。また、懲戒の対象となる経歴詐称について、裁判例は重要な経歴（学歴［低く詐称することを含む］、職歴、犯罪歴など）に限定している。

　②業務命令違反　　労働契約上の根拠を有する適法な業務命令の拒否は、正当な理由がない限り懲戒事由となる。配転・出向命令の拒否（東亜ペイント事件・前出89頁）、残業命令の拒否（日立製作所武蔵工場事件・最 1 小判平成 3 年11月28日）、使用者の時季変更権行使に違反する年休取得（時事通信社事件・最 3 小判平成 4 年 6 月23日）、所持品検査の拒否（西日本鉄道事件・最 2 小判昭和43年 8 月 2 日）などである。

　なお、所持品検査について西日本鉄道事件最高裁判決は、人権侵害のおそれを伴うとし、「これを必要とする合理的理由に基づいて、一般的に妥当な方法と程度で、しかも制度として、職場従業員に対して画一的に実施されるものでなければならない」とする。その上で、「所持品検査が、就業規則その他、明示の根拠に基づいて行なわれるときは、他にそれに代わるべき措置をとりうる余地が絶無でないとしても、従業員は、個別的な場合にその方法や程度が妥当を欠く等、特段の事情がないかぎり、検査を受忍すべき義務がある」とする。

　③職務懈怠　　不適切な労務の遂行（無断欠勤、出勤不良、勤務成績不良、遅刻過多、職場離脱など）は、債務不履行による賃金カットの対象となる。それとともに、懲戒処分の対象ともなる。

　なお、「事実として存在しない」被害妄想により無断欠勤を続けた労働者の

諭旨解雇の効力が争われた事案で、最高裁は、使用者は「精神科医による健康診断を実施するなどした上で（略）、その診断結果等に応じて、必要な場合は治療を勧めた上で休職等の処分を検討し、その後の経過を見るなどの対応を採るべきであ」り、このような対応を採らずになした懲戒処分は「精神的な不調を抱える労働者に対する使用者の対応としては適切なものとはいい難い」とする（日本ヒューレット・パッカード事件・最2小判平成24年4月27日）。

　また、管理職について、裁判例は、部下の不祥事などに関する管理監督の懈怠を理由とする懲戒処分を有効とする（光和商事事件・大阪地判平成3年10月15日、関西フェルトファブリック事件・大阪地判平成10年3月23日）。

　④職場規律違反　　職場規律違反とは、「労働者の労務の遂行やその他職場における行動に関する規則違反で、職場内の暴行・脅迫、会社物品の窃盗・損壊、横領・背任などの不正行為などがこれに該当する」とされる（清正・菊池2009：174）。

　(a)この他、職場規律違反を理由とする懲戒処分の有効性が争われた事案に、次のものなどがある。タイムレコーダーの不正打刻（八戸鋼業事件・最1小判昭和42年3月2日→懲戒処分有効）、誹謗中傷を内容とする大量の私用メール（日経クイック情報事件・東京地判平成14年2月26日→懲戒処分有効）、セクシュアル・ハラスメント（大阪観光バス事件・大阪地判平成12年4月28日→懲戒処分有効）、情交関係（長野電鉄事件・長野地判昭和45年3月24日→普通解雇として有効、繁機工設備事件・旭川地判平成元年12月27日→懲戒処分無効）、身だしなみ（東谷山家事件・福岡地小倉支平成9年12月25日→懲戒処分無効）、性同一性障害の男性の女装（S社事件・東京地決平成14年6月20日→懲戒処分無効）。

　(b)職場内での政治活動や組合活動を規制する就業規則への違反も問題となる。最高裁は、就業規則により職場内における政治活動を禁止することや、休憩時間における演説・集会・貼紙・掲示・ビラ配布などを許可制とすることは、企業秩序維持の観点から合理的であるとする。そして、形式的にこれに違反するようにみえる場合でも実質的に職場の「秩序風紀を乱すおそれのない特別の事情が認められるとき」は、違反になるとはいえないとする（目黒電報電話局事件・最3小判昭和52年12月13日【Web資料Ⅲ-①】）。休憩時間中のビラ配布を理由とする懲戒処分の事案で、「形式的にいえば就業規則の条項等に違反する」

としつつ、「工場内の秩序を乱すおそれのない特別の事情が認められる」として、処分を無効とした最高裁判決に、明治乳業事件・最3小判昭和58年11月1日（【Web資料Ⅲ-㉑】）がある。

⑤**兼業（二重就職）禁止違反**　公務員の兼業のルールは法定されている（国公103条、同104条、地公38条）。これに対して、民間企業については法規制がなく、就業規則などの定めによる。裁判例は、就業規則での兼業の全面的禁止は、就業時間外は本来労働者の自由な時間であることから、特別な場合を除き合理性を欠くとしつつ、兼業を許可制とすることを認める（小川建設事件・東京地決昭和57年11月19日【Web資料Ⅲ-㉑】。同判決は、その根拠として「労働者がその自由なる時間を精神的肉体的疲労回復のため適度な休養に用いることは次の労働日における誠実な労働提供のための基礎的条件をなすものであるから、使用者としても労働者の自由な時間の利用について関心を持たざるをえず、また、兼業の内容によっては企業の経営秩序を害し、または企業の対外的信用、体面が傷つけられる場合もありうる」点をあげる）。

また、就業規則の規定については限定的に解し、「会社の企業秩序に影響せず、会社に対する労務の提供に格別の支障を生ぜしめない程度のものは二重就職に含まれない」と解する（橋元運輸事件・名古屋地判昭和47年4月28日）。

⑥**私生活上の非行**　最高裁は、企業秩序の維持確保を根拠に、従業員が職場外でなした職務遂行に関係のない行為についても懲戒を課すことを認める（日本鋼管事件・最2小判昭和49年3月15日、国鉄中国支社事件・最1小判昭和49年2月28日、関西電力事件・最1小判昭和59年9月8日）。なお、日本鋼管事件最高裁判決は、懲戒の有効性判断に際して勘案すべき事情として、当該行為の性質・情状、会社の事業の種類・態様・規模、会社の経済界に占める地位・経営方針、その従業員の会社における地位・職種などをあげる（罰金刑を科された工員の懲戒解雇を無効とする判決に、横浜ゴム事件・最3小判昭和45年7月28日がある）。

⑦**秘密保持義務違反**　労働者は、労働契約の付随義務として秘密保持義務を負う（⇒Ⅲ-2の**3**⑵）。裁判例は、業務上の秘密の漏洩を理由とする懲戒解雇を有効とする（古河鉱業足尾製作所事件・東京高判昭和55年2月18日など）。

内部告発については、監督官庁への申告を理由とする解雇その他の不利益取

扱いが禁止されている（労基104条、労安衛97条、個別労紛4条3項、派遣49条の3、賃確14条など）。また、公益通報者保護法は、公益通報をしたことを理由とする解雇その他の不利益な取り扱いを禁じる（公益通報3条、5条）。

　裁判例は、正当な内部告発を行った者への懲戒処分は、懲戒事由該当性を欠くとの理由や、懲戒権の濫用にあたるとの理由で無効とする（【Web資料Ⅲ-㉑】）。内部告発の正当性の判断は、「内部告発の内容の根幹的部分が真実ないしは内部告発者において真実と信じるについて相当な理由があるか、内部告発の目的が公益性を有するか、内部告発の内容自体の当該組織体等にとっての重要性、内部告発の手段・方法の相当性等を総合的に考慮」（大阪いずみ市民生協〈内部告発〉事件・大阪地堺支判平成15年6月18日）して行なう。

　なお、内部告発を行なった労働者に対する不利益な取扱い（昇格拒否・不当な異動）について、不法行為（差別的処遇を受けることがないとの期待的利益の侵害）および債務不履行（正当な内部告発によっては人事権の行使において不利益に取扱わないとの信義則上の義務違反）の成立を認めた裁判例においても、この基準に沿って正当性を判断している（トナミ運輸事件・富山地判平成17年2月23日）。

4　企業組織の変動

(1) 合　併

　会社の合併とは、「2つ以上の会社が契約によって1つの会社に合体すること」をいう（神田2023：385）。合併には、「当事会社の1つが存続して他の消滅する会社を吸収」する「吸収合併」（会社2条27号）と、「当時会社のすべてが消滅して新しい会社を設立」する「新設合併」（同条28号）がある（同）。いずれの場合も、合併により消滅する会社の権利義務関係は、包括的にこれらの会社に承継される（「包括承継」。同法750条、754条）。

　労働者のすべての権利義務も、存続会社（吸収合併）または新たな会社（新設合併）に当然に承継される。合併後の労働条件は、就業規則の変更（Ⅲ-2の**5**(6)）や、労働協約の締結（Ⅳ-3の**6**）によって調整が図られる。

(2)　事業譲渡

　事業譲渡とは、「有機的一体性のある組織財産である「事業」（営業）の譲渡のこと」をいう（荒木2022：490）。事業譲渡における権利義務の承継は、合併の場合とは異なり、事業を構成する権利義務の個別的な承継による（「特定承継」。会社467条）。

　裁判例は、営業の譲渡人と従業員との間の雇用契約関係を譲受人が承継するかどうかは、譲渡会社と譲受会社との合意により自由に定められるべきものとする（東京日新学園事件・東京高判平成17年7月13日）。したがって、労働契約関係が譲受会社に承継される（すなわち転籍する）労働者の範囲は、譲渡会社と譲受会社とが選択することになる。

　転籍の対象とされた労働者は、転籍を拒否することができる（裁判例に本位田建築事務所事件・東京地判平成9年1月31日）。労働契約の承継には個別の同意を要する（民625条1項）ためである。これに対して、転籍の対象とされなかった労働者は、原則として転籍を求めることができない。ただし、転籍の対象としなかったことが不当労働行為（Ⅳ-4）に該当する場合（裁判例に中労委〈青山会〉事件・東京高判平成14年2月27日）や、公序良俗に反する場合（裁判例に勝英自動車学校事件・東京高判平成17年5月31日）には、事業譲渡契約の当該部分は無効となる。また、当該労働者は不法行為として損害賠償を請求することができる。

(3)　会社分割

　会社分割とは、「1つの会社を2つ以上の会社に分けること」をいう（神田2023：408）。会社分割には、会社法が規定を設けている会社分割には、分割する会社（「分割会社」）が「その事業に関して有する権利義務の全部または一部」を既存の会社（「承継会社」）に承継させる「吸収分割」（会社2条29号）と、分割会社が「その事業に関して有する権利義務の全部または一部」を新しく会社を設立してそこ（「新設会社」）に承継させる「新設分割」（同条30号）とがある（同）。労働契約の承継のルールは、労働契約承継法による。【Web資料Ⅲ-㉒　労働契約承継法】

　承継される事業に主として従事する労働者で、「分割契約」（吸収分割の場合。会社758条）や「分割計画」（新設分割の場合。同763条）に承継する旨の記載のある者の労働契約は、分割の効力が生じたときに承継される（労契承3条）。また、承継される事業に主として従事する労働者で、分割契約や分割計画に記載のない労働者は、一定期間内に書面により異議を申し出ることができる（同4条1項）。異議を申し出たときには、その労働契約は承継される（同条4項）。

　承継される事業に主として従事する労働者以外の労働者で、分割契約や分割計画に承継する旨の記載のある者は、異議を申し出ることができる（同法5条1項）。異議を申し出たときには、その労働契約は承継されない（同条3項）。

　会社分割に際し、分割会社は、労働者の理解と協力を得るよう努める（労契承7条）とともに、2000年の商法改正附則5条に基づき労働契約の承継に関する労働者との協議を行わなくてはならない。最高裁判決は、この協議義務違反があった場合、労働者は労働契約承継の効力を争うことができるとする（日本アイ・ビー・エム事件・最2小判平成22年7月12日）。

5　労働契約の終了

1　合意解約

　労働契約の終了事由には様々な態様がある。合意解約、労働者による退職（解約）の意思表示、契約当事者の消滅、使用者による解雇、定年などである。労働契約もその基本は民法にあるため、その原則が適用される。すなわち労働契約の当事者は労使双方とも解約権を持つ。但し、特別法たる労働法に別の規定がある場合はそれに従う。

　合意解約とは、労使の合意により労働契約を終了させることである。合意解約には、労働者からの解約の申込みを使用者が承諾する場合と、使用者からの解約の申込みを労働者が承諾する場合が考えられる。合意解約で問題となるのは、いつ合意解約が成立したかである。ネスレ日本事件（水戸地龍ヶ崎支決平成

12年8月7日）では、特段の事情のない限り、労働者が退職届を提出して合意解約を申し込み、承諾権限を有する工場長が承諾して通知書を交付した時点で合意解約が成立し労働契約は終了すると解した。但し本件では、労働者の解約の申込みは懲戒解雇をほのめかした工場長らの強迫によるものであったと認定され、意思表示の取消しが認められた。大隈鐵工所事件（最3小判昭和62年9月18日）は、人事部長が労働者の提出した退職願を受け取ったものの、すぐには辞令交付等がなされなかった。翌日、労働者が退職を撤回すると申し出たところ会社が拒絶した。労働契約上の労働者としての地位確認等を求めて提訴した。最高裁は、人事部長に労働者の退職願に対する決定権があるならば、人事部長が退職願を受理したことをもって会社の即時承諾の意思表示がされたと解し、これによって合意解約が成立したと判断した。岡山電気軌道事件（岡山地判平成3年11月19日）では、常務取締役担当部長には単独で即時退職承認の可否を決する権限はなかったと認定し、当該部長が退職願を受領した後にした労働者の撤回届提出によって、有効に退職の意思表示は撤回されたものと認めた。

　逆に使用者からの合意解約の申込みとして考えられるのが、使用者が一定期日までの希望退職を募り、期日までの退職願の提出がない時には解雇するという場合であり、退職願を出した労働者に、合意解約の成立を認めている（川崎重工事件・神戸地判昭和32年9月20日）。合意解約は、解雇とは解されないので、後述する解雇に関する労基法等の規制は及ばない。

2　退　職（辞職）

　労働者の退職の場合にも民法の規定が適用される。したがって期間の定めのない労働契約の場合、両当事者は原則としていつでも解約を申し入れることができる。労働者からの意思表示については、労働法上の特別規定がないので、雇用は解約を申入れた日から2週間を経過することによって終了する（民627条1項）。退職は労働者からの一方的な解約の意思表示によって成立するので、使用者にその意思表示が到達すれば原則として撤回できない。裁判例は、辞職

の意思表示は生活の基盤である従業員の地位を直ちに失わせる旨の意思表示であるから、その認定は慎重に行うべきであるとする。労働者による退職または辞職の表明は、使用者の態度如何にかかわらず確定的に雇用契約を終了させる意思が客観的に明らかな場合に限り、辞職の意思表示と解すべきであるとし、そうでない場合には、雇用契約の合意解約の申込みと解すべきであるとしている（大通事件・大阪地判平成10年7月17日）。賃金の精算については、月給制の場合、解約は翌月以降についてすることができ、かつ当月の前半に解約の申入れをしなければならない（同条2項）。年俸制の場合は3か月前の解約の申入れが必要である（同条3項）。

　有期契約の場合は、民法628条は、「やむを得ない事由」があるときに、直ちに契約の解除をすることができるが、その事由が当事者の一方の過失によって生じたものであるときは、相手方に対して損害賠償の責任を負うとしている。労契法17条も「やむを得ない事由」がなければ、解雇できないと定める。有期契約は最長原則3年の期間締結できる（労基14条）が、通常の労働者については民法628条の規定にかかわらず、労働契約の期間の初日から1年を経過した日以後においては、いつでも退職できるという特別の規定が設けられている（労基137条）。

　退職の意思表示に瑕疵がある場合、すなわち心裡留保（民93条但書、昭和女子大学事件・東京地判平成4年2月6日）または錯誤（民95条、徳心学園〈横浜高校〉事件・横浜地決平成7年11月8日）がある場合は無効となり、詐欺・強迫（民96条、ニシムラ事件・大阪地決昭和61年10月17日）がある場合は取り消しうる。

　強引な退職勧奨に際しても、その申入れが社会通念上相当な程度を越え、不当な心理的圧職を加え、あるいは退職する以外の途はないと労働者に誤認させた場合などは不法行為による損害賠償請求の対象となり、退職した後であっても上記の錯誤無効や脅迫による取消（民96）が適用される可能性がある（下関商業高校事件・最1小判昭和55年7月10日、適法とされた例として日本IBM事件・東京地判平成23年12月28日など）。なお強引な退職勧奨はハラスメント防止規定に抵触するおそれもある（Ⅲ-6を参照）。

　労働者が退職する際に、以下の項目について証明書を請求した時には、使用者は遅滞なく、交付しなければならない（労基22条1項）。①使用期間、②業務

の種類、③その事業における地位、④賃金、⑤退職事由（解雇の場合には、その理由を含む）。また労働者が解雇の予告をされた日から退職の日までの間に、解雇理由について証明書を請求した時には、使用者は遅滞なく交付しなければならない（労基22条2項）。

3　解　雇

(1)　解雇の意義

　解雇の種類は3つに分類される。第1は普通解雇。通常、解雇という場合は普通解雇を意味することが多い。たとえば勤務成績が著しく悪く指導を行っても改善の見込みがない場合や、健康上の理由で長期にわたり職場復帰が望めない場合。もしくは協調性に欠けるため業務に支障を生じさせ改善の見込みがない場合などになされる。第2は整理解雇。これは会社の経営悪化により人員整理を行うための解雇である。第3は懲戒解雇。従業員が極めて悪質な規律違反や非行を行った時に、懲戒処分として行なう解雇である（Ⅲ-4を参照）。

(2)　解雇に対する法的規制

　労働契約は民法の契約原則を基礎とし、通常の期間の定めのない労働契約は民627条の規定に従う。労働者の退職の意思表示（解約）は、前述したようにいつでも解約することができるが、使用者の解約はいつでも行えるものではなく、法令、労働協約、就業規則などによって規制されている。

　①法令による規制　　解雇が法令上禁止されているのは次の場合である。業務上災害による休業期間及びその後30日間（労基19条）、産前産後休業期間及びその後30日間（労基19条）、国籍、信条、社会的身分を理由とする解雇（労基3条）、労働者が、労働基準監督署に申告をしたことを理由とする解雇（労基104条）、労働組合の組合員であること、労働組合の正当な行為をしたこと等を理由とする解雇（労組7条）、性別を理由とする解雇、女性が婚姻・妊娠・出産したこと、産前産後休業をしたことを理由とする解雇（雇均6条、9条）、育児・介護休業の申出をしたこと、育児・介護休業をしたことを理由とする解雇（育

児介護10条、16条）、労働者が、都道府県労働局長に対して、個別労働関係紛争の解決援助を求めたことを理由とする解雇（個別労働紛争 4 条）など。

②**労働協約、就業規則による制約**　労働協約で解雇事由や解雇基準を定めた場合は、「労働者の待遇に関する基準」として規範的効力を持ち、列挙された解雇事由以外の理由による解雇は、無効となる。就業規則における解雇事由の列挙については 2 つの見解がある。大阪フィルハーモニー交響楽団事件（大阪地判平成元年 6 月29日）は、就業規則の解雇事由を例示列挙と解釈した。これを限定列挙と解すると、同条項で列挙またはこれに準ずる事由以外の事由による解雇はできないことにな。それは不都合な結果を招来するので、当該条項の解雇事由は例示的なものと解するのが相当であるとした。他方、茨木消費者クラブ事件（大阪地判平成 5 年 3 月22日）では、就業規則で普通解雇事由を限定的に列挙して規定しているものと認め、普通解雇事由に該当する事実がなければ解雇しない趣旨に使用者が自ら解雇権を制限したものと解するのが相当であるとしている。なお懲戒解雇の場合は、フジ興産事件（最 2 小判平成15年10月10日）で最高裁が、使用者が労働者を懲戒するには、予め就業規則において懲戒の種別および事由を定めておくことを要するとしており、就業規則の懲戒解雇事由は限定列挙と解されている。

③**解雇権濫用法理**　解雇をめぐる学説には、解雇自由説、権利濫用説、正当事由説がある。裁判例は権利濫用説に立ち（日本食塩製造事件・最 2 小判昭和50年 4 月25日、高知放送事件・最 2 小判昭和52年 1 月31日）、解雇権濫用法理を形成した。同法理はのちに労契法16条として条文化された。すなわち、法令や労働協約・就業規則による制限に違反しないとしても、使用者のなした解雇が、客観的に合理的な理由を欠き、社会通念上相当であると認められない場合は、その権利を濫用したものとして無効とされる。

④**整理解雇の合理性**　整理解雇は使用者の経営上の事由で行われ、労働者自身には何ら解雇される事由がない点で、普通解雇や懲戒解雇と異なる。整理解雇は、解雇権濫用法理の適用においてより厳しく判断すべきものと考えられている（菅野2019：793頁）。整理解雇の正当性については、多くの学説および裁判例によって、以下の 4 つの判断基準が形成された。①整理解雇することに客

観的な必要性がある、②使用者が解雇回避努力義務を尽くしたこと、③被解雇者選定の妥当性（人選の基準、運用が合理的）、④手続の妥当性（労使間の十分な協議など）。三田尻女子高校事件（山口地決平成12年2月28日）のように、これら4つの判断基準すべてを整理解雇の法律効果発生の要件と解している裁判例もある一方、東洋酸素事件（東京高判昭和54年10月29日）に見るように、第4の判断基準を不要とする裁判例もある。また、ナショナル・ウエストミンスター銀行〈三次仮処分〉事件（東京地決平成12年1月21日）のように、整理解雇の4つの判断基準は、解雇権の濫用に当たるかどうかを判断する際の考慮要素を類型化したものであって、各々の要件が存在しなければ法律効果が発生しないという意味での法律要件ではなく、解雇権濫用の判断は、本来事案ごとの個別具体的な事情を総合考慮して行うほかないものとする裁判例もある。

4　変更解約告知

　変更解約告知とは、元々はドイツの解雇制限法上の規定であり、労働者の留保付承諾の規定を前提として用いられる。使用者が、労働契約で特定された職種・勤務地等の労働条件変更を労働者に対して申込み、万一承諾を得られない場合は労働者に対し解雇する旨の意思表示を行うことである。すなわち新契約締結の申込みを伴った、従来の労働契約の解約である。労働契約上、職種・勤務場所等の特定がなされることの多いヨーロッパでは、それらの変更を申し入れるためには変更解約告知を用いざるを得ない。但し日本の労働法には、ドイツ法のような変更解約告知に関する規定はない。わが国の場合、この種の労働条件の変更は、就業規則に関する変更の法理ほかで対応するのが通例である。

　スカンジナビア航空事件（東京地決平成7年4月13日）は、変更解約告知を認めた判決として注目された。第1に、労働者の職務・勤務場所・賃金および労働時間等の労働条件の変更が、会社業務にとって必要不可欠な状況であったこと、第2に、当該必要性が、労働条件の変更によって労働者が受ける不利益を上回っていること、第3に、労働条件の変更に伴う新契約締結の申込みが、それに応じない場合の解雇を正当化するに足りるやむを得ないものと認められる

こと、第4に、解雇を回避するための努力が十分に尽くされていること、が必要であるとした。これに対し、大阪労働衛生センター第一病院事件（大阪高判平成11年9月1日）では、変更解約告知を認めると、使用者は就業規則の変更とは別に新たな労働条件変更の手段を得ることになり、労働者は厳しい選択を迫られることになる。そこで（ドイツ法のような）明文規定のない我が国においては、変更解約告知という独立の類型を設けることは相当でないとして、その実質を整理解雇に他ならないと判断している。

5 解雇の予告手続

　解雇は労働者にとって経済的社会的打撃が大きいので、突然なされることによる影響を避けるために、使用者に対して30日前に解雇を予告するか、30日分以上の平均賃金を支払う義務を課している（労基20条）。予告期間は、1日について平均賃金を支払った場合はその日数を短縮できる。たとえば、11月10日に、「11月30日付けで解雇する」と予告した場合は、20日間の予告期間を置いているので、不足する10日分の解雇予告手当の支払が必要になる。

　解雇予告を行わなくてもよい労働者には、日々雇い入れられる者、2か月以内の期間を定めて使用される者、季節的業務に4か月以内の期間を定めて使用される者、試の使用期間中の者がある。しかし、日々雇用でも1か月を超えて引き続き使用されている場合、期間雇用又は季節雇用でも各々契約期間を超えて引き続き使用されている場合、試用期間中でも14日を超えて引き続き使用されている場合は、使用者は解雇に際し、解雇予告または予告手当の支払が必要になる。また解雇予告を必要としない場合として、天災事変その他事業の継続が不可能となった場合、または労働者の責に帰すべき事由に基づいて解雇する場合がある。そのためには、行政官庁の認定を受けなければならない。

　このような労基法の解雇予告手続に違反した、解雇の私法上の効力はどう考えるべきか。解雇予告期間を置かず、あるいは解雇予告手当を支払わない解雇の意思表示の私法上の効力については、最高裁は相対的無効説の立場に立つ。すなわち当該解雇の通知は即時解雇としての効力を生じないが、使用者が即時

解雇に固執する趣旨でない限り、通知後30日の期間を経過するか、または通知の後に予告手当の支払をした時は、そのいずれかの時から解雇の効力を生ずるものと解すべきである（細谷服装事件・最2小判昭和35年3月11日）。除外認定を受けずに即時解雇した場合の解雇の効力については、多数説は除外認定を解雇の有効要件とは解さず、また裁判例も同様に、有効要件とはしていない（日本通信社事件・最3小判昭和29年9月28日）。

6　解雇無効の法理

(1)　解雇無効の主張と権利失効の法理

　解雇された労働者は、いつまで解雇の無効を争えるのだろうか。例えば解雇されてから十年後に思い立って、解雇無効確認請求をすることは可能なのであろうか。使用者の解雇という法律行為の無効を主張する場合、現行制度では時効あるいは出訴期間の定めがないので、いつにても無効の主張することができることになる。これでは法的安定性を害するので、学説によっては、信義則の一態様として「権利執行の法理」を適用すべきであるとの主張もある。但し無効確認には時効はないが、同時に請求される未払い賃金請求等には時効があることに注意する必要がある（賃金は労基115条で5年、賃金以外の請求権は2年。退職金については労基143条3項で5年。但し同143条③により、115条の規定は当分の間、読み換えられることに注意。）。【資料Ⅲ-9(1)】

資料Ⅲ-9　解雇無効の法理

（1）解雇無効の主張と権利失効の法理

【解雇無効の訴え（イメージ図）】

（Y社との労働契約・
　　　時系列）　　　解雇　　　　　　　　　　　　　解雇無効の訴え

・例えば上記の図で、解雇されていた期間が（━━）10数年あったとする。
　10数年後に思い立って、無効確認請求をした場合
　　→　現行制度では出訴期間の定めがない
・解雇無効の判決が確定すると、ずっと途切れなく労働契約が存続したことになる
　　　　　　　　　　　　　　　　　　（━━━➡）の部分

（2）未払賃金請求と中間収入控除

【民法536条②の原則・イメージ図】

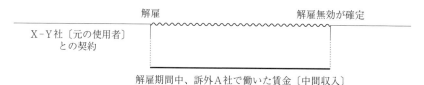

解雇期間中、訴外A社で働いた賃金〔中間収入〕

・解雇無効が確定すると、元々のY社の為した解雇〜解雇無効確定までの間
　（〰〰）の未払い賃金分が、Y社からXに支払われなければならない

・但し解雇されていた期間中、訴外A社から得た賃金（中間収入 ━━）があっ
　た場合。未払い賃金額（〰〰）から中間収入総額（━━）を控除した差額のみを、
　Yは支払えば良いことになる

出所：筆者（内藤）作成。

（2）　未払賃金請求と中間収入控除

　民法536条2項の危険負担の規定を、労働契約に併せ読み替えると、使用者
の責めに帰すべき事由〔例えば不当解雇〕によって、労働者の債務履行〔つま
り労務の提供〕が出来なくなった場合、使用者は反対給付〔すなわち賃金支
払〕を拒めないことになる。但しその際、自己の債務を免れたこと〔つまり使

用者の下で労務を提供せずに済んだこと〕によって、利益〔解雇期間中、訴外Ａ社に勤務して得た賃金〕を得たときは、使用者に償還しなければならない。

　しかしこの規定を、そのまま解雇無効確認請求に当てはめると、特に解雇期間中かなりの中間収入を得ていた労働者の場合、中間収入が当該使用者の未払い賃金分と同額あるいはかなりの金額であった場合、使用者が支払わなければならない金員はきわめて少額になる。これでは妥当性を欠くという批判が多い。あけぼのタクシー事件・最高裁判決（最１小判昭和62年４月２日）では、労基法26条を適用し、解雇期間中の他から得た賃金額は全額を控除の対象とせず、「平均賃金の６割に達するまでの部分については利益控除の対象とすることが禁止されている」と解して、解雇前の賃金の６割を超えた部分についてのみ、中間収入控除の対象とした。【資料Ⅲ-9(2)】

7　有期労働契約

(1)　更新拒絶（雇止め）

　日本ではパートタイム労働者、契約社員、登録型の派遣労働者などの非正規雇用者の労働契約は、有期労働契約であることが多い。有期労働契約は多様であるが、雇止めの裁判例を分析するとほぼ４つのタイプに分かれ、それに応じて雇止めの可否が判断される。2000年９月に発表された「有期労働契約の反復更新に関する調査研究会報告」（旧労働省の招集した学識経験者による研究会）によると、業務の客観的内容、契約上の地位の性格、当事者の主観的態様、更新手続・実態、他の労働者の更新状況等を判断要素として、有期労働契約は、①純粋有期契約タイプ、②実質無期契約タイプ、③期待保護〈反復更新〉タイプ、④期待保護〈継続特約〉タイプに分類できる。①は、期間満了後も雇用関係が継続するものと期待することに合理性が認められず、原則どおり契約期間の満了によって当然に契約関係が終了するものとして、雇止めの効力が認められる（亜細亜大学事件・東京地判昭和63年11月25日）。②は期間の定めのない契約と実質的に異ならない状態に至っている契約であると認められるもので、ほとんどの事案で雇止めは認められない（東芝柳町事件・最１小判昭和49年７月22日）。

③は、雇用継続への合理的な期待が認められる契約であるとされ、その理由として相当程度の反復更新の実態が挙げられているものであるが、経済的事情による雇止めについて、正社員の整理解雇とは判断基準が異なるとの理由で雇止めを認める事案が多い（日立メディコ事件・最 1 小判昭和61年12月 4 日）。④は、雇用継続への合理的期待が当初の契約締結時の事情から生じていると認められる契約である。例えば、当該契約における特殊な事情等の存在を理由として雇止めを認めない事案が多い（長期間雇用が継続されることを前提としていた例：福岡大和倉庫事件・福岡地判平成 2 年12月12日）。

　厚生労働省は、有期労働契約の雇止めをめぐるトラブルの防止や解決を図り、有期労働契約が労使双方から良好な雇用形態の 1 つとして活用されるようにするために、「有期労働契約の締結、更新及び雇止めに関する基準」（平成15年厚生労働省告示357号）を定めている。

　2012年労働契約法改正によって、労働契約法19条が新設され雇止め法理が明文化された。一定の場合には雇止めを認めず、有期労働契約が締結または更新されたとみなすことを規定した。これにより法改正前の、東芝柳町工場事件のような実質無期契約タイプ（労契19条 1 号）や、日立メディコ事件のような期待保護〈反復更新〉タイプ（労契19条 2 号）の場合には、当該雇止めが客観的に合理的な理由を欠き、社会通念上相当であると認められないときは、有期労働契約が更新（締結）されたものとみなされることになる。19条 1 号または 2 号の要件に該当するか否かは、当該雇用の臨時性・常用性、更新の回数、雇用の通算期間、契約期間管理の状況、雇用継続の期待を持たせる使用者の言動の有無などを総合考慮して、個々の事案ごとに判断される。2024年からは、有期労働契約の更新ごとに、通算契約期間や更新回数の上限について明示しなければならない（Ⅲ-1 ⑤参照）。

　なお旧・労契法20条は、有期雇用労働者と正規雇用労働者との間の不合理な待遇の相違を禁止していた。当条文は2018年法改正により、短時間・有期労働法第 8 条に集約された。旧・労契法20条を用いて賃金等の待遇格差をあらそった例として、ハマキョウレックス事件がある（最 2 小判平成30年 6 月 1 日。雇用形態における差別禁止については、第Ⅳ章を参照）。

⑵　無期労働契約への転換

　わが国の労働法は、有期労働契約を締結できる場合を規制しない。そのため恒常的な仕事においても有期労働契約が締結され、労働契約の反復更新により、長期間にわたり雇用が継続する場合が少なからず見受けられる。しかし期間の定めがない労働契約は、解雇制限法理によって雇用が守られるのに対し、有期労働契約は常に雇止めの不安に曝され、そのため正当な労働法上の権利行使が抑制されるなどの問題が指摘されている。

　対応策として2012年、労契法改正によって第18条が新設された。有期労働契約が５年を超えて反復更新された場合には、有期雇用労働者の申込みにより期間の定めのない労働契約（以下「無期労働契約」という）に転換させる仕組み（「無期転換ルール」という）であり、有期労働契約の濫用的な利用を抑制し労働者の雇用の安定を図ったものと評価される。有期雇用労働者は、2013年４月１日以降に開始した有期労働契約の通算契約期間が５年を超える場合に、その契約期間の初日から末日までの間に、無期労働契約への転換の申込みをすることができる。労働者から申込みがあった場合には、使用者の意思にかかわりなく承諾したものとみなされ、無期労働契約が成立する。無期労働契約に転換するのは、申込み時の有期労働契約が終了する翌日からである（【資料Ⅲ-10】参照）。但し無期労働契約の労働条件は、別段の定めのない限り、直前の有期労働契約と同一である。なお「無期転換申込権」が発生する場合は、当該契約更新ごとに無期転換権の存在と無期転換後の労働条件を明示することになった（Ⅲ-1⑤参照）。

　なお、通算契約期間の計算にあたって、有期労働契約が不存在の期間（無契約期間という）が一定以上続いた場合には、当該通算契約期間の計算がリセットされる。加えて18条２項は、いわゆるクーリングについての規定である。【資料Ⅲ-11】に見るように、左欄の有期労働契約の契約期間の区分に応じ、無契約期間が右欄に掲げる長さのものであるときは、契約期間の通算がリセットされる。その次の有期労働契約の契約期間から、通算契約期間のカウントが再度始まる。

　但し2014年、有期雇用労働者等に関する特別措置法の施行により、有期の業

資料Ⅲ-10　無期転換の仕組み

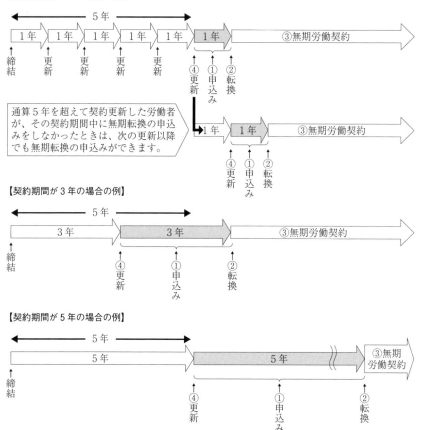

出所：厚生労働省。

務に就く高度専門知識を有する有期雇用労働者等については、労働契約法18条が定める無期転換申込権発生までの期間に関する特例を設け、無期転換申込権発生までの期間を10年とした。

　特例の対象者（「特例有期雇用労働者」という）は、①5年を超える一定の期間内に完了することが予定されている業務に就く高度専門知識等を有する有期雇用労働者、または②定年後に有期雇用で継続雇用される高齢者のいずれかに該

資料Ⅲ-11 クーリング期間

カウントの対象となる 有期労働契約の契約期間	無契約期間
2か月以下	1か月以上
2か月超～4か月以下	2か月以上
4か月超～6か月以下	3か月以上
6か月超～8か月以下	4か月以上
8か月超～10か月以下	5か月以上
10か月超～	6か月以上

出所：厚生労働省。

当する有期雇用労働者である。特例の対象者について、労働契約法に基づく無期転換申込権発生までの期間（現行5年）を延長される。すなわち、①の者については、一定の期間内に完了することが予定されている業務に就く期間（上限10年）、②の者については、定年後引き続き雇用されている期間は、無期転換申込権が発生しないことになる。なお事業主には配慮等の適切な措置が求められる（【Web資料Ⅲ-㉓ 「研究者等に対する無期転換ルールについて」】）。

8 定年制

(1) 高年齢者雇用安定法

　定年制とは、一定の年齢に達したことを理由に、労働契約を終了させる制度である（Ⅱ-1の**4**(2)②）。定年は、60歳を下回ることが出来ない（高年雇用安8条）。65歳未満の定年の定めをしている事業主は、雇用する高齢者の65歳までの安定した雇用を確保するため、①当該定年の引き上げ、②継続雇用の制度の導入、③当該定年の廃止のいずれかを講じなければならない（高年雇用安9条）。②の継続雇用制度では、労使協定を締結すれば、その対象となる高年齢者について基準を定めて限定することができたが、同法改正により、2013年4月1日からは、継続雇用制度を導入した場合には、希望する全ての高年齢者を継続雇用することが事業主に義務づけられた。更に2021年4月からは、70歳までの就業機会の確保が企業の努力義務になっている。

(2)　定年後の継続雇用

　高年齢者雇用安定法によって義務づけられた65歳までの継続雇用は、定年時と同等の労働条件を確保することまでは義務づけていない。そのため定年退職後、嘱託社員（有期雇用）として再雇用された労働者が、職務内容は定年前と同様であるにも関わらず、定年前と比較して大幅な賃金等労働条件の低下に直面することがある。長澤運輸事件（最2小判平成30年6月1日）は、同一の職務内容であったにも関わらず、再雇用後の賃金が正社員に比して約78％に留まったことを争った事案である。原告は旧・労契法20条（平成30年廃止、現行・短時間有期労働法第8条）に基づいて、「不合理な相違」であるとして精勤手当・賞与等の差額賃金を請求した。第一審は原告主張を認めたものの、最高裁は、第一審が認めた程の不合理性はないとして、単に精勤手当および超過勤務手当について旧・労契法20条違反を認めたにとどまった。同様の事案に、九州惣菜事件がある（福岡高判平成29年9月7日、最1小判平成30年3月1日［上告棄却]）。本件は、定年前の賃金の約25％しか支払わないパートタイマー契約を、使用者が提示したことに対して、当該労務の内容がさして変わらなかったことを前提に、不法行為の成立と慰謝料支払を命じた。ただし、定年後の労働契約の成立については認めなかった。有期雇用に関して待遇格差を争ったハマキョウレックス事件（最2小判平成30年6月1日）が、不合理な相違を認めた点とも相まって、高年齢者の再雇用契約についても均衡処遇の原則等について、さらに議論を深める必要があろう。

6　労働者の人権及び人格的利益の保護

1　意　義

　戦前の工場法施行令の定めを引き継ぎ、労働基準法は労働者保護の観点から賠償予定（労基16条）、前借金相殺（同17条）及び強制貯金（同18条）のいずれも禁止する定めを置いている。また、セクシュアルハラスメントをはじめとし

て、近年各種ハラスメントに対する法規制が強化されている。

2　賠償予定の禁止

　民法上、違約金や損害賠償額を予定する合意は有効である（民420条）。しかし、戦前は、こうした合意が労働者への足止め策として用いられ、労働者へ多額の違約金を請求する、又は損害賠償額を予定する旨の条項が労働契約で定められることがあった。当時の工場法施行令24条はこうした契約条項を禁止しており、戦後労基法16条がこの定めを引き継いだものである（川口2023：163）。

　もっとも、現在においては、労働者の逃亡を防ぐ目的でこうした条項を労働契約で定めることは少なくなっているであろうが、近時、一定期間継続勤務することなく退職した労働者への研修費用等の請求や留学費用の返還請求に関して同条が用いられるようになっている（たとえば、前者については、サロン・ド・リリー事件・浦和地判昭和61年5月30日、東亜交通事件・大阪高判平成22年4月22日、後者については、長谷工コーポレーション事件・東京地判平成9年5月26日、独立行政法人製品評価技術基盤機構事件・東京地判令和3年12月2日がある。そのほかに、これら類型にあてはまらないものとして、従業員の私的交際を禁止する合意に違反したことを理由とする違約金請求が同条違反とされたキャバクラ運営A社従業員事件・大阪地判令和2年10月19日がある）。

3　前借金相殺の禁止

　戦前、芸娼妓を雇入れる際に、親が使用者から金銭を借り入れ、返済までの期間中は報酬なしで働かせる契約が広く行われ、事実上の人身売買であったことから、戦後労基法17条が規制することとした（厚生労働省労働基準局2022：255）。もっとも、前借金は労基法制定時（1947年）広く行われていたため、そのすべてを禁止すると不便をきたすとの事情から、先に述べた人身売買を排除するとの趣旨の下、前借金と賃金との相殺を禁止したものである（荒木・岩村・村中・山川2023：264［細谷越史執筆］）。

4　強制貯金の禁止

　戦前は賃金の一部を「保証金」等の名目で使用者が強制的に貯蓄させることが行われ、労働者の足止め策として広く用いられてきたが、工場法施行令24条及び25条は一定の場合にのみ使用者が労働者と貯蓄契約を結び、貯蓄金を管理することができる旨定めていた（水町2023：282）。戦後、労基法18条は工場法施行令のこれら定めを引き継ぎ、原則として使用者による強制貯金を禁止したが、一定の要件の下にこれを認めることとした。

5　各種ハラスメントへの規制

(1)　ハラスメントへの規制

　セクシュアルハラスメントのほかに、近時、マタニティハラスメント、パワーハラスメントといったさまざまハラスメントが問題となっている。そこで、労働施策総合推進法は、国が各種ハラスメントに対して必要な施策をとるよう求めている（4条1項15号）。

　また、各種ハラスメントに関する防止義務が事業主に課されている（セクシュアルハラスメントについては雇均11条、11条の2、育児や介護等の責任を負う労働者に対するいやがらせに関しては育児介護25条、25の2、パワーハラスメントは労働施策30条の2）。

(2)　セクシュアルハラスメント

　セクシュアルハラスメント（性的いやがらせ）には、対価型（意に反する性的な言動に対する、拒否や抵抗といった労働者の対応により、解雇、降格等の不利益を受けること）及び環境型（意に反する性的な言動により、就業環境が不快なものとなる等、労働者が就業する上で支障が生じること）があるとされる。実際には、これらにくわえて、密室で抱きつくといった類型もある（密室であり、一対一で行われるため、その立証がむずかしい）。

　被害を受けた労働者は、その行為を行った者、また、その者を監督する立場

にある者に対し、不法行為責任を追及し、損害賠償を請求することができる。同責任が認められた事例として、福岡セクシュアルハラスメント事件・福岡地判平成4年4月16日がある（同判決は、使用者には「職場環境を調整するよう配慮する義務」があり、同義務に反するとして、被害労働者による損害賠償請求を認めた）。

(3)　マタニティハラスメント

マタニティハラスメントとは、妊娠・出産等に対するいやがらせをいうが、均等法9条3項は、産前産後休業（→Ⅲ7-2(1)）を請求・取得したこと等を理由とした解雇その他の不利益取扱いを禁止している（→Ⅳ）。

なお、妊婦に対する軽易な業務への転換に伴う不利益が同項違反となるか争われた裁判例として、広島中央保健生協（C生協病院）事件・最一判平成26年10月23日がある。

(4)　パワーハラスメント

最近問題となっているパワーハラスメントとは、職場において行われる、優越的な関係を背景とした言動であって、業務上必要かつ相当な範囲を超えたものにより、労働者の就業環境が害されることをいう（労働施策30条の2・1）。もっとも、その行為が、業務上の指導として許される範囲内のものか、パワーハラスメントかの判定はむずかしいことがある（水町2023：296）。そこで、労働施策総合推進法30条の2・3に基づき、厚生労働大臣によって、「事業主が職場における優越的な関係を背景とした言動に起因する問題に関して雇用管理上講ずべき措置等についての指針」（令和2・1・15厚生労働省告示第5号、以下「指針」という）が策定されている。

指針によると、職場におけるパワーハラスメントは、職場において行われるものであり、次のいずれをも満たすものをいう。

①優越的な関係を背景とした言動

②業務上必要かつ相当な範囲を超えたもの

③労働者の就業環境が害されるもの

ただし、客観的にみて、業務上必要かつ相当な範囲で行われる適正な業務指

示や指導については、職場におけるパワーハラスメントには該当しない。

　なお、上司による発言を苦に自殺したMR（医薬情報担当者）について、労働基準監督署長が、その自殺は業務に起因するものではないことを理由に労働者災害補償保険法上の遺族補償給付不支給処分を行ったことから、妻が取消を求めた事案として、国・静岡労基署長（日研化学）事件・東京地判平成19年10月15日がある。

(5)　カスタマーハラスメント

　パワーハラスメントと同じように、注目を集めているのがカスタマーハラスメントである。カスタマーハラスメントとは、顧客等からの暴行、脅迫、ひどい暴言、不当な要求等の著しい迷惑行為（厚生労働省「カスタマーハラスメント対策企業マニュアル」）であって、顧客からの正当な要求はこれにはあたらない。

　指針は、カスタマーハラスメントに関して、事業主は、労働者からの相談に応じ、適切に対応するための体制の整備や被害労働者への配慮の取組を行うことが望ましい等述べている（くわしくは川口2023：196-198）。

7　労働者の家族的責任の保護（ワーク・ライフ・バランス）

1　家族的責任と労働法

　近時、性別にかかわりなく、仕事よりも家庭、仕事も家庭生活も重視したいと考える労働者が増えている。しかし、その希望に反して、男性は仕事、女性は家庭生活を優先せざるをえなくなっている。

　こうした状況を改善するため、2007年には、政労使の合意という形で仕事と生活の調和（ワーク・ライフ・バランス）憲章及びその行動指針が策定され、また、同年に制定された労働契約法は、ワーク・ライフ・バランスに関する条項（3条3項）を置いている（くわしくは水町2023：242-243）。だが、これらのみでは不十分であることから、長時間労働をなくし、ワーク・ライフ・バランスの

実現等を目的とした、改正労働基準法など「働き方改革」を実施する一連の法律が2019年4月に施行された。

　本来ワーク・ライフ・バランスは、婚姻しているか否か、家族がいるかどうかはかかわりないが、労働法は、その一部である出産、育児及び介護に関してのみ対応を行っている。

2　出産にかかわる制度

(1)　産前産後休業

　出産は母体の負担が大きいことから、女性労働者に休養させるために設けられた制度である（厚生労働省労働基準局2022：835、沿革については、荒木・岩村・村中・山川2023：72-73［小嶌典明執筆］）。

　女性労働者は、産前6週間、産後8週間の休業を取得することができる（労基65条）が、その間は働いていないことから、使用者には賃金支払義務はない（ノーワーク・ノーペイの原則）。それゆえ、無給となるため、その間の所得保障として、労働者の業務外の事由による疾病、負傷、死亡、出産等に関する給付を行う健康保険法に基づき、出産手当金（休業前賃金の3分の2相当額）が支給される（健保102条）。

　なお、産前産後休業期間及び復帰してから30日間の解雇は制限されている（労基19条）。

(2)　母性健康管理措置

　事業主は、女性労働者が母子保健法による保健指導又は健康診査を受けるために必要な時間を確保することができるようにしなければならない。具体的には、妊婦に対しては、妊娠23週までは4週間に1回、24週から35週までは2週間に1回、36週以後出産までは1週間に1回、出産後1年以内の者に対しては、医師等の指示に従って必要な時間を確保するものとされる（雇均12条、雇均則2条の4）。

　くわえて、女性労働者が医師等の指示を受けた場合には、その事項を守るこ

とができるようにするため、①妊娠中の通勤緩和（時差通勤、勤務時間の短縮等の措置）、②妊娠中の休憩に関する措置（休憩時間の延長、休憩回数の増加等の措置）、③妊娠中又は出産後の症状等に対応する措置（作業の制限、休業等の措置）をとらなければならない（雇均13条）。

3　育児にかかわる制度

(1)　育児休業

　1歳未満の子をもつ労働者が、その子が満1歳まで最大2回分割取得することができる。ただし、保育所に入れないとき等には、1歳6か月、さらには最長2歳まで取得することができる（育児介護5条以下、育児介護則5条以下）。また、父母がともに育児休業を取得する（すなわち、両親の育児休業期間が重なっている）場合には、その子が1歳2か月まで1年間育児休業を取得することができるようになった（通称「パパ・ママ育休プラス」）。先述した産前産後休業と同じように、育児休業期間中は、労務の提供を行っておらず、賃金が支払われないことから、その期間中は、失業した者や育児休業を取得した者等に対する所得保障を行うことを目的とする雇用保険法から育児休業給付金が支給される（雇保61条の7）。

　2022年10月からはじまった出生時育児休業（通称「産後パパ育休」。ただし、法文上は女性労働者もその対象となる）は、労働者がその子の出生後8週間以内に4週間まで取得できる（育児介護9条の2以下、育児介護則21条の2以下）。これは男性労働者の育児休業取得率が低いことから、その取得率の引き上げを目的として創設されたものである。出生時育児休業も最大2回分割取得することができる。出生時育児休業期間中は、雇用保険法により出生時育児休業給付金が支給される（雇保61条の8）。

(2)　子の看護休暇

　小学校就学前の子を養育する労働者は、子1人につき年5日（2人以上の場合は10日）看護休暇を取得することができる（育休16条の2以下）。小さな子は急

に熱を出すことがあることから、こういった事態に対応するために設けられた。ただし、無給であるため、通常、労働者は年次有給休暇を取得し、それを使い果たした後に、看護休暇を取得することとなろう。

4　介護にかかわる制度

(1)　介護休業

　要介護状態にある家族を介護するために、1人につき最大で93日取得することができる（育児介護11条以下、育児介護則23条以下）。対象となる家族は、要介護状態にある、事実婚を含む配偶者、父母、子、配偶者の父母、祖父母、兄弟姉妹、孫である。家族1人につき、3回まで分割取得することができる。

　法改正により、最長で子が満2歳まで取得することができるようになった育児休業と異なり、93日というきわめて短い期間である。そのため、現実にはこの間に介護保険の利用手続きをとるくらいしか使い途がないといえよう。

(2)　家族の介護休暇

　一定の家族（対象となる家族の範囲は介護休業と同じ）を介護する労働者は、その家族1人につき年5日（2人以上の場合は10日）介護休暇を取得することができる（育休16条の5以下）。ただし、子の看護休暇と同様に無給であることから、労働者は年次有給休暇を取得し、それを使い果たした後に、介護休暇を取得することとなろう。

5　ワーク・ライフ・バランスへの配慮

　労働契約法3条3項は、労使が労働契約の締結又は変更に際して、ワーク・ライフ・バランスに配慮すべき旨定めている（勤務地の変更を伴う配転命令を同項違反であり、無効とした事例として、仲田コーティング事件・京都地判平成23年9月5日がある）。

　また、育児介護休業法26条が、配転により子の養育又は家族の介護を行うこ

とが困難となる労働者に対する配慮義務を事業主に課している（Ⅲ-4の**1**(4)④）。2002年4月の同条施行後、育児及び家族介護に責任を負う労働者への配転命令を無効とする裁判例（明治図書出版事件・東京地決平成14年12月27日、ネスレジャパンホールディング［配転本訴］事件・神戸地姫路支判平成17年5月9日、その控訴審であるネスレ日本［配転本訴］事件・大阪高判平成18年4月14日、NTT西日本［大阪・名古屋配転］事件・大阪地判平成19年3月28日等）が現れている（川口2023：486。→Ⅲ3-1(4)④）。

8　労働災害補償

1　意　義

　労働基準法75条は、労働者が業務上負傷し、疾病にかかり、または死亡した場合、使用者に対して定型的な災害補償を行う無過失責任を負わせている。これにより、労働災害が発生したときには、使用者の故意・過失を問わず、被災労働者や遺族に対して定型化された災害補償が行われる。この災害補償責任の履行は、同法の罰則規定により強制される。

　この労基法による災害補償制度は、次の理由により設けられた。労働災害の被災労働者や遺族が使用者の民事責任を追及しようとすると、被災労働者や遺族は相当の負担を負うことになる。民法は過失責任を原則としていることから、労働者や遺族は使用者の過失を立証する責任を負うことになるためである。また、使用者の責任が認められたとしても、過失相殺によって損害賠償額が減額される可能性がある。そこで、無過失責任と賠償額の定型化を特徴とする災害補償制度が労基法に設けられた。

　しかし、労基法により使用者に災害補償義務が課されていても、使用者に資力が不足している場合には、被災労働者や遺族は補償を受けることができなくなる。そこで、労災保険制度（国を保険者とする社会保険に一部の例外を除く全事業を強制加入させることで、使用者の災害補償責任を担保する仕組み）が作られた。

このように、労災保険は、1947年の発足当初、労働基準法に基づく使用者の災害補償責任をいわば代行するシステムであった。

　労災保険は、1965年の制度改正以降、次第にその独自性を示してきた。現在では、労災保険法は、「一般的な社会保険と損害賠償の中間に位置する補償システムとして、労働者・その遺族に対する独自の総合的な補償法を形成」（角田・毛塚・浅倉2004［西村健一郎執筆］）するものと評されるに至っている。

2　労災保険制度の概要

(1)　保険者・適用事業・適用対象

　①保険者　　保険者は政府で（労災2条）、保険料の納付などについては原則的に雇用保険と労災保険を一体のもの（「労働保険」）として取り扱っている。

　②加入者　　使用者の労災補償責任を担保する仕組みである労災保険は、他の社会保険とは異なり、「被保険者」という概念を用いていない。保険の加入者は適用事業の「事業主」であり、保険給付の対象は「労働者」である。

　③適用事業　　労働保険は、個人単位ではなく「事業」単位で適用される（II-1の**3**(3)②）。労災保険は、一部の例外を除く全事業に強制適用される（「強制適用事業」）。例外となるのは、国家公務員災害補償法・地方公務員災害補償法の適用事業（「非適用事業」）、および、小規模（労働者5人未満）の農林水産の事業の一部（「暫定任意適用事業」）である。適用事業の保険関係の成立および消滅は、雇用保険と同じである（II-1の**3**(3)③）。事業主が届出を怠っていた場合でも、被災労働者は保険給付の申請を行うことができる。

　④保険給付の対象　　前述のように、労災保険は「被保険者」という概念を用いておらず、保険給付の対象について「労働者」という概念を用いている。労災保険法上の労働者の概念は、労基法9条と同じと解されている（Iの**7**(2)。最高裁判決に横浜南労基署長〈旭紙業〉事件・最1小判平成8年11月28日。また、新宿労基署長〈映画撮影技師〉事件・東京高判平成14年7月11日）。パートタイム労働者、アルバイト、日雇い、研修医など、雇用形態を問わず支給対象となる。就労資格を有しない外国人労働者にも適用される。

　行政解釈は、派遣労働者について、派遣元の事業において労災保険が適用されるとする（昭和61年6月30日基発383号）。また、在籍出向中の労働者は、出向の目的・出向契約・労働実態などに基づき出向元か出向先のいずれかで適用されるとする（昭和35年11月2日基発932号）。

　労基法9条の「労働者」に該当しない者や海外派遣者に対しては、任意の「特別加入制度」がある（労災33条）。次の①〜④の者がこの制度の対象となる（労保則46条の16〜46条の18、昭和40年11月1日基発1454号）。①中小事業主など、②1人親方その他の自営業者、③特定作業従事者、④海外派遣者である。

　なお、作業場を持たずに1人で工務店の大工仕事に従事するという形態で稼働していた1人親方の大工の労働者性を否定した最高裁判決に、藤沢労基署長〈大工負傷〉事件・最1小判平成19年6月28日がある。また、いわゆるフリーランスの増加に対応するため、2021年9月1日より自転車貨物運送業の自営業者とITフリーランスが特別加入の対象に加えられた。

(2)　保険事業

　①保険事業　　労災保険の主たる事業は保険給付である。付帯事業として「社会復帰促進等事業」（かつての労働福祉事業）が実施されている。社会復帰促進等事業には次の3つがある。(a)社会復帰促進事業（義肢等の支給、アフターケアの実施など）。(b)被災労働者等援護事業（労災就学等援護費の支給など）。(c)安全衛生確保等事業（労働災害防止対策などの実施）。

　②保険事故　　労災保険の保険事故は次の4つである。(a)1人の事業主の支配下にある労働者の業務上の事由に拠る負傷・疾病・障害・死亡（「業務災害」）。(b)事業主が異なる複数の事業場に使用される労働者の複数の業務を要因とする負傷・疾病・障害・死亡（「複数業務要因災害」）。(c)通勤に伴う負傷・疾病・障害・死亡（「通勤災害」）。(d)労働安全衛生法に基づく健康診断における脳・心臓疾患にかかわる項目の異常所見。

　③保険給付　　保険給付には次のものがある。(a)療養のため休業する場合の給付（療養補償給付、休業補償給付、傷病補償年金）。(b)障害が残った場合の給付（障害補償年金、障害補償一時金）。(c)被災労働者が死亡した場合の給付（遺族補償

年金、遺族補償一時金、葬祭料（葬祭給付））。(d)常時または随時介護を要する場合の給付（介護補償給付）。(e)脳・心臓疾患に関連する異常所見がある場合の給付（二次健康診断等給付）。

　通勤災害保護の給付名にはこれらに「補償」の文字が入らず、療養給付などとなる。また、複数業務要因災害の給付名は最初に「複数事業労働者」の文字が加わるとともに、「補償」の文字が入らず、複数事業労働者療養給付などとなる。

　なお、労災保険と公的医療保険とでは、同じ医療給付であってもレセプト審査や診療費などに関する手続が異なる点に留意する必要がある（【Web 資料Ⅲ-㉔　診療費の給付方法】【Web 資料Ⅲ-㉕　二次健康診断等給付の請求手続】）。

　④給付制限　　労働者が故意に負傷、疾病、障害もしくは死亡またはそれらの直接の原因となる事故を発生させた場合には、保険給付は行われない（労災12条の2の2第1項）。また、労働者が故意の犯罪行為、重大な過失、正当な理由なく療養に関する指示に従わないことにより、前述の事故を発生させたり、負傷・疾病・障害の程度を増悪させたり回復を遅らせたりした場合には、保険給付の全部または一部を行わないことができる（同条2項）。

(3)　給付手続

　①支給決定・審査請求　　保険給付は、被災労働者や遺族の請求に基づき支給される（労災12条の8第2項）。所轄の労働基準監督署長は、この請求に基づき支給または不支給の決定を行い（「原処分」）、その結果を請求人に通知する（労災則19条）。保険給付の請求権は、この決定によって発生する。

　原処分に不服がある場合の審査請求手続は、不服申立前置主義がとられている（労災38条～40条）。すなわち、(a)原処分に不服がある場合、労働者災害補償保険審査官（Ⅱ-1の**3**(3)⑤）に対して60日以内に審査請求を行う。(b)この決定に不服がある場合、60日以内に労働保険審査会に再審査請求を行う。また、審査請求から3か月を経過しても決定が無い場合も同様である。(c)この裁決に不服がある場合、6か月以内に裁判所に不支給決定の取消訴訟を提起する。再審査請求から3か月を経過しても裁決がない場合も同様である。

②行政訴訟　　労働保険審査会の裁決に不服があるときには、裁判所に労働基準監督署長を相手方とする不支給決定の取消訴訟を提起することになる（労災40条）。取消訴訟への事業主の補助参加（労基署長を補助する）は、メリット制（後述(4)②）が適用される事業規模であるなど、一定の場合に認められる（レンゴー事件・最1小決平成13年2月22日）。なお、最高裁は、労働福祉事業（現在の社会復帰促進等事業）の就学援護費の支給・不支給決定に行政処分性を認め、抗告訴訟の対象となる行政処分（行訴3条2項）に該当するとした（中央労基署長〈労災就学援護費〉事件・最1小判平成15年9月4日）。

(4)　費用負担

①保険料率　　労災保険の事業に要する費用は、原則として事業主が負担する保険料と若干の国庫補助とでまかなわれる。保険料率は、災害リスクを反映させるため、51の業種区分ごとに厚生労働大臣が定め、3年ごとに改定される（【Web資料Ⅲ-㉖　労災保険の保険料率】）。

②メリット制　　保険料率の算定には、個々の事業の保険料率が業務災害の発生率に応じて一定の範囲内で上下する「メリット制」が採用されている（ただし一定規模以下の事業は適用除外）。これは、労働災害の防止に取り組む事業主の保険料負担の公平性と、災害防止努力の促進とを目的とするものである。一定の事業の中小企業には、所定の安全衛生措置を講じると、通常のメリット増減率が最大40％のところ最大45％となる特例メリット制が適用される。

メリット制が採用されていることから、保険料率の上昇を嫌う事業主が労災隠しを目的として、被災労働者に私傷病として公的医療保険を利用するよう強いることがある。しかし、このような「労災の健保流し」をすると、被災労働者は不利益を被る。すなわち、労災保険では公的医療保険よりも手厚い給付がなされるとともに、労災の場合には労基法19条による解雇制限（Ⅲ-5の3(2)①）があるからである。労災隠しに対しては、労安衛法に基づき50万円以下の罰金が科される（労安衛100条、同120条5号、労安衛則97条1項）。

3　業務災害・通勤災害の認定

⑴　業務災害─災害性の負傷・疾病

　①定義　　業務災害とは、業務上の負傷、疾病、障害又は死亡である（労災7条1項1号）。保険給付の対象となる業務災害は、「災害性」の負傷・疾病等と「職業性」の疾病等とに分類されている。しかし、条文上、いずれについても「業務上」の定義は存在しない。

　②業務遂行性・業務起因性　　災害性の負傷や疾病について、行政実務は「業務遂行性」と「業務起因性」の概念を用いて判断する。業務遂行性とは、労働者が労働契約に基づき事業主の支配下にあることをいう（行橋労基署長〈テイクロ九州〉事件・最2小判平成28年7月28日など）。また、業務起因性とは、労働者が事業主の支配下にあることに伴う危険が現実化したものと経験則上認められることをいう。

　業務遂行性が認められる場合（すなわち事業主の支配下で被災した場合）は、次のように分けられる（厚生労働省HP「労災認定の考え方」を一部改変）。

　(a)事業主の支配・管理下で業務に従事している場合（就業時間中に事業場の施設内において業務に従事している場合）。(b)事業主の支配・管理下にあるが業務に従事していない場合（休憩時間や就業時間の前後に事業場の施設内にいて業務に従事していない場合）。(c)事業主の支配下にあるが、管理下を離れて業務に従事している場合（出張や社用での外出などの場合）。

　事業場の運動会・歓送迎会・宴会などの行事への参加は、それが事業活動と密接に関連して行われ、参加が事実上強制または要請されていた場合には、当該行事への参加およびそれに付随する業務には業務遂行性が肯定される（水町2023：852。研修生の歓送迎会に参加後、職場に戻る途中で発生した交通事故に業務遂行性を認めた最高裁判決に前出・行橋労基署長〈テイクロ九州〉事件）。

　業務災害と認定されるためには、業務起因性が認められなくてはならない。上記の(a)については、基本的に業務起因性が認められる。ただし、私用や業務を逸脱する恣意的行為を原因とする被災、労働者が故意に災害を発生させた場合、個人的な恨みによる第三者からの暴行、原則天災地変による被災には業務

起因性は認められない。(b)については、私的な行為であるため、施設・設備や管理状況などが原因の災害のケースを除き業務起因性は認められない。

(2)　業務災害―職業性の疾病

　①業務上疾病　　災害性の負傷・疾病のケースとは異なり、職業性の疾病（職業病）のケースでは業務起因性のみが問題となる。すなわち、業務との間に相当因果関係が認められる疾病（「業務上疾病」。たとえば腰部に過度の負荷がかかる業務による腰痛、患者の診療・看護などの業務による伝染性疾患、石綿にさらされる業務による肺がん・中皮腫など）が保険給付の対象となる。

　しかし、業務と疾病との間の相当因果関係を立証することは困難を伴う。そこで労基法は、業務と発症の間に相当因果関係が認められる一定の疾病を、主として有害因子の観点から類型化して例示列挙している（労基75条、労基則35条別表1の2第1号〜10号）。労働者がこれらの疾病を発症した場合、特段の反証がない限り業務上疾病として認められることになる。

　また、例示列挙されたもの以外の疾病をカバーするため、「その他業務に起因することの明らかな疾病」という包括規定が設けられている（労基則35条別表1の2第11号）。精神的・肉体的負担のかかる過重な業務に起因する持病（慢性十二指腸潰瘍）の再発と悪化がこれにあたるとする最高裁判決に神戸東労基署長〈ゴールドリングジャパン〉事件（最3小判平成16年9月7日）がある。

　②脳・心臓疾患　　いわゆる過労死（著しい長時間労働による脳血管疾患・虚血性心疾患の発症による死亡）が労災認定を受けるためには、当該疾患が労基則35条別表1の2第8号（「長期間にわたる長時間の業務その他血管病変等を著しく増悪させる業務による脳出血、くも膜下出血、脳梗塞、高血圧性脳症、心筋梗塞、狭心症、心停止［心臓性突然死を含む。］若しくは解離性大動脈瘤又はこれらの疾病に付随する疾病」）に該当すると認定される必要がある。

　そこで認定基準の内容が問題となる。【資料Ⅲ-12】は、行政解釈（令和3年9月14日基発0914第1号「血管病変等を著しく増悪させる業務による脳血管疾患及び虚血性心疾患等の認定基準」）に基づく現在の認定基準の説明図である。行政解釈は、「業務上の過重負荷が、労働者の基礎疾患をその自然的経過を超えて著しく増

資料Ⅲ-12　脳・心臓疾患の労災認定基準の説明図

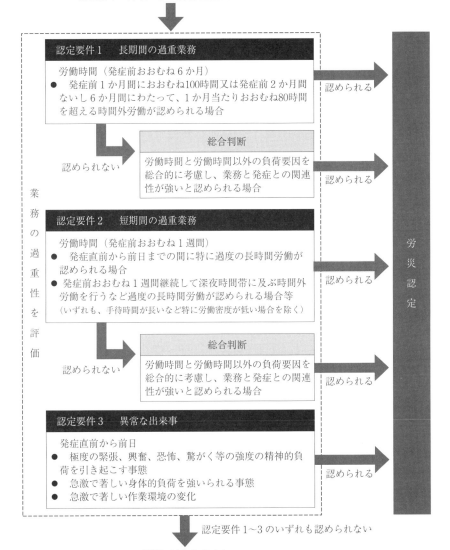

出所：厚生労働省（2023）『脳・心臓疾患の労災認定―過労死等の労災補償1』。

悪させた相対的に有力な原因でなければならない」との立場に立ちつつ、業務の過重性を総合的に判断しているものと位置づけられる。

　行政解釈は、現在に至るまで次のように変遷してきた（【Web 資料Ⅲ-㉗　いわゆる過労死の認定基準の変遷】を一部改変）。(a)昭和36年2月13日基発116号：発症当日、従前の業務と比較して質的・量的に過激な業務に従事したことによる精神的・肉体的負担に起因する場合に業務上認定（「災害主義」）。(b)昭和62年10月26日基発620号：昭和36年基準廃止。発症前1週間の業務が日常業務と比較して特に過重であれば業務上認定（「過重負荷主義」）。(c)平成7年2月1日基発38号：昭和62年基準廃止。認定要件を緩和、一定の場合には発症1週間より前の業務も考慮して業務上認定（「修正過重負荷主義」）。翌年、対象業務に不整脈による突然死を追加。(d)平成13年12月12日基発1063号：平成7年基準廃止。発症直前期の業務の過重性を過度に重視する旧基準を改め、長期間にわたる疲労の蓄積が脳・心臓疾患の発症に影響を及ぼすことを肯定。(e)令和3年9月14日基発0914第1号。

　(e)の改正では、次のことが追加された（厚生労働省 HP「脳・心臓疾患の労災認定基準を改正しました」を一部改変）。長期間の過重業務の評価にあたり、労働時間と労働時間以外の負荷要因を総合評価して労災認定することの明確化。長期間の過重業務、短期間の過重業務の労働時間以外の負荷要因の見直し。短期間の過重業務、異常な出来事の業務と発症との関連性が強いと判断できる場合を明確化。対象疾病に「重篤な心不全」を追加。

　このような認定基準の変遷には、裁判例の影響が認められる。たとえば(d)の認定基準が策定された背景には、いわゆる過労死に関する事案において、最高裁が長期にわたる疲労の蓄積も考慮する判断を示したことがある（横浜南労基署長〈東京海上横浜支店〉事件・最1小判平成12年7月17日）。

　なお、【資料Ⅲ-12】の認定要件1と2の「過重業務」の判断について、行政解釈（前述(d)）は、当該労働者本人にとって過重な業務であったか否かとの観点ではなく、「当該労働者と同程度の年齢、経験等を有する健康な状態にある者のほか、基礎疾患を有していたとしても日常業務を支障なく遂行できる者」にとっても、特に過重な身体的・精神的負荷と認められるか否かとの観点から

判断するとする（「平均的労働者基準説」）。裁判例には、「身体障害者であること
を前提として業務に従事させた場合に、その障害とされている基礎疾患が悪化
して災害が発生した場合」には平均的労働者基準説をとらず、「その業務起因
性の判断基準は、当該労働者が基準となるというべき」とするものがある
（国・豊橋労基署長〈マツヤデンキ〉事件・名古屋高判平成22年4月16日）。

　③**精神障害**　　仕事上の心理的負荷を原因とする精神障害の業務上外の判断
は、「心理的負荷による精神障害の認定基準について」（平成23年12月26日基発
1226第1号。最終改正令和5年9月1日基発0901第2号）による。この認定基準が
対象とする精神障害は、国際疾病分類（ICD-10）で「精神および行動の障害」
に分類されている精神障害（主として ICD-10 の F2 から F4 に分類される精神障害）
である。

　また、認定基準が定める労災認定の要件は次の3つである（【**Web 資料Ⅲ-㉘
心理的負荷評価表**】参照）。(a)対象疾病を発病していること。(b)発病前おおむね
6か月の間に、業務による強い心理的負荷（別表1「業務による心理的負荷評価
表」により「強」と評価される負荷）が認められること。この場合の強い心理的
負荷とは、発病した労働者がその出来事と出来事後の状況が持続する程度を主
観的にどう受け止めたかではなく、同種の労働者（職種、職場における立場や職
責、年齢、経験等が類似する者）が一般的にどう受け止めるかという観点から評
価されるものである。(c)業務以外の心理的負荷（別表2「業務以外の心理的負荷
評価表」を用いて評価する）及び個体側要因により対象疾病を発病したとは認め
られないこと。

　④**自殺**　　業務による心理的負荷に起因する精神障害によって自殺念慮が生
じ自殺に至ることがある。この場合、労災保険法12条の2の2第1項（前述**2**
⑵④）との関係が問題となる。「心理的負荷による精神障害の認定基準につい
て」は、「業務により ICD-10 の F2 から F4 に分類される精神障害を発病した
と認められる者が自殺を図った場合には、精神障害によって正常の認識、行為
選択能力が著しく阻害され、あるいは自殺行為を思いとどまる精神的抑制力が
著しく阻害されている状態に陥ったものと推定し、業務起因性を認める」とす
る。

　なお、裁判例は、業務と精神障害の発症との間に因果関係が存在し、当該精神障害に起因するものと認められる場合には、在職中の自殺（豊田労基署長〈トヨタ自動車〉事件・名古屋高判平成15年7月8日など）と、退職後の自殺（東加古川労基署長〈東加古川幼稚園〉事件・東京地判平成18年9月4日）のいずれにも、自殺の業務起因性を認めている。民事訴訟（後述4）において業務と自殺との因果関係を認め、使用者の損害賠償責任を認めた最高裁判決に電通事件（最2小判平成12年3月24日）がある。

　⑤ハラスメント・いじめ　「心理的負荷による精神障害の認定基準について」（前述③）は、ハラスメントやいじめのように出来事が繰り返されるものについては、繰り返される出来事を一体のものとして評価し、それが継続する状況は、心理的負荷が強まるものと評価するとする。また、発病の6か月よりも前にそれが開始されている場合でも、発病前6か月以内の期間にも継続しているときは、開始時からのすべての行為を評価の対象とするとする。

　裁判例も、パワーハラスメント（業務の適正な範囲を超える身体的・精神的攻撃等）や、セクシュアルハラスメントについて、精神障害の発症との因果関係を認める（パワーハラスメントを受けた後の自殺について業務起因性を認める裁判例に、静岡労基署長〈日研化学〉事件・東京地判平成19年10月15日、名古屋南労基署長〈中部電力〉事件・名古屋高判平成19年10月31日など。セクシュアルハラスメントを受けた労働者のうつ病の発病について業務起因性を認める裁判例に、国・札幌東労基署長〈紀文フレッシュシステム〉事件・札幌地判令和2年3月13日）。

(3)　複数業務要因災害

　複数業務要因災害とは、複数事業労働者の二以上の事業の業務を要因とする負傷、疾病、死亡のことをいう（労災7条1項2号）。行政解釈は、脳血管疾患及び虚血性心疾患の認定基準における過重性の評価（前述(1)）や、心理的負荷による精神障害の認定基準における心理的負荷の評価（前述(2)）に係る「業務」を「二以上の事業の業務」と解し、また、「業務起因性」を「二以上の事業の業務起因性」と解した上で、各認定基準に基づき認定要件を満たすか否かを判断するものとする（令和2年8月21日基発0821第3号、同4号）。

⑷　通勤災害

　通勤災害保護における通勤とは、労働者が就業に関し、次の①〜③の移動を合理的な経路および方法により行うことをいい、業務の性質を有するものを除くものである（労災 7 条 2 項）。①住居と就業の場所との間の往復。②就業の場所から他の就業の場所への移動（移動中の被災には移動先の労災保険を適用する）。③①に掲げる往復に先行／後続する住居間の移動（単身赴任先住居と帰省先住居との間の移動。単身赴任先への移動中の事故を通勤災害と認めた裁判例に高山労基署長〈通勤災害〉事件・名古屋高判平成18年 3 月15日）。

　災害が通勤に内在する危険が現実化したものではない場合、通勤災害には該当しない。裁判例に、第三者による計画的犯罪によって引き起こされた災害について、通勤がその犯罪にとって単なる機会を提供したに過ぎないとして通勤災害にはあたらないとするものがある（大阪南労基署長〈オウム通勤災害〉事件・大阪高判平成12年 6 月28日。最 2 小決平成12年12月22日［原審支持］）。

　また、通勤経路からの中断や逸脱があった場合、その後は通勤とはならず、通勤災害保護の対象外となる。ただし、中断や逸脱が、労災規則 8 条が定める「日常生活上必要な行為」をやむを得ない事由により行うための最小限度である場合には、当該中断または逸脱の間を除き、この限りではない（労災 7 条 3 項）。スーパーマーケットでの夕食の食材の購入や、保育所への子の送り迎え、職業訓練の受講、選挙権の行使、医療機関での診察治療、要介護状態にある父母などの介護（裁判例に国・羽曳野労基署長〈通勤災害〉事件・大阪高判平成19年 4 月18日）などがこれに該当する。

⑸　健康診断における脳・心臓疾患にかかわる項目の異常所見

　労災保険の保険事故であるが、労働安全衛生の節（Ⅲ- 9 ）で取り上げる。

4　使用者に対する損害賠償請求

⑴　法的根拠

　①並存主義　　わが国では、労働災害の被災労働者や遺族は、国に対する労

災保険の給付請求と、民事訴訟を通じた使用者に対する損害賠償請求との両者を行うことができる立法政策がとられている。これを、労災補償と損害賠償の並存主義という。これに対して、海外には労災補償に一本化している国もある。

このような並存主義の下、わが国では労働災害の被災労働者や遺族は、労災保険給付を上回る部分の損害や慰謝料等について、使用者の不法行為構成（民709条、715条、717条）または債務不履行構成（民415条）によって損害賠償請求をすることができる。また、使用者の不法行為責任と債務不履行責任をともに追及することもできる。

②**安全配慮義務**　この法的根拠となるのが労働契約法5条である。同条は、「使用者は、労働契約に伴い、労働者がその生命、身体等の安全を確保しつつ労働することができるよう、必要な配慮をするものとする」と定める。これは、最高裁判決が信義則に基づき形成した安全配慮義務を明文化したものである。

最高裁は、陸上自衛隊八戸車両整備工場事件（最3小判昭和50年2月25日）において、「安全配慮義務は、ある法律関係に基づいて特別な社会的接触の関係に入った当事者間において、当該法律関係の付随義務として当事者の一方又は双方が相手方に対して信義則上負う義務として一般的に認められるべきもの」として、信義則を根拠に安全配慮義務の存在を認めた。

また、川義事件（最3小判昭和59年4月10日）において最高裁は、安全配慮義務を、「労働者が労務提供のため設置する場所・設備もしくは器具等を使用し又は使用者の指示のもとに労務を提供する過程において、労働者の生命及び身体を危険から保護するよう配慮すべき義務」と定式化した。

その後の裁判例の集積を通じて、使用者に安全配慮義務違反があれば債務不履行責任が追及されるとの法理が確立した。

最高裁はまた、安全配慮義務違反は、不法行為法上の過失（注意義務違反）にあたるとの判断を示した（電通事件・前出**3**(2)④）。同判決は、使用者は「業務の遂行に伴う疲労や心理的負荷が過度に蓄積して労働者の心身の健康を損なうことがないよう注意すべき義務を負う」ものと判示している。

③**不法行為構成と債務不履行構成**　　この主な違いは次の３点にある。

(a)立証責任。不法行為構成の場合、被災労働者側は使用者の故意・過失の存在を主張・立証する責任を負う。債務不履行構成の場合、被災労働者側は安全配慮義務の内容を特定し、義務違反の存在を基礎づける事実を主張・立証する責任を負う（最高裁判決に航空自衛隊芦屋分遣隊事件・最２小判昭和56年２月16日）。(b)被災労働者が死亡した場合の遺族固有の慰謝料。不法行為構成では認められ（民711条）、債務不履行構成では認められない（最高裁判決に大石塗装・鹿島建設事件・最１小判昭和55年12月18日）。(c)遅延損害金の起算点。不法行為構成では損害の発生時が基準となり、債務不履行構成では債権者による請求が基準となる（同）。

④**会社法上の責任**　　会社法429条１項は、株式会社の取締役などの役員が「その職務を行うについて悪意又は重大な過失があったとき」には、第三者に生じた損害を賠償する責任を負うとする。大庄ほか事件（大阪高判平成23年５月25日）において裁判所は、飲食店従業員のいわゆる過労死につき、会社の損害賠償責任（安全配慮義務違反）とともに、同条に基づき取締役の損害賠償責任を認めた（長時間労働を前提とした勤務体系や給与体系をとっており、労働者の生命・健康を損なわないような体制を構築していなかったとする）。

(2)　安全配慮義務の主体・法的性質・内容

①**主体**　　安全配慮義務は、労働契約において使用者が負う付随義務（Ⅲ－２の**3**(2)）である。ただし、労働者と直接の労働契約関係がない者であっても、実質的な使用関係にある場合等には安全配慮義務を負う。労働契約法５条は、「使用者は、労働契約に伴い……必要な配慮をするものとする」と規定しており、安全配慮義務を労働契約上の根拠規定に基づく義務としては位置づけていないためである（前出(1)②の陸上自衛隊八戸車両整備工場事件判決は、安全配慮義務を「ある法律関係に基づいて特別な社会的接触の関係に入った当事者間」に認められるものとする）。

　最高裁判決は、下請企業の労働者に関して、元請企業との間に実質的な使用関係や直接的・間接的な指揮監督関係が認められる場合には、元請企業に安全

配慮義務が存することを認めている（大石塗装・鹿島建設事件・前出**4**(1)③、三菱重工業神戸造船所事件・最1小判平成3年4月11日）。

　裁判例には、業務請負企業からの派遣従業員の自殺について、業務請負企業と発注企業の双方に安全配慮義務を認めたもの（アテスト〈ニコン熊谷製作所〉事件・東京地判平成17年3月31日）や、大学院の演習として恒常的に大学病院で診療や手術を行っていた大学院生（医師）の、夜勤明けの交通事故死について、大学の安全配慮義務違反を認めたもの（鳥取大学附属病院事件・鳥取地判平成21年10月16日）などがある。

　また、工務店の依頼により作業していた一人親方の大工の転落事故について、実質的な使用従属関係の存在から工務店は大工に対して「使用者と同様の安全配慮義務を負っていた」とした上で、「30年以上の経験と1級建築士の資格を有すること、一人親方の労災保険に加入していたこと」は、「安全配慮義務の発生、内容、程度を直ちに左右するものではない」とする裁判例がある（H工務店〈大工負傷〉事件・大阪高判平成20年7月30日）。

　②**法的性質**　　労働契約法5条は使用者に「必要な配慮」を求めている。同条を根拠とする安全配慮義務は、「労働者の生命・身体等の安全を確保するよう『配慮』する（すなわち安全確保のための『手段』を講じる）手段債務であり、労働者の安全が損なわれた場合にその『結果』について使用者の責任を問う結果債務ではない」（水町2023：881）との性質を有する。

　③**具体的な内容**　　労働契約法5条は、安全配慮義務の要件や効果を具体的に示していない。その具体的な内容は、当該事案の具体的な状況によって判断する必要がある。労働安全衛生法が事業者に課す労働者の健康管理や安全確保などの義務は公法上の義務であり、使用者の私法上の義務である安全配慮義務とは理論的には別のものである。裁判例には、労働安全衛生法、同法施行規則などやこれらに基づく行政指針は、安全配慮義務の内容ともなり、その最低基準となるとするものがある（喜楽鉱業事件・大阪地判平成16年3月22日）。

　労働者が障害を有する場合、使用者は障害の特性に応じた安全配慮義務を負う（裁判例に小西縫製工業事件・大阪高決昭和58年10月14日、Aサプライ〈知的障害者死亡事故〉事件・東京地八王子支判平成15年12月10日）。厚生労働省の「障害者雇用

対策基本方針」（平成15年3月28日厚生労働省告示136号）は、事業主は「障害の種類及び程度に応じた安全管理を実施するとともに、職場内における安全を図るために随時点検を行う。また、非常時においても安全が確保されるよう施設等の整備を図る。さらに、法律上定められた健康診断の実施はもとより、障害の特性に配慮した労働時間の管理等、障害の種類及び程度に応じた健康管理の実施を図る」ものとする。

　④情報の提供・申告　　メンタルヘルス不調の場合、自殺防止の観点から家族への連絡と情報提供が必要となることがある。ここで問題となるのが、労働者本人が家族への連絡を拒否したときの対応である。裁判例は、うつ病により自殺した研修医のケースにおいて、本人から「如何に両親との不仲を聞かされていたとしても、両親に連絡してまずは［本人の］安全を確保し、その上で［本人に］精神科を受診させ精神状態の安定を待って今後の業務について相談すべき」であったとして、家族への連絡を行わなかった使用者の安全配慮義務違反を認めた（積善会〈十全総合病院〉事件・大阪地判平成19年5月19日）。

　また、精神神経科への通院歴などメンタルヘルスに関する情報を、労働者が申告しないことがある。神経科の医院への通院歴などを申告しなかった労働者が過重労働によってうつ病になったケースにおいて、最高裁は、「使用者は、必ずしも労働者からの申告がなくても、その健康に関わる労働環境等に十分な注意を払うべき安全配慮義務を負っているところ、上記のように労働者にとって過重な業務が続く中でその体調の悪化が看取される場合には、上記のような［いわゆるメンタルヘルスに関する］情報については労働者本人からの積極的な申告が期待し難いことを前提とした上で、必要に応じてその業務を軽減するなど労働者の心身の健康への配慮に努める必要があるものというべきである」との判断を示した（東芝〈うつ病・解雇〉事件・最2小判平成26年3月24日）。

5　労災保険給付と損害賠償との調整

(1)　使用者による損害賠償（「使用者行為災害」）

　①調整規定　　使用者は、労働災害の被災労働者や遺族に対して労基法によ

る補償を行った場合、「同一の事由」の関係にあるものについては、その価額の限度において民法による損害賠償責任を免れる（労基84条2項）。補償額よりも民法による損害賠償額の方が大きいときには、被災労働者や遺族は、使用者に対して差額の支払を請求することになる。

　最高裁判決は、この調整規定を、労災保険給付と損害賠償との関係にも類推適用する。すなわち、労災保険は、業務災害または通勤災害による労働者の損害を塡補する性質を有するため、保険事故が使用者の行為で生じた場合において保険給付がなされたときは、労基法84条2項の類推適用により、使用者はその給付の価額の限度で損害賠償の責めを免れるとする（三共自動車事件・最3小判昭和52年10月25日）。したがって、労災保険の受給権者は、その給付を受けた額について、使用者に対する損害賠償請求権を失うことになる。

　なお、将来支給されることが確定している労災保険給付（年金給付）に関しても、損害賠償との調整規定が設けられている（労災64条）。

　②「同一の事由」　　ただし、すべての損害が労災保険給付によって塡補される（損害額から給付額が控除される）訳ではない。保険給付と「同一の事由」の関係にある損害のみが塡補（控除）の対象となる（労基84条2項）。

　最高裁判決は、財産的損害のうち消極損害（逸失利益）のみを、保険給付が対象とする損害と「同性質であり、同一の事由の関係にある」と解し、積極損害（入院雑費や付添看護費など）や精神的損害（慰謝料）などの賠償は保険給付によって塡補されないとする（東都観光バス事件・最3小判昭和58年4月19日、青木鉛鉄事件・最2小判昭和62年7月10日）。また、労働福祉事業（当時）の一環として支給される特別支給金について、被災労働者の損害を塡補する性質を有するものではないとして、特別支給金の額を損害額から控除することはできないとする（コック食品事件・最2小判平成8年2月23日）。

　なお、損害賠償の過失相殺を行う場合には、過失相殺を行った後に保険給付の額の控除を行うものとされる（大石塗装・鹿島建設事件・前出4(1)④）。

　③上積み補償　　就業規則や就業規則の附属規定（労基法89条8号）の中に、労災保険給付に一定の上積み補償を行う規定を設ける場合がある。行政解釈は、上積み補償は原則として労災保険給付に影響を与えないものと解している

（昭和56年10月30日基発696号）。

　これに対して、損害賠償請求があった場合や後に示談が成立した場合に、既に支払われた上積み補償額を損益相殺として控除することは認められている（清正・菊池2009：145［林弘子執筆］）。ただし、上積み補償の規定を損害賠償の予定（民420条1項）と解して、上積み補償を超える部分の損害賠償請求を認めないとすることは困難であると考えられている（山川2008：237は、「そうした趣旨が明示的に定められた協約や就業規則は、補償額によっては公序違反として無効となりえよう」とする）。

(2)　第三者による損害賠償（「第三者行為災害」）

　①定義　　第三者行為災害とは、たとえば通勤経路上で自動車にはねられ負傷した場合のように、労災保険の保険事故が保険関係の当事者（政府・事業主・受給権者）以外の第三者の行為で生じたものであり、かつ、受給権者（被災労働者や遺族）に対して第三者が損害賠償の義務を有しているものをいう。

　②調整規定　　第三者行為災害については、損害の塡補の重複を回避するため、加害者である第三者による損害賠償と労災保険給付との間で調整がなされる。調整の方法には、求償（労災12条の4第1項）と控除（同条第2項）がある（【Web資料Ⅲ-㉙　第三者行為災害】）。先に労災保険給付がなされた場合、国は、被災労働者や遺族が当該第三者に対して有する損害賠償請求権を、支給した保険給付の価額の限度で代位取得し、第三者や保険会社などに対して直接行使する（求償）。また、先に損害賠償がなされた場合、国は、その損害賠償の価額の限度で労災保険給付を行なわないことができる（控除）。

　なお、使用者行為災害とは異なり、年金給付と損害賠償との調整規定は存在しない。最高裁判決は、損害賠償額から将来の年金額を控除しないとの立場に立つ（仁田原・中村事件・最3小判昭和52年5月27日）。

9　労働安全衛生

1　労働安全衛生法の概要

(1)　労安衛法の目的

　労働安全衛生活動の基本法が、労働安全衛生法（以下「労安衛法」）である（労基42条）。これに加えて、じん肺法、作業環境測定法などの個別法がある。

　労安衛法の目的は、労基法と相まって、職場における労働者の安全と健康を確保するとともに、快適な職場環境の形成を促進することにある（労安衛1条）。労働者の安全と健康の確保のための方策として、労働災害の防止に関する総合的計画的な対策の推進（労働災害の防止のための危害防止基準の確立、責任体制の明確化、自主的活動の促進の措置など）を掲げる（同条）。この目的の下、同法は、事業者・事業者以外の関係者・労働者に安全・衛生に関する基本的責務を課す（労安衛3条、4条）。また、厚生労働大臣による「労働災害防止計画」作成（労安衛6条）や、行政による事業者への援助などを定める。

　同法の特徴のひとつとして、労働者も安全衛生の当事者として責務や義務を課されるとともに、安全衛生に係る事項の調査・審議（安全・衛生委員会。労安衛17条〜19条）や改善計画の作成（安全衛生改善計画・特別安全衛生改善計画。労安衛78条2項、79条）への関与が求められている点がある。

(2)　法的性質

　①諸施策の不行使　　事業者が労安衛法に定める諸施策を講じていない場合、労働者は次のようなルートを通じて事業者に是正を求めることができる。安全委員会・衛生委員会・安全衛生委員会での審議（後述**2**(2)②）、産業医への相談（後述**3**(2)②）、労使協議（Ⅳ-2の**1**(2)）、団体交渉（Ⅳ-2の**1**(4)）。

　また、労安衛法は行政取締法規としての性質を有することから、労働者は労基署に違反を申告し、労働基準監督署による指導や是正勧告を待つこともできる（国の監督権限の不行使に関する裁判例に大阪高判昭和60年12月23日）。

　加えて、労働者は、労安衛法の条文を根拠として事業者にその履行請求や、事業者に実施義務が存することの確認請求を行うことができるか。これは、労安衛法に私法的効力を認めるかという問題（法的性質の問題）と関係する。

　②法的性質　　労安衛法の法的性質については、次の２つの考え方がある（小畑1996、土田2008：458、保原1998：123［渡辺賢執筆］）。

　(a)労安衛法は私法的性質を有し、私人間の関係を直接規律するものと解する考え方。労基法と労安衛法は一体のものであるとする「ドッキング規定」（労基42条、労安衛１条等）と労基法13条を根拠に、労安衛法の規定に私法的効力を認める。この立場によると、労働者は上記の具体的な請求権を有する。

　(b)労安衛法は私法的性質を有さないと解する考え方。労安衛法には労基法13条に相当する規定が存在しないことや、労安衛法の制定経緯・法の特徴・規制内容を根拠に、労安衛法は純粋に公法的性質のものである（国に対する事業者の義務を定めたものである）と解する。この立場によると、労働者は上記の具体的な請求権を有さない。

(3)　労働者・事業者・事業場

　①労働者と事業者　　労安衛法における「労働者」は、労基法９条と同じ（Ⅰの**7**(2)）である（労安衛２条２号）。ただし、労安衛法は労働者以外の者も保護の対象としている。国・エーアンドエーマテリアル等事件（最１小判令和３年５月17日）は、安衛法１条は「快適な職場環境（略）の形成を促進することをも目的に掲げているのであるから、労働者に該当しない者が、労働者と同じ場所で働き、健康障害を生ずるおそれのある物を取り扱う場合に、安衛法57条が労働者に該当しない者を当然に保護の対象外としているとは解し難い」とする。同判決を受けて労働安全衛生規則が改正され（令和４年４月15日厚生労働省令82号）、事業者には一人親方（請負人）等に対しても健康障害を防止するための措置（労安衛22条）を講じることが義務づけられた。

　「事業者」は、事業を行うもので労働者を使用するものである（同条３号）。したがって義務の主体は、労基法上の使用者（労基10条）ではない。事業者について行政解釈は、法人企業であれば事業経営の利益の帰属主体である当該法

人（個人企業の場合は個人経営主）とする（昭和47年9月18日発基91号）。

　なお、2つ以上の建設業者が、1つの場所における事業の仕事を共同して請け負った場合（いわゆるジョイント・ベンチャー）、そのうちの1人を代表者として都道府県労働局長に届け出なくてはならない（労安衛5条1項）。届出がないときには、都道府県労働局長が代表を指名する（同条2項）。これらについては、代表者1人のみが労働者を使用する事業者とみなされる（同条4項）。

　②事業場　　労安衛法上の「事業場」の概念について、行政解釈は労働基準法と同じと解する（昭和47年9月18日発基91号）。すなわち、法人単位ではなく独立した場所を単位とする。（Ⅰ-6(2)）。

2　労働安全衛生の諸施策

(1)　規定の特徴

　①規定のあり方　　労安衛法の諸規定の「定めぶりの本来は、特定の対象にかかる具体的な安全確保措置（物的措置、人的措置等の作為・不作為）の罰則付きの義務づけだが、補助として、罰則なしの義務、ガイドラインや予算措置の根拠となる努力義務、体制整備義務（諸種の管理者・専門家の選任、安全・衛生委員会の設置等）、手続の実践義務（行政による製造許可の獲得、行政への諸種の情報の届出［略］、健診・ストレスチェック等の検査やその医師による面接指導等の実施等）等の規定がある」（三柴2022：11）ものとなっている。

　②履行確保　　労安衛法は、諸施策の履行確保のため、行政による監督指導と、故意による法違反に対する罰則に関する規定を設けている。

　同法の施行事務は、労働基準監督署長と労働基準監督官がつかさどる（労安衛90条。Ⅲ-2の2(2)）。監督指導を行う専門官には、労働基準監督官のほか「産業安全専門官」と「労働衛生専門官」がある（厚生労働省・都道府県労働局・労働基準監督署に各々配置されている）。この三者は、いずれも次の権限を有する（労安衛91条、93条、94条）。事業所への立ち入り、関係者への質問、物件の検査、作業環境測定の実施、無償での物品の収去、伝染性疾病にかかった疑いのある労働者の検診（ただし医師である労働基準監督官のみ）。また、都道府県労働

局には非常勤の「労働衛生指導医」が配置されている（労安衛95条）。

　労安衛法に違反する行為があった場合、その行為者とともに、行為者ではない事業者にも罰則が科される（労安衛122条。両罰規定［Ⅰ-5⑴]）。

　③国の援助　　労安衛法は、監督指導や罰則による履行の確保に関する規定とともに、国の援助に関する規定を設けている（労安衛19条の3、57条の5、63条、71条、71条の4、106条）。国の援助には、助言・相談・資料の提供・金融上の措置などがある。

　④指針　　労安衛法の諸施策には技術的なものが多いことから、同法は指針の公表に関する規定を設けている（労安衛19条の2、28条、28条の2、45条、60条の2、65条、66条の5、70条の2、71条の3）。厚生労働大臣は、これらの指針に従って、事業者や団体に対して必要な指導などを行うことができる。

　また、労安衛法上の根拠規定が示されていない指針もある。たとえば、「労働安全マネジメントシステムに関する指針」は、労安衛法の「規定に基づき（略）事業者が講ずべき具体的な措置を定めるものではない」（2条）とする。この指針は、世界各国で展開されている経営の管理ツールを国が指針という形で規格化し、わが国での普及を図るためのものと位置づけられる。

(2)　諸施策の内容

　①労働災害防止計画（労安衛6条〜9条）　　この計画は、労働災害の防止に関する基本対策事項その他の重要事項を定める。厚生労働大臣が労働政策審議会の意見を聴いて策定や変更を行う。計画の実施に事業者や関係者の協力が必要なとき、大臣は勧告や要請を行うことができる。

　②安全衛生管理体制（10条〜19条の3）　　労安衛法は事業者に対して、事業場を1つの適用単位として、各事業場の業種・規模（常時使用する労働者数）などに応じて次の者の選任を義務づけている（【Web資料Ⅲ-㉚　安全衛生管理体制】）。(a)統括安全衛生管理者、(b)安全管理者、(c)衛生管理者、(d)安全衛生推進者／衛生推進者、(e)産業医（後述3(2)）。

　また、事業場の業種・規模等に応じて、事業場ごとに「安全委員会」と「衛生委員会」を最低月1回開催しなくてはならない。両委員会の設置に代えて

「安全衛生委員会」を設置することができる。これらは労使で構成される審議機関である。

　③労働者の危険または健康障害を防止するための措置（20条～36条）　労安衛法は、事業者とともに、請負事業の元方事業者や注文者等の関係者に対して種々の安全衛生措置の実施義務を課す。また、労働者に措置の遵守義務を課し、違反した労働者への罰則規定がある（労安衛120条１項）。事業者は、労働災害発生の急迫した危険があるときは直ちに作業を中止し、労働者を作業場から退避させる等必要な措置を講じなくてはならない（労安衛25条）。

　④機械等並びに危険物及び有害物に関する規制（37条～58条）　労安衛法は、労働災害の要因となる機械等や危険有害物質等の製造・輸入・設置・譲渡・提供・使用などについて、危険性の程度に応じた規制を設けている。

　⑤労働者の就業にあたっての措置（59条～63条）　労安衛法は、事業者に対して、安全衛生教育の実施、特定の危険有害業務における就業制限、中高年労働者などの安全対策の実施を義務づけている。安全管理者等の教育・講習は労安衛法19条の２で、年少者・妊産婦等の危険有害業務における就業制限は労基法61条～63条、64条の２、64条の３で規定されている。

　雇い入れ時・作業内容変更時・危険有害業務への就業時における安全衛生教育（労安衛59条）の不実施には刑事罰が科される（裁判例に東海村臨界事故事件・水戸地判平成15年３月３日【web資料Ⅲ-㉛　安全衛生教育に関する裁判例】）。行政解釈は、事業者に安全衛生教育の費用負担義務があり、所定労働時間内に行うことを原則とする（昭和47年９月18日基発602号）。

　⑥労働者の健康の保持増進の措置（65条～71条）　労安衛法は、事業者に対して健康の保持増進のための措置（作業環境管理・作業管理・健康管理・健康の保持増進に関する措置）を義務づけている（【資料Ⅲ-13】）。また、労働者に対して保健指導や、健康教育・健康相談などを利用して健康の保持に努める努力義務を課している（66条の７第２項、69条第２項）。

　⑦快適な職場形成のための措置（71条の２～71条の４）　労安衛法は、快適な職場環境の形成を事業者の努力義務とする。法令等の基準を超えた高い安全衛生基準を自主的な目標として設定するもので、71条の２に基づく指針が公表

資料Ⅲ-13　健康の保持増進のための措置

作業環境管理	作業環境測定（65条、65条の2）
作業管理	作業の適切な管理（65条の3）、作業時間の制限（65条の4）
健康管理	健康診断（66条、66条の3、66条の6）、自発的健康診断の記録の提出（66条の2）、健診結果についての医師・歯科医師からの意見聴取・必要な措置の実施（66条の4、66条の5）、医師・保健師による保健指導（66条の7）
	医師による面接指導（66条の8〜66条の8）、面接指導の対象外で健康への配慮が必要な労働者に対する必要な措置の実施（66条の9）
	心理的な負担の程度を把握するための検査（ストレスチェック）（66条の10）
	離職後の健康管理手帳の交付（67条）
	病者の就業禁止（68条）
健康の保持増進	受動喫煙の防止（68条の2）
	健康教育・健康相談等（68条の2）、体育活動等に対する便宜供与（69条）

出所：筆者作成。

されている。また、国の援助がなされる（71条の4）。

(3)　派遣労働者

　派遣労働者については、派遣元事業者のみならず派遣先事業者に対しても安全衛生管理の責任を課している（派遣45条）。ただし、管理する事項によって責任の所在が異なる（Ⅱ-2の【資料Ⅱ-4】を参照）。

3　産業保健スタッフ

(1)　産業保健スタッフ

　①職種　　事業場における労働者の心身の健康管理に関する専門家が産業保健スタッフである。労安衛法が定める主な職種に、(a)衛生管理者（労安衛12条）、産業医（同13条）や、(b)保健師（同66条の7）、歯科医師（労安衛則14条6項）、労働安全コンサルタント（労安衛81条1項）、労働衛生コンサルタント（同

資料Ⅲ-14　職場の専門家として

　　長らく産業医をしていましたが、現在は企業の調査部門で、医療や産業衛生領域に関する調査・分析業務に携わっています。調査・分析の目的は、企業をとりまくさまざまな環境要因のうち、経営に影響を及ぼす要因に関する情報提供及びリスク評価を行うことです。

　　ここ3年余りの仕事の中心は、新型コロナ対応に関するものでした。皆さんも、日々の生活に常にコロナの影がつきまとい、落ち着かなかったのではないかと思います。

　　このコロナ対応期間中、わたしは社内外および国内外の感染状況に関連した、その時点での最新情報を、経営管理層（労働法上は管理監督者）に対して提供していました。経営管理層は、企業経営に関する判断や、従業員への安全配慮義務を遂行する主体となり、的確な判断を行うには前提となる良質な材料（情報）が必要だからです。情報提供に際して留意したのは、その時点でエビデンスのある客観的な事実のみを伝えること、事実と私見を明確に分けること等、中立的な立場に徹することでした。

　　2023年5月、新型コロナが5類感染症に移行後、ウイルスの性質に変化はないものの、世の中は大きく変わりました。マスクをはじめとする感染症対策に関する判断は、皆さん「個人」にゆだねられるようになりました。コロナ下に見られた各種の行動制限は、集団（国民）の利益（生命・健康）を優先的に考える公衆衛生の発想で、個人の行動／活動の自由とは両立が困難です。

　　そのような両立困難な状況の下で、場面場面に応じて自分で判断を行うのは、時には重いと感じるかも知れません。とくに社会人になると、判断材料に、学生時代にはなかった自己保健義務もからんできます（自己保健義務とは、常に自分の健康状態を、労働契約どおりに働ける状態に維持する義務のことです）。

　　忙しいながらも学生時代はまだ時間のゆとりがあります。判断の材料となる情報をインプットできる、またとない機会でしょう。ゼミや講義の場は、良質な情報の宝庫です。ぜひ在学中に、良質な「個人の判断」を行う練習をなさってみてください。

　　もしかしたら、これまで敬遠していた領域に、思いもかけない出会いがあるかも知れません。あなたが「推し」と出逢った偶然が運命のときだったように。これから社会に出られる皆さんに期待しています。　Kimiko

---

条2項）などがある。(b)の職種については事業主に選任義務がない。【資料Ⅲ-14】は、労働衛生コンサルタント資格を有する医師によるコラムである。また、労安衛法には規定されていない、心理や福祉の専門家を活用する企業もある。

　②活用の必要性　　事業者には、選任義務の有無にかかわらず、次の理由からこれらの産業保健スタッフを配置し活用することが望まれる（増田2020：48）。(a)労働衛生活動が充実することで労働者はより安全に就労することができ、その家族は安心して日常生活を営むことができる。その結果、社会に安定がもた

らされる。(b)事業者は人的資本の損失を免れるとともに、労働生産性の向上を期待できる。(c)労働災害の発生を予防することにより、事業者にかかる労災保険の保険料率の上昇を避けることができる（Ⅲ-6の**2**(4)②）。また、事業者は訴訟リスクを軽減することができる。(d)労災保険や公的医療保険の保険財政に寄与することで、当該事業所の属する保険集団の財政負担が軽減される。

(2)　産業医

①選任義務　　事業者は、常時50人以上の労働者を使用する事業場について、一定の要件に該当する医師を産業医として選任しなくてはならない（労安衛法13条、労安衛令5条）。常時50人未満の事業場には、医師・保健師による健康管理等の努力義務が課されている（労安衛13条の2、労安衛則15条の2）。常時1,000人以上（一定の有害業務の事業場は500人以上）の労働者を使用する事業場には、専属の産業医を選任しなくてはならない（労安衛則13条）。

　条文上、「専属」の定義規定はない。行政解釈は、次の3つの要件を充足する場合に、専属の産業医は非専属事業場の産業医を兼務できるものとする（平成9年3月31日基発第214号）。(a)専属産業医の所属する事業場と非専属事業場とが、(i)地理的関係が密接である、(ii)労働衛生に関する協議組織が設置されているなど労働衛生管理が相互に密接し関連して行われている、(iii)労働の態様が類似しているなど、一体として産業保健活動を行うことが効率的である。(b)専属産業医が兼務する事業場の数、対象労働者数については、専属産業医としての趣旨を踏まえ、その職務の遂行に支障を生じない範囲内とする。(c)対象労働者の総数については、労働安全衛生規則13条1項3号の規定に準じ、3,000人を超えてはならない。

②職務　　産業医は、労働者の健康管理等を行うのに必要な医学に関する知識に基づいて、誠実にその職務を行わなければならない（労安衛13条3項）。個々の事業場における産業医の具体的な職務内容は、法の枠組（労安衛法13条1項、労安衛則14条、15条）の下、医師と事業者との契約によって定まる。

　事業者が産業医に法定の職務を行わせなかった場合、事業者に罰則が科される（労安衛120条1号）。産業医が法定の職務を懈怠した場合の罰則規定はない。

資料Ⅲ-15　産業医の権限と事業者の義務

産業医の権限	事業者・総括安全衛生管理者に勧告を行う権限（勧告するときは予め事業者の意見を求める）	労安衛13条3項、労安衛則14条3項
	衛生管理者に指導・助言を行う権限	労安衛則14条3項
	労働者の健康管理などをなし得る権限（事業者、総括衛生管理者に意見を述べる権限、労働者の健康を確保するため緊急の必要がある場合において、労働者に対して必要な措置をとるべきことを指示する権限、を含む）	労安衛13条1項、労安衛則14条の4
	衛生委員会に対して労働者の健康確保の観点から必要な調査審議を勧奨する権限	労安衛則23条5項
	面接指導の対象となる労働者に申出を行うよう勧奨する権限	労安衛則52条の3第4項
事業者の義務	労働者の労働時間に関する情報その他の産業医が労働者の健康管理等を適切に行うために必要な情報を提供する義務	労安衛13条4項
	産業医の勧告を尊重する義務	労安衛13条5項
	勧告の内容や講じる措置の内容を記録し、衛生委員会／安全衛生委員会に報告する義務	労安衛16条6項、労安衛則14条の3
	産業医などが労働者からの健康相談に応じ、適切に対応するために必要な体制の整備その他の必要な措置を講ずる義務	労安衛13条の3

出所：筆者作成。

ただし、事業者との契約関係において問題となる（後述(3)①）。

　事業者は、事業場における産業医の業務の内容等を所定の方法で労働者に周知させなくてはならない（労安衛101条2項、労安衛則98条の2第1項）。

　③権限　**【資料Ⅲ-15】**は、産業医の権限と事業者の義務である。事業者は、産業医が勧告・指導・助言をしたことを理由に、解任その他不利益な取扱いをしないようにしなくてはならない（労安衛則14条4項）。

　事業者が産業医の勧告に従う義務は法定されていない。ただし、次の2点において勧告は重要な意味を有するとの指摘がある（保原1998：47［保原喜志夫執筆］）。(a)勧告が安全衛生法令違反の是正を求めているような場合に、事業者が勧告を無視して法令違反を続けた場合には、事業者は違反の事実を知りながら違法状態を継続したことになり、一般に、勧告がなかった場合に比べ情状が重く、より重い刑罰の対象となる。(b)業務災害による損害につき、被災者または

その遺族から事業者に対して安全配慮義務などを理由とする賠償請求がなされた場合に、産業医の勧告を無視して違法状態を継続し、労働者を就労させた場合には、勧告がなかった場合に比べ事業者の過失がより重く認定される。

(3)　産業医と事業者・労働者

　①**事業者との関係**　　産業医は事業者との契約に基づきその職務を行う。産業医に関する契約の法的性格について学説は、専属産業医は事業者と医師との雇用契約、嘱託産業医は事業者と医師個人との準委任契約と解している（保原1998：102［坂本宏志執筆］、保原・山口・西村1998：61［保原喜志夫執筆］）。

　産業医は、事業者との契約に基づき、事業者が労働者に対して負う労働契約上の安全配慮義務の履行補助者としての地位に立つ。産業医が職務を懈怠した場合には、懲戒処分または契約解除の対象となる。加えて、事業者や労働者から損害賠償責任を追及される可能性もある。

　②**労働者との関係**　　産業医と労働者とは直接の債権債務関係にある訳ではない（裁判例に北興化工機事件・札幌地判平成16年3月26日【**Web 資料Ⅲ-㉜　産業医に関する最高裁判決・裁判例**】）。産業医の故意または過失により労働者に損害が生じた場合、当該労働者は、産業医の不法行為責任を追及するか、労働契約に基づき事業者の安全配慮義務違反を追及することができる（産業医の過失を理由に労働者が事業者に対して損害賠償請求を行った事案に三菱電機〈安全配慮義務〉事件・静岡地判平成11年11月25日［労働者敗訴］）。

　産業医の過失として次のものなどが追及され得る。健康診断における疾病の見落とし（定期健康診断でレントゲン写真の読影を行った産業医の注意義務は、一般臨床医の医療水準を前提とするとした最高裁判決に東京海上火災保険・海上ビル診療所事件・最2小判平成15年7月8日）、休職・復職の際の判断の誤り（神奈川 SR 経営労務センター事件・横浜地判平成30年5月10日［労働者勝訴］）、何らかの措置や対応が必要な健康情報の放置（F 社事件・東京地判平成24年8月21日［労働者敗訴］）、個人情報の漏洩、労働者に対する不適切な言動（財団法人大阪市 K 協会事件・大阪地判平成23年10月25日［労働者勝訴］）。

4　健康診断・面接指導

(1)　健康診断（健診）と面接指導

　職域で実施される法定の健診には、労安衛法に基づくもの（「一般健康診断」、「特殊健康診断」、「臨時の健康診断」、「自発的健康診断」）と、労災保険法に基づくもの（「二次健康診断」）とがある。いずれも判定を含めて医師が行い、実施方法は厚生労働省令の定めによる。労安衛法はまた、医師による面接指導について定める。

(2)　実施義務と受診義務

　①実施義務　　労安衛法は、事業者に対して健診や面接指導（以下「法定健診等」）の実施を義務づけている（労安衛66条1項、66条の8第1項）。行政解釈は、事業者は休業中の労働者には定期健康診断を実施しなくても差し支えないが、休業終了後、速やかに実施しなくてはならないとする（平成4年3月13日基発第115号）。また、休業中・休業後の指導勧奨による特殊健康診断（後述(4)②）については、これに準じて実施するよう事業者を指導するものとする（同）。

　これに対して、労災保険法に基づく健診（「二次健康診断」）は保険給付として実施されるものであり、事業者に実施が義務づけられているものではない。

　②受診義務　　労働者には、法定健診等を受ける義務がある（労安衛66条5項、66条の8第2項）。労働者が事業者の指定する医師・歯科医師を希望しないときには、他の医師・歯科医師が行う健診を受け、その結果を証明する書面を事業者に提出することに代えることができる（労安衛66条5項）。この場合、労働者が選択した医師の診断結果に疑問があり、その疑問が合理性を有するときには、使用者の指定医を受診することを指示できるとする（空港グランドサービス・日航事件・東京地判平成3年3月22日）。

　③受診命令違反　　労安衛法には、労働者が法定健診等を受けなかったことに対する罰則規定がない。使用者による受診命令に違反した労働者に対する懲戒処分が認められるかについて、最高裁判決は、(a)法定健診およびX線検査（結核予防7条1項）の受診命令違反を理由とする懲戒処分を有効とする（愛知県

教委事件・最1小判平成13年4月26日【Web資料Ⅲ-㉝　健康診断に関する裁判例】）。また、(b)法定外健診の受診命令違反を理由とする懲戒処分について、就業規則に健康診断等の受診義務と義務違反に対する懲戒処分の規定が設けられているときに、労働者が「健康の早期回復という目的に照らし合理性ないし相当性を肯定し得る内容の指示」に反して受診を拒否した場合には、懲戒処分の対象となるものとする（電電公社帯広局事件・最1小判昭和61年3月13日）。就業規則等に定めがない場合の法定外健診の受診命令について、裁判例は、労使間における信義則ないし公平の観念に照らして合理的かつ相当な理由の措置とする（京セラ事件・東京高判昭和61年11月13日）。

　④受診の勧奨　　健診や面接指導を受けるよう勧奨された労働者がそれらを受けなかった場合で、業務に起因する健康障害を生じたり、いわゆる過労死に至ったりしたときには、損害賠償において過失相殺の対象となる（裁判例に大阪府立中宮病院松心園事件・大阪地判昭和55年2月18日、前出②空港グランドサービス・日航事件）。なお、事業者が再検査・精密検査・二次健康診断の受診を勧奨し、勧奨を受けた労働者が受診を拒否した場合には、事業者は労務の受領を拒否できるものと考えられる。

(3)　費用負担と賃金

　労安衛法は、健康診断や面接指導にかかる費用を労働者と事業者のいずれが負担するかについて規定していない。行政解釈は、労安衛法66条に基づく健康診断について、「法で事業者に健康診断の実施の義務を課している以上、当然、事業者が負担すべきものである」（昭和47年9月18日基発602号）とする。同法66条の8および66条の9に基づく面接指導についても、同様の理由から事業者が負担すべきとする（平成18年2月24日基発0224003号）。

　労安衛法は、健康診断や面接指導の受診に要した時間にかかる賃金について規定していない。行政解釈（昭和47年9月18日基発602号）は、一般健康診断には労働時間性を認めず、事業者に賃金支払義務はないとする。ただし、「その受診に要した時間の賃金を事業者が支払うことが望ましい」とする。面接指導についても、これと同様に解する（平成18年2月24日基発0224003号）。

また、特殊健康診断には「事業の遂行にからんで当然実施されなければならない性格のもの」であるとの観点から労働時間性を認め、賃金支払義務があるものとする（同）。この行政解釈の立場に立つと、事業者には再検査や精密検査にかかる費用を負担すべき義務はなく、再検査や精密検査にかかる時間には労働時間性が認められない（事業者には賃金支払義務はない）ものと解される。

⑷　労安衛法に基づく健康診断

　①**一般健康診断**　一般健康診断とは、常時使用する労働者の一般的な健康状態を調べる健診のことである（労安衛66条1項）。通達は、「常時使用する労働者」とは、次のいずれかの要件を満たし、かつ、1週間の労働時間数が当該事業場において同種の業務に従事する通常の労働者の1週間の所定労働時間数の4分の3以上である者のことと解する（平成5年12月1日基発第663号）。(a)期間の定めのない契約により使用される者、(b)雇用契約期間の定めがある場合には、契約期間が1年以上の者、(c)短期の契約の場合には更新された結果1年以上使用されることになった者。また、1年以上雇用されることが予定されていて、1週間の所定労働時間が通常の労働者の概ね2分の1以上4分の3未満の者についても、健診を実施することが望ましいとする。

　一般健康診断には次の種類がある（労安衛則43条～47条）。雇入時の健康診断、定期健康診断、特定業務従事者の健康診断、海外派遣労働者の健康診断、給食従業員の検便。労安衛法に基づき行われる健診を受けた／受けることができる場合は、高齢者の医療の確保に関する法律に基づき行われる特定健康診査の全部または一部を行ったものとされる（高齢者医療確保21条）。

　雇入時の健康診断について、行政解釈は、入職後の適正配置や健康管理に資するための健診であり、採用選考時に労安衛則を根拠として採用可否決定のための健診を実施することは適切さを欠くとする（平成5年5月10日付け労働省職業安定局業務調整課長補佐及び雇用促進室長補佐から各都道府県職業安定主管課長あて事務連絡「採用選考時の健康診断について」）。

　②**特殊健康診断**　特殊健康診断とは、健康に影響を及ぼすおそれのある有害業務に従事する労働者を受診の対象とし、有害業務に起因する健康障害の状

況を調べる健診のことである（労安衛66条2〜3項、じん肺3条、同8条〜9条の2）。法に基づき実施されるものと、行政指導により実施されるものがある。

　③**臨時の健康診断**　　臨時の健康診断とは、都道府県労働局長が労働者の健康を保持するため必要があると認めるとき、労働衛生指導医（前述**2**(1)①）の意見に基づき、厚生労働省令の定めるところにより事業者に対して実施を指示するものである（労安衛66条4項、労安衛則49条）。都道府県労働局長は、健康診断の実施の指示とともに「その他必要な事項」も指示することができる（労安衛66条4項）。行政解釈は、その他必要な事項の中に、健診の項目の追加も含まれるとする（昭和47年9月18日基発602号）。

　④**自発的健康診断**　　深夜業に従事する常時使用される労働者が、自己の健康に不安を感じ、次回の定期健康診断を待てない場合、自ら受けた健康診断（「自発的健康診断」）の結果を証明する書面を事業者に提出できる（労安衛法66条の2）。労働者はこの書面を、受診日から3か月以内に事業者に提出しなくてはならない。提出を受けた事業者は、事後措置を講じなくてはならない。

(5)　労災保険法に基づく健康診断

　労災保険法に基づく二次健康診断は、いわゆる過労死予防の観点から保険給付として実施されるものである。二次健康診断とあわせ、労災保険から「特定保健指導」（医師や保健師による面接指導）の給付がなされる（労災26条2項）。

　二次健康診断は、労安衛法に基づく定期健康診断などのうち直近のもの（「一次健康診断」）の結果において脳・心臓疾患に関連する4項目（血圧、血中脂質、血糖、腹囲またはBMI）すべてに異常所見があると診断された場合、一次健診の受診日から3か月以内の請求により、1年度内に1回受診できる（労災26条1項、同2項、労保則18条の16）。

(6)　健康診断の検査項目

　①**法定項目**　　健康診断の検査項目は法定されている。健康診断の検査項目の中には、医師の判断によって省略が可能なものがある（労安衛則44条、45条など）。ただし、雇入れ時の健康診断では法定の検査項目を省略することができ

ない。また、事業者には労働契約上の安全配慮義務があることから、必要に応じて労安衛法が定める検査項目以外のものを追加して健診を行うことができる。検査項目を追加する際には、受診する労働者の同意が必要となる。

　②**法定外項目**　　法定の検査項目のみの検査を実施するときには、検査項目について受診する労働者の同意を得る必要はない。これに対して、法定外の項目の検査を行ったり、（人間ドックなど）法定外項目を含む健診結果を用いたりする場合には、受診者の同意が必要となる（受診者への告知や同意なしに行った法定外の項目の血液検査［HIVウイルス検査］について労働者のプライバシーを侵害する違法な行為とする裁判例にＴ工業〈HIV解雇〉事件・千葉地判平成12年6月12日、東京都〈警察学校・警察病院〉事件・東京地判平成15年5月28日【Web資料Ⅲ-㉝】）。

　なお、同様の問題は、採用選考の過程においても存在する。裁判例は、採用候補者の同意なくなされたＢ型肝炎ウイルスの血液検査についてプライバシー権の侵害を認め、事業者に損害賠償を命じた（国民金融公庫事件・東京地判平成15年6月20日【Web資料Ⅲ-㉝】）。

(7)　健康診断後の事後措置

　労安衛法は、事業者に対して健康診断後に次の措置などを行う義務を課している。(a)健診結果の記録（労安衛66条の3）。(b)健診結果（二次健康診断を含む）に異常所見があると診断された労働の健康保持に必要な措置について、医師（歯科医師）の意見を聴き、健康診断個人票を作成し保存する（労安衛66条の3、労安衛則51条）。(c)前出(b)の医師（歯科医師）の意見を勘案し、必要があると認めるときは、当該労働者の実情を考慮して適切な措置を講じる（労安衛66条の5）。(d)受診した労働者への結果の通知（労安衛66条の6）。(e)定期健康診断結果報告書および特殊健康診断結果報告書の労働基準監督署への提出（労安衛則52条）。

　裁判例は、労働者は使用者に対して事後措置の履行を直接請求することはできないと解する（高島屋工作所事件・大阪地判平成2年11月28日【Web資料Ⅲ-㉝】）。

　事業者は、健診の結果、特に健康の保持に努める必要がある労働者に対して、医師または保健師による保健指導を行う努力義務を負う（労安衛66条の

資料Ⅲ-16　面接指導の対象者

労働者 （裁量労働制、管理監督者含む）	①義務	月80時間超の時間外・休日労働を行い、疲労蓄積があり面接指導を申し出た者	安衛法第66条の8 安衛則第52条の2
	②努力義務	事業者が自主的に定めた基準に該当する者	安衛法第66条の9 安衛則第52条の8
研究開発業務従事者	①義務 （罰則付き）	月100時間超の時間外・休日労働を行った者	安衛法第66条の8の2 安衛則第52条の7の2
	②義務	月80時間超の時間外・休日労働を行い、疲労蓄積があり面接指導を申し出た者	安衛法第66条の8 安衛則第52条の2
	③努力義務	事業者が自主的に定めた基準に該当する者	安衛法第66条の9 安衛則第52条の8
高度プロフェッショナル制度適用者	①義務 （罰則付き）	1週間当たりの健康管理時間が40時間を超えた時間について、月100時間超行った者	安衛法第66条の8の4 安衛則第52条の7の4
	②努力義務	①の対象者以外で面接を申し出た者	安衛法第66条の9 安衛則第52条の8

出所：労災疾病臨床研究事業費補助金「長時間労働者への医師による面接指導を効果的に実施するためのマニュアル作成」研究班（刊行年不明）『医師による長時間労働面接実施マニュアル』。

7）。なお、再検査・精密検査の指示や労災保険法に基づく二次健康診断の指示は法定されていない。指針は、労働者にこれらの受診を勧奨するとともに、意見を聴く医師などに当該検査の結果を提出するよう働きかけることが適当であるとする（平成8年10月1日、最終改正平成29年4月14日「健康診断結果に基づき事業者が講ずべき措置に関する指針」公示第9号」）。

(8)　長時間労働者を対象とする医師による面接指導

　①面接指導　　いわゆる過労死・過労自殺予防の観点から、すべての事業場における長時間労働者を対象に、医師による面接指導が実施されている（労安衛66条の8、66条の9）。面接指導とは、問診その他の方法により心身の状況を把握し、これに応じて面接により必要な指導を行うことをいう（労安衛66条の8第1項）。面接指導を行った医師は、労働者の勤務の状況、疲労の蓄積の状

況、メンタルヘルス面を含む心身の状況などを確認し、労働者本人に必要な指導を行う（【Web 資料Ⅲ-㉞　長時間労働者を対象とする医師による面接指導】）。

②対象者　【資料Ⅲ-16】は、面接指導の対象者である。事業者は、労働者から面接指導の申出があったときは、遅滞なく面接指導を行わなければならない（労安衛則52条の３第３項）。産業医には、対象者に申出を行うよう勧奨する権限がある（同条４項）。

③医師の資格要件　健康診断とは異なり、歯科医師は面接指導を行わない。通達は、面接指導を実施する医師としては、産業医、産業医の要件を備えた医師など労働者の健康管理を行うのに必要な医学に関する知識を有する医師が望ましいとする（平成18年２月24日基発0224003号）。

④事後措置　事業者には、面接指導の結果を記録し５年間保存する義務がある（労安衛則52条の６第１項）。事業者は、面接した医師による事後措置等に係る意見を聴き、それを勘案し必要と認めるときは、労働者の実情を考慮して適切な措置を行わなくてはならない（労安衛66条の８第４、５項）。

(9)　心理的な負担の程度を把握するための検査（「ストレスチェック」）

事業者には、医師・保健師・その他厚生労働省令で定める者による、心理的な負担の程度を把握するための検査を１年以内ごとに１回実施することが義務づけられている（労安衛66条の10。【Web 資料Ⅲ-㉟　心理的な負担の程度を把握するための検査】）。労働者には検査の受検義務は課されていない。

検査を行った医師等は、検査結果を遅滞なく本人に通知する（労安衛66条の10第２項）。ストレスの程度が高く、医師等が面接指導を必要と認め、本人が面接指導を希望する旨を申し出た場合、医師による面接指導を行う（労安衛66条の10第３項）。この申出を理由とする不利益取扱いは禁止されている（同）。

事業者は、検査の結果に基づき、労働者の健康を保持するために必要な措置について医師の意見を聴かなくてはならない（労安衛66条の10第５項）。医師の意見を勘案し、必要と認めるときは適切な措置（就業場所の変更、作業の転換、労働時間の短縮、深夜業の減少など）を講じなくてはならない（労安衛66条の10第６項）。

　事業者は、検査を行った医師等に検査の結果について集団分析させ、必要があると認めるときは当該集団の心理的な負担を軽減するための適切な措置を講ずるよう努めなければならない（労安衛則52条の14）。

⑽　健康情報の取扱い

　産業保健スタッフは、業務上知り得た労働者の健康情報を、正当な理由なく第三者に提供してはならない。「労働者の心身の状態に関する情報の適正な取扱いのために事業者が講ずべき措置に関する指針」（平成30年9月7日労働者の心身の状態に関する情報の適正な取扱い指針公示第1号）は、「事業場における取扱規程を定め、労使で共有することが必要である」とする。

　労安衛法は、健康診断の業務に従事した者と、疫学的調査の事務に従事した者に秘密保持義務を課す（労安衛104条、同108条の2、じん肺35条の3）。加えて、医師・歯科医師・保健師・看護師は、資格に基づく秘密保持義務を負う（刑134条1項、保健師助産師看護師法42条の2、感染症の予防及び感染症の患者に対する医療に関する法律73条1項）。

　産業保健スタッフはまた、個人情報保護法による規制にも服する。個人情報保護法は、前述の秘密保持義務規定が個人に対して適用されるのとは異なり、個人情報取扱事業者に対して適用される。そのため、同一の事業者内における労働者の健康情報の共有は、個人情報保護法上は適法であっても、刑法や保助看法上は違法となることがあり得る。

　ただし、法定健診等で得られた情報の事業者への提供は、受診者の同意がなくても例外的に秘密保持義務違反とはならない。事業者には労働者の健康に配慮すべき義務があるため、産業保健スタッフがその情報を事業者に提供することは「正当な理由」に該当するからである。この場合であっても、産業保健スタッフには、利用目的の達成に必要な範囲に限定されるよう、（検査値などの生データや診断名を外すなど）必要に応じて健康情報を適切に加工した上で、事業者に提供するなどの措置を講ずることが望まれる。

　これに対して、それ以外の健康情報を提供することは、本人の同意がない限り原則として違法となる。しかし、それが就業上の措置の実施などに関する重

要性や緊急性が高い情報である場合には、産業保健スタッフが本人の同意なく事業者や家族などに健康情報を提供しても違法とはならない（労安衛104条1項、108条の2第4項、じん肺35の3条第1項、個人情報保護23条1項）。ただし、必要最小限の情報と提供先に限定して慎重に取扱わなくてはならない。

第Ⅳ章　差別禁止法

1　ひとつの体系としての差別禁止法

現在、差別を定義し、包括的に禁止する労働立法はなされていない。事由や場面を設定して、個別的な法律や法規定が差別を禁止しているのが現状であるが、本書ではひとつのまとまりのある立法群ととらえ、差別禁止法と位置づける。

個別的な法律や法規定が、どのような事由により、どのような場面で、どのように（両面的か片面的か、直接的か間接的か）差別を禁止し、どのように法的実効性を確保しているのかに注目する。

2　国籍、信条又は社会的身分による差別的取扱い禁止

1947年に制定・施行された労働基準法3条「均等待遇」は、憲法14条1項を受けて、私人間の関係としての労働関係に適用したものである。労働者の「国籍、信条又は社会的身分」を「理由として」、「労働条件」についての「差別的取扱」を禁止する。違反に対しては刑事罰がある（労基119条）。民事的には、法律行為であれば無効となり、事実行為であれば不法行為として損害賠償請求が可能である。法律行為の場合に、本条を強行規定と解し、労基法3条が直接適用され無効となるとする説と公序良俗違反により無効となるとする説がある。多くの裁判例は、公序良俗違反と解している（荒木ほか編著2023：127）。

「人種」は、「国籍」に入るとする説（菅野2019：245）と、「社会的身分」に入るとする説がある（厚生労働省2022①：79、荒木2022：100、水町2023②：196）。日立製作所事件（横浜地判昭和49年6月19日）は、採用申込みの際に提出した履

歴書等の本籍や氏名等をいつわったとして、在日韓国人である労働者の採用内定が取消されたが、留保解約権行使の決定的理由は、原告の国籍にあったものと推認し、労基法3条に抵触し、公序に反し民法90条により効力を生じないとして、労働契約上の権利を有すること等を認めた。最近、技能実習生などの外国人労働者の労働条件に関して、労基法3条違反が争われている。

　「信条」には、特定の宗教的信念のみならず政治的信念も含まれる（昭和22年9月13日発基17号）。裁判所も政治的意見も含むと解している（日中旅行者事件大阪地判昭和44年12月26日）。

　「社会的身分」を、行政解釈は「生来の身分」と解しているが（昭和22年9月13日発基17号）、学説は、受刑者や破産者などの「後天的な社会的分類」も含まれるとする（荒木2022：100）。丸子警報器事件（長野地裁上田支部判平成8年3月15日）は、「生来的なものにせよ、後天的なものにせよ、自己の意思によって逃れることができない社会的分類」と解している。したがって、行政解釈も判例も通説も、合意によって成立する雇用形態のような労働契約上の地位は、「社会的身分」に含まれないと解する（京都市女性協会事件・大阪高判平成21年7月16日など）。現在は、短時間有期法及び派遣法において、雇用形態による差別的取扱い禁止及び不合理な待遇の禁止が規定されている（後述の**7**参照）。

　労基法3条に列挙する差別事由には、憲法14条1項後段にある「性別」がない。労基法制定当時労働時間などの労働条件に関する女性保護規定があり、性別による異なる取扱いをしていたからと説明されている。

　「理由として」とは、労働法の国籍、信条又は社会的身分が差別的取扱いの決定的原因になっていると判断される場合をいう（厚生労働省2022①：79-80）。

　「労働条件」には、解雇、災害補償、安全衛生、寄宿舎等に関する条件も含まれる（昭和23年6月16日基収1365号、昭和63年3月14日基発150号）。雇入れも含まれるかどうかが問題となるが、判例は、労基法3条は雇入れ後の労働条件についての制限と解している（三菱樹脂事件・最大判昭和48年12月12日）。学説には、雇入れも含まれると解する少数説もあるが、通説は含まれないと解している。

　「差別的取扱」は、不利に取扱うことのみならず、有利に取扱うことも含む。すなわち、「差別的取扱」とは、「異なる取扱い」を意味する。

3　男女同一賃金の原則、性別による雇用差別禁止、 女性に対するポジティブ・アクション推進の奨励

　差別禁止法のなかで、性別による差別禁止規定及び立法が最も充実した内容を持っている。それは、封建的遺制及び日本的雇用慣行において、女性であるがゆえの差別が深刻であったからであり、また労働運動をはじめとする女性たちの運動があったからである。

(1)　男女同一賃金の原則

　労基法4条の立法趣旨は、日本の従来の国民経済の封建的な構造のために、男性労働者と比較して一般に低位であった女性労働者の社会的、経済的地位の向上を賃金に関する差別待遇の廃止という面から実現しようとすることにある（昭和22年9月13日発基17号、平成9年9月25日基発648号）。労基法4条の違反に対して刑事罰があり（119条）、差別禁止法のなかで最も強い法規定である。民事的には、労基法4条違反の賃金差別は不法行為として、それによって生じた損害賠償を請求することができる。問題は、男女賃金差別がなければ得られた賃金額と実際に得た賃金額との差額を、差額賃金請求権として請求できるか否かである。男女別に本人給の賃金表を適用していた秋田相互銀行事件（秋田地判昭和50年4月10日）は、労基法13条の趣旨は、労基法4条違反のような重大な違反がある労働契約については、無効となった空白の部分を補充するものとして採用できると解した。しかし、賃金額の決定に査定が介在するなど適用されるべき具体的基準が明らかでない場合は、差額賃金請求権は否定され、不法行為として損害賠償請求を行うことになる（水町2022：201-202）。

　「女性であることを理由とする」とは、女性であることのみを理由として、あるいは社会通念として又は当該事業場で女性労働者が一般的・平均的に能率が悪いこと、勤続年数が短いことなどを理由とすることも含む（昭和22年9月13日発基17号、平成9年9月25日基発648号）。労基法4条は、賃金における女性差別のみを禁止し、「男性であることを理由とする」賃金差別は禁止していない。

　「賃金」とは、労基法11条にいう賃金である。賃金額、賃金体系、賃金形態

等についての差別的取扱いをすることを含む（厚生労働省2022①：87）。岩手銀行事件（仙台高判平成 4 年 1 月10日）は、家族手当の支給対象を「扶養家族を有する世帯主たる行員」とし、世帯主たる行員とは、その配偶者が所得税法上の扶養控除対象限度額を超える所得を有する場合は、「夫たる行員」と定めた規定を労基法 4 条違反で無効とした。

　「差別的取扱い」とは、労基法 3 条と同様に、不利に取扱う場合のみならず、有利に取扱う場合も含む。職務、能率、技能、年齢、勤続年数等によって賃金に個人的差異があることは、労基法 4 条の差別的取扱いに該当しない（昭和22年 9 月13日発基17号、昭和25年11月22日婦発311号、昭和63年 3 月14日基発150号、平成 9 年 9 月25日基発648号）。通説は、行政解釈と同様に、「差別的取扱い」を有利に取扱う場合も含むと解しているが、少数説は、歴史的経緯等から有利に取扱う場合を含まないと解している（神尾2000：194）。

　労基法 4 条は、日本政府が批准した ILO 100号条約の同一（価値）労働同一賃金原則を規定していると解することができるのだろうか。厚生労働省及び少数説は、同原則を規定していると解しているが、労基法 4 条の文言等からは規定していないと解するのが通説である。しかし、賃金差別であると主張する女性が、比較対象となる男性と「質および量において同等と評価しうる業務」（日ソ図書事件東京地判平成 4 年 8 月27日）や「同価値と評価される職務」（内山工業事件岡山地判平成13年 5 月23日）に就いている場合や男女の「各職務の価値に格別の差はない」（京ガス事件・京都地判平成13年 9 月20日）場合、男女間の賃金格差が「女性であることを理由とする」ことを推認させる重要な事実となる。

　性中立的だが女性に不利な賃金制度は、労基法 4 条違反となるのだろうか。家族手当の支給対象を「夫婦のうち収入額の多い世帯主」とする日産自動車事件（東京地判平成元年 1 月26日）は、性別にかかわりなく収入の多い世帯主を支給対象としていることから女性差別とはいえないとしている。三陽物産事件（東京地判平成 6 年 6 月16日）は、間接差別を認めた判決であると解する見解がある。

　それでは職能資格制度はどうだろうか。資格の付与が賃金額に連動するが、職位の付与とは分離していた芝信用金庫事件（東京高判平成12年12月22日）では、

資格における差別は賃金の差別と同様に観念できるとして、昇格試験における性差別を推認し、昇格したものとして差額賃金請求権を認めた。昭和シェル石油（男女賃金差別）事件（東京高判平成19年6月28日、最1判平成21年1月22日）は、合併前の男女間の差別的な職能資格等級の格付けが合併後も継続していた、職能資格制度における著しい男女賃金格差を、合理的理由がないとして女性であることを理由とした賃金差別であるとした。また、コース別人事制度もそれ自体は性中立的であるが、東和工業事件（名古屋高金沢支部判平成28年4月27日）は、総合職と一般職で異なる賃金表が適用されているケースで、男性従業員は全員総合職、女性従業員は一般職であったことから、当該区別は男女の区別であることが強く推認され、その推認を覆すだけの事情は認められないとして、労基法4条違反を認めた。

⑵　性別による差別的取扱いを禁止する均等法

　均等法は、行政取締立法として、違反に対しては、助言・指導・勧告という是正指導が行われ、厚生労働大臣による勧告に従わなかった場合には企業名公表がなされる（【Web資料Ⅳ-①　企業名公表の事例】）。民事的に、均等法9条4項は妊産婦（妊娠中及び産後1年以内の女性）の解雇を原則無効と規定し、また、広島中央保健生活協同組合事件（最1判平成26年10月23日）は、妊娠等を理由とする不利益取扱いを禁止する9条3項を強行規定と解している。それ以外の規定について、判例は、公序良俗に反すると解するのに対し、学説は強行規定と解し、違反行為は法律行為であれば無効（不法行為として損害賠償請求もできる）、事実行為であれば不法行為として損害賠償請求が可能である（菅野2019：274、西谷2022：135、水町2023：351、川口2023：215-217など）。しかし、均等法の規定からただちに差別是正を求める請求権が発生すると解することはむずかしいと解され、労働協約、就業規則、労働契約に明確に制度化された定めがある場合には、請求権が認められる場合がある（菅野2019：274-275、川口2023：217）。均等法に関する判例は【Web資料Ⅳ-②　均等法に関する判例】参照。

　行政取締立法としての均等法の内容を理解するためには、法律である均等法、厚生労働省令である均等法施行規則、具体的な均等法違反を例示する指針

である告示、行政取締の全国的統一をはかるための上位の行政機関が下位の行政機関に示す行政解釈の4点を理解する必要がある（【Web資料Ⅳ-③　均等法の構造】）。均等法およびそれに伴う労基法の女性保護規定の立法的な経緯については、【Web資料Ⅳ-④　均等法および労基法の立法論的経緯】参照。

　現行均等法は、以下のような内容と特色を有している。

　「性別を理由として」とは、「例えば、労働者が男性であること又は女性であることのみを理由として、あるいは社会通念として又はその事業場で、男性労働者と女性労働者の間に一般的又は平均的に、能力、勤続年数、主たる生計維持者である者の割合等に格差があることを理由とすること」である。

　「差別的取扱い」は、「合理的な理由なく、社会通念上許容される限度を超えて、一方に他方と異なる取扱いをすること」と解している。

　均等法が性差別を禁止する雇用の場面は、募集・採用（5条）、配置（業務の配分及び権限の付与を含む。）、昇進（昇格も含む。）、降格、教育訓練、住宅資金の貸付その他厚生労働省令で定める福利厚生、職種の変更、雇用形態の変更、退職の勧奨、定年、解雇、労働契約の更新（6条）である。賃金については、労基法4条が定めているので、均等法は規定していない。

　均等法は、同じ雇用管理区分における性差別を禁止する（性差別指針第二の1）。したがって、総合職男性と一般職女性の間や正社員男性とパート女性の間の待遇の差異は、均等法の問題とはされない。

　性差別禁止の例外として、性別により異なる措置を講ずることが認められているのは、募集・採用、配置、昇進、教育訓練、職種の変更、雇用形態の変更に関するポジティブ・アクション（8条、性差別指針第二の14(1)）及び募集・採用、配置、昇進について、(i)職務上性別を必要とする場合、(ii)労基法又は保健師助産師看護師法の規定から性別にかかわりのない機会の付与または均等な取扱いが困難な場合、(iii)その他特別の事情がある場合である（性差別指針第二の14(2)）（【Web資料Ⅳ-⑤　均等法の適用除外に関する性差別指針】）。なお、前者のポジティブ・アクションは、通達によると雇用管理区分（募集・採用は「雇用管理区分」及び「役職区分」）において、全労働者に占める女性労働者の割合を考慮して、女性労働者が4割を下回っているときにできるとされている。また、

後者の例外は、上記差別的取扱いの定義にある「合理的理由」にあたると通達は解している。

　均等法7条は間接差別も禁止している。間接差別とは、(i)性別以外の事由を要件とする措置であって、(ii)他の性の構成員と比較して、一方の性の構成員に相当程度の不利益を与えるものを、(iii)合理的理由がないときに講ずることである。均等法の禁止する間接差別は、施行規則によって3類型に限定されているが（**【Web資料Ⅳ-⑥　施行規則の定める間接差別】**）、裁判所は行政解釈には拘束されないので、3類型に該当しない、性中立的な措置を間接差別と判断する可能性がある。

　均等法は、セクシュアルハラスメントを性差別とは解していないが、事業主に対してセクシュアルハラスメントに関する雇用管理上の措置義務を課している（11条1項）。具体的には、(i)事業主の方針の明確化及びその周知・啓発、(ii)相談に応じ、適切に対応するために必要な体制の整備、(iii)職場におけるセクシュアルハラスメントに係る事後の迅速かつ適切な対応、(iv)その他の措置である（セクハラ指針）。事業主は、労働者がセクハラの相談を行ったこと等を理由とする不利益取扱いを禁止されている（11条2項）。

⑶　ポジティブ・アクションの推進を奨励する女性活躍推進法

　均等法8条は、女性労働者に対して事業主がポジティブ・アクションを行うことを「妨げない」と規定し、事業主がポジティブ・アクションを実施することを義務づけていない。女性活躍推進法は、成長戦略の下で2015年に10年の時限立法として制定され（全面施行2016年4月1日）、2019年（2022年4月1日全面施行）、2022年（2022年7月8日施行）に改正されている。常時雇用する労働者数101人以上の民間企業等である一般事業主の公法上の義務として、(i)自社の女性の活躍に関する状況把握、課題分析（8条3項）、(ii)上記を踏まえた行動計画の策定：(a)計画期間、(b)数値目標、(c)取組内容、(d)取組の実施時期（8条1項・2項）、社内周知（8条4項）、公表（8条5項）、(iii)都道府県労働局への行動計画を策定した旨の届出（8条1項）、(iv)女性の活躍に関する状況の情報の公表（20条）が定められ、ポジティブ・アクションをPDCAサイクルで取組む

ことを奨励している。ただし、均等法は事業主に対して、ポジティブ・アクションを義務づけていないので、女性活躍推進法は計画の策定のみを義務づけているにすぎない。2022年の改正で、301人以上の一般事業主に対して、男女の賃金の差異の状況把握と情報公表が義務づけられたことが注目される。

4　妊娠等を理由とする不利益取扱い禁止

(1)　妊娠等を理由とする不利益取扱い禁止

　均等法は、性差別を、比較対象となる男性と女性がいることを前提としている。したがって、女性のみに生ずる妊娠や出産についての取扱いは、比較対象となる妊娠・出産する男性が存在しないので、性差別の問題とはとらえず、不利益取扱いの問題としてとらえている（昭61・3・20婦発68号、職発112号、能発54号）。均等法9条は、(ⅰ)女性労働者が、婚姻・妊娠・出産したことを退職理由と予定する定めの禁止、(ⅱ)女性労働者が婚姻したことを理由とする解雇の禁止、(ⅲ)妊娠、出産、産前産後休業を請求し、休業したこと等を理由とする不利益取扱い禁止、(ⅳ)妊産婦の解雇原則無効を定めている。

　(ⅲ)に関して、理学療法士の女性が、労基法65条3項により妊娠を理由に軽易業務への転換を希望したところ、副主任を免除した異動を発令され、さらに育児休業後職場復帰する際にも、副主任を免除した異動を発令された広島中央保健生活協同組合事件（最1判平成26年10月23日）がある。同判決は、9条3項を強行規定と解し、一般的に、女性労働者につき妊娠中の軽易業務への転換を契機として降格させる事業主の措置は、原則として9条3項の禁止する不利益取扱いに当たり、例外的に、(ⅰ)当該労働者について自由な意思に基づいて降格を承諾したものと認められるに足りる合理的理由が客観的に存在するとき、(ⅱ)当該労働者について降格の措置を執ることなく軽易の業務への転換が業務上の必要性から支障がある場合であって、上記措置について9条3項の趣旨及び目的に実質的に反しないと認められる特段の事情が存在するときは、9条3項の禁止する取扱いにあたらないとした。差し戻された広島高判平成27年11月17日は、いずれの例外にもあたらず、債務不履行及び不法行為としての損害賠

償を認めた。厚生労働省は、最高裁判決を受けて、判決の趣旨を通達に盛り込んだ（行政解釈については、【Web 資料Ⅳ-⑦　妊娠等を理由とする不利益取扱いに関する行政解釈】）。

(2)　育児休業等を理由とする不利益取扱い禁止

　育児介護休業法に定める育児休業、介護休業、看護休暇、介護休暇、所定外労働の制限、時間外労働の制限、深夜業の制限、所定労働時間の短縮措置等を理由とする不利益取扱いが禁止されている（10条、16条、16条の４、16条の７、16条の10、18条の２、20条の２、23条の２）。不利益取扱いに関する行政解釈は、(1)と同じである。

5　募集・採用における年齢差別禁止

　労働施策総合推進法（旧雇用対策法）９条は、募集・採用において年齢にかかわりなく均等な機会を与えることを事業主に義務づけている。ただし、定年を定めている場合に当該定年を下回ることを条件として労働者の募集・採用を行うとき（期間の定めのない労働契約の締結に限る）など例外的に年齢によって差別することを認めている（労働施策推進則１の３条に定められている）。９条違反に対しては都道府県労働局長による助言、指導、勧告がなされ、勧告に従わなかった場合は企業名公表がなされるが（33条、37条）、罰則はなく、私法上の効力もないと解される。

　労働施策総合推進法では、募集・採用のみの年齢差別が禁止され、定年は法的に認められている。定年後に有期労働契約で再雇用された労働者が、無期労働契約の労働者との間に不合理な労働条件の相違が存在し、労契法旧20条違反であるとして争った長澤運輸事件最２判平成30年６月１日は、定年後再雇用されて非正規雇用になった労働者であることは、労契法旧20条にいう「その他の事情」として考慮されることとなる事情にあたると解し、正社員に支給される能率給及び職務給が支給されず歩合給を支給するという労働条件の相違は不合理であると評価することはできないとした（後述**7**参照）。

6　障害者差別禁止

　事業主は、労働者の募集・採用について、障害者に対し、障害者でない者と均等な機会を与えなければならない（障害雇用34条）。また、賃金の決定、教育訓練の実施、福利厚生施設の利用その他の待遇について、労働者が障害者であることを理由として、障害者でない者と不当な差別的取扱いをすることも禁止されている（35条）。促進法における「差別的取扱い」の禁止は、形式上は両面的な異別取扱いを禁止しているようにみえるが、実際には「障害者」の差別禁止規定であるので、障害者と比較して差別された非障害者は、少なくとも促進法の差別禁止規定によって保護されないので、実質的には「差別的取扱い」の禁止規定は、片面的な不利益取扱い禁止規定である（永野ほか編2018：203）。障害者差別禁止は、直接差別のみを禁止している。

　促進法は、事業主に、募集・採用時及び採用後に合理的配慮を義務づけている。ただし、事業主に対して過重な負担となる場合はその限りではないとし（36条の２、36条の３）、合理的配慮を提供しないことを差別とは定めていない。

　促進法の差別禁止規定及び合理的配慮規定は、公法上の義務を事業主に課すものであり、私法上の効果を生じないものと解されている。公序良俗（民90条）、不法行為（民709条）、権利濫用（民１条３項）等を介して、間接的に効果が生じるものと考えられている（長谷川2018：273-274）。

　さらに、促進法は、事業主に対して障害者の雇用義務を課している。民間の事業主（一般事業主）の障害者雇用率は、2023年度から2.7％となっている。ただし、雇入れに係る計画的な対応が可能となるよう、2023年度においては2.3％で据え置き、2024年度から2.5％、2025年度から2.7％と段階的に引き上げられる（43条-45条の２）。法定の障害者雇用率を達成できない常用労働者101人以上の一般事業主から、高齢・障害・求職者支援機構は、障害者雇用納付金を毎年度徴収する（障害雇用53条）。

７　雇用形態を理由とする不合理な待遇の禁止及び差別的取扱い禁止等

(1) 短時間・有期雇用労働者について

　短時有期法の８条の「不合理な待遇の禁止」はすべての短時間・有期雇用労働者に適用され、同法９条の「差別的取扱い禁止」は「通常の労働者と同視すべき短時間・有期雇用労働者」にのみ適用され、同法10条から12条の「賃金、教育訓練、福利厚生施設」に関する法的義務及び努力義務規定は「通常の労働者と同視すべき短時間・有期雇用労働者」以外の短時間・有期雇用労働者に適用される（川口2023：655-656）。

　①不合理な待遇の禁止　短時間・有期雇用労働者の待遇と通常の労働者の待遇のとの間で、業務の内容及び当該業務に伴う責任の程度、当該職務内容及び配置の変更の範囲その他の事情のうち、当該待遇の性質及び当該待遇を行う目的に照らして適切と認められるものを考慮して、不合理な相違を設けることが禁止されている（８条、「均衡待遇」）。すべての待遇が対象である。短時有期法８条の前身である労働契約法旧20条の下での最高裁判決については**【Web資料Ⅳ-⑧　労働契約法旧20条に関する最高裁判決】**参照。

　②「通常の労働者と同視すべき短時間・有期雇用労働者」に対する差別的取扱いの禁止　「通常の労働者と同視すべき短時間・有期雇用労働者」に対する、短時間・有期雇用労働者であることを理由とする差別的取扱いは禁止されている（９条、「均等待遇」）。「通常の労働者と同視すべき短時間・有期雇用労働者」とは、通常の労働者と職務の内容が同一で、当該事業主との雇用関係が終了するまでの全期間において、その職務の内容及び配置が通常の労働者と同一の範囲で変更されることが見込まれるものをいう。基本給、賞与その他のすべての待遇についての差別的取扱いが禁止されている（９条）。９条は、非正規雇用を理由とする有利な取扱いも不利な取扱いも禁止する両面的規定ではなく、非正規雇用を理由とする不利な取扱いを禁止するものであるとする見解がある（荒木2023：587注150）。

　８条及び９条は、強行的規定と解され、法律行為であれば無効となり、同条違反は不法行為として損害賠償請求ができる。

　③**均衡待遇の努力義務等**　　「通常の労働者と同視すべき短時間・有期雇用労働者」以外の短時間・有期雇用労働者については、(ⅰ)通常の労働者との均衡を考慮した賃金を決定する努力義務（10条）、(ⅱ)一定の場合に職務内容同一短時間・有期雇用労働者に対する教育訓練の実施義務及び通常の労働者との均衡を考慮した教育訓練実施の努力義務（11条）、(ⅲ)厚生労働省令で定める福利厚生施設（給食施設、休憩室、更衣室）の利用機会の付与義務（12条）が定められている。

⑵　**派遣労働者**について

　派遣元は、その雇用する派遣労働者の賃金その他の待遇について、派遣先に雇用される通常の労働者（無期雇用フルタイム労働者）の待遇との間における不合理な相違を設けることが禁止されている（均衡待遇、30条の３第１項）。また、派遣先における派遣就業が終了する全期間について、派遣先に雇用される通常の労働者と職務の内容や職務の内容・配置の変更が同じ派遣労働者は、正当な理由なく基本給その他の待遇において、派遣先の通常の労働者の待遇に比して不利なものとしてはならない（均等待遇、30条の３第２項）。これらの規定は、派遣労働者と派遣先労働者の待遇の相違について、短時間・有期雇用労働者と同じように派遣先労働者との均衡待遇及び均等待遇を定めるものである。

　賃金についての均等・均衡待遇は、派遣労働者については困難に直面する。それは、派遣先が変わるごとに賃金水準が変わり、派遣労働者の所得が不安定になることが想定されるからである。また、一般に賃金水準は大企業であるほど高く、小規模企業であるほど低い傾向にあるが、派遣労働者が担う職務の難易度は、同種の業務であっても大企業ほど高度で小規模企業ほど容易であるとは必ずしもいえない。そのため、派遣労働者個人の段階的・体系的キャリアアップ支援と不整合な事態を招くことがありうる。

　そこで、派遣労働者の待遇について、２つの方式のうちいずれかを確保することが派遣元に義務づけられた。

　ひとつは、「派遣先均等・均衡方式」である（【Web 資料Ⅳ-⑨　派遣先均等・均衡方式と労使協定方式】）。均等待遇の内容は、職務内容（業務の内容＋責任の程度）

および職務内容・配置の変更範囲が派遣労働者と派遣先の比較対象労働者と同じ場合には差別的取扱いが禁止される。均衡待遇の内容は、職務内容、職務内容・配置の変更範囲、その他の事情の相違を考慮した不合理な待遇差を禁止する。

　もうひとつは、「労使協定方式」である（【Web 資料Ⅳ-⑨】）。過半数労働組合または過半数代表者（過半数労働組合がない場合）と派遣元との間で一定の事項を定めた労使協定を書面で締結し、労使協定で定めた事項を遵守しているときは、この労使協定に基づき待遇が決定される。ただし、派遣先による派遣労働者に対する教育訓練（40条2項）および派遣先による派遣労働者への福利厚生施設の利用機会付与（40条3項）については、労使協定の対象とならず、派遣元は、派遣先の通常の労働者と均等・均衡を確保する必要がある。労使協定では、協定の対象となる派遣労働者の範囲、賃金決定方式（同種業務の一般労働者の平均的な賃金額以上。職務の内容等が向上した場合に改善）、職務の内容などを公正に評価して賃金を決定すること、賃金以外の待遇決定方法、段階的・体系的な教育訓練を実施すること、有効期間などを定めなければならない（30条の4第1項）。

　待遇決定方式が「派遣先均等・均衡方式」「労使協定方式」のいずれの場合も、派遣先は、労働者派遣契約を締結するにあたり、あらかじめ、派遣元に対して、書面の交付等により、派遣労働者が従事する業務ごとに、比較対象労働者の待遇等に関する情報を提供しなければならない（26条7項、10項）。労使協定方式の場合は、比較対象労働者の選定は不要である。派遣元は、派遣先から情報提供がないときは、派遣先との間で労働者派遣契約を締結してはならない（26条9項）。

8　組合員であること等を理由とする不利益取扱い禁止

　労働組合法7条1号は、使用者が、(i)労働者が労働組合員であること、(ii)労働組合に加入し、もしくは結成しようとしたこと、(iii)労働組合の正当な行為をしたことの故をもってその労働者を解雇しその他不利益取扱いをすること

を不当労働行為として禁止している。労組法7条1号は、不利益取扱いのみを禁止する片面的規定である。不利益取扱いについては、**第Ⅴ章4の5**(2)参照。労組法7条1号は強行規定であることが判例上確立し、多数説もそのように解している（菅野2019：1049）。

第 V 章　集団的労使関係法

1　労働基本権と労働組合

1　労働基本権

(1)　労働基本権の保障

　労働組合や組合活動の憲法上の根拠となるのが憲法28条である。憲法28条は、立法措置の規範的根拠となる。また、同条は裁判規範となり、同条に違反する法令は無効となる。労働組合法や労働関係調整法は、同条が保障する労働三権（団結権・団体交渉権・団体行動権）を具体化するための立法である。

　憲法28条が保障する権利は、これらの立法措置を通じてのみ実現されるわけではない。同条の特徴は、他の多くの人権規定とは異なり、主として私人間に適用される点にある。すなわち、多くの学説は、同条が保障する権利は、国家と勤労者との関係にとどまらず、使用者と勤労者との関係にも直接適用されると解する。また、憲法28条は私人間に直接適用されないと解する場合であっても、民法90条（「公の秩序」）を媒介として、労働基本権を侵害する使用者の行為は民事上、無効となるものと解することができる。また、不法行為として損害賠償の対象ともなり得る。

　なお、労働三権の関係については、団結権を中心に理解する立場と、団体交渉権を中心に理解する立場とがある。後述の、争議行為の目的の正当性に関する見解の相違は、この立場の違いを反映している（Ⅴ-2の**2**(3)②）。

資料Ⅴ‐1　公務員の労働基本権の制限

労働三権の保障について

労働者の区分		適用法律	団結権	団体交渉権	協約締結権	争議権
一般民間企業の労働者		労働組合法 労働関係調整法	○	○	○	○
一般職の国家公務員	非現業職員	国家公務員法	○	△(※)	×	×
	警察職員、海上保安庁職員、刑事施設職員	国家公務員法	×	×	×	×
	行政執行法人職員	行政執行法人の労働関係に関する法律	○	○	×	×
一般職の地方公務員	非現業職員	地方公務員法	○	△(※)	×	×
	消防職員・警察職員	地方公務員法	×	×	×	×
	特定地方独立行政法人職員、地方公営企業職員、単純労務職員	地方公営企業等の労働関係に関する法律	○	○	○	×

（※）　表中の「△」は、団体交渉を行うことはできるが、労働協約は締結できないことを意味する。
出所：厚生労働省資料「労働三権の保障について」https://www.mhlw.go.jp/content/000843082.pdf
　（最終閲覧2023年11月15日）

(2)　労働基本権の制限：公務員

　①**概要**　　【資料Ⅴ‐1】は、国家公務員および地方公務員の労働基本権の制限についての説明である。公務員も憲法が保障する労働基本権の対象となる勤労者である。しかし、以下に示すように、法律により公務員の労働基本権に対して一定の制限が加えられている。ILO は、わが国における公務員の労働基本権の制限が ILO 89号、97号条約に違反していることを指摘し、その是正を勧告している。

　②**職員団体の結成**　　職員がその勤務条件の維持改善を図ることを目的として組織する団体を「職員団体」と称する。一般職の非現業職員は、職員団体を結成することができる（国公108条の2、地公52条）。

　ただし、警察職員や消防職員等は職員団体の結成が禁止されている（国公108条の2第5項、地公52条5項）。この点については、「これら職員が『全体の奉仕

者』であるとしても、また『公共の福祉』を理由としても、職員団体の結成を禁止しなければならない理由はないからである」（野村・峯村1961：33［峯村光郎執筆］）として、職員団体の結成およびこれに加入することの禁止を解くべきとの見解がある。

③団体交渉と労働協約　　職員団体のうち、一定の要件を満たし、国家公務員の場合には人事院に、地方公務員の場合には人事委員会または公平委員会に登録されたものを「登録職員団体」という。

登録職員団体は、勤務条件（給与制度、勤務時間、休日、休暇制度、職場環境など）、およびこれに附帯して、社交的または厚生的活動を含む適法な活動にかかる事項に関し、当局と団体交渉を行うことができる。ただし、事務の管理および運営に関する事項を交渉の対象とすることはできない（国公108条の5第3項、地公55条3項）。

職員団体には労働協約締結の権利が保障されていない（国公108条の5第2項、地公55条2項）。この点については次のように説明される。「（略）同盟罷業の脅威を裏づけとする拘束的性質をもたない交渉、団体協約締結をともなわない交渉だけを認める国家公務員法の立場については、次のように説明されるわけである。すなわちその一は、国家公務員法の形式上の使用者である政府は、国会をさしおいて公務員の労働条件を決定する権限はないから、そのかぎりにおいて、公務員側にも、政府に対する団体交渉権はないことになる。その二は、国家公務員の実質上の使用者は国民全体であり、国民の意思表示は国会によって作られる法律によってのみなされる。ところが、国家公務員は法律に従わなくてはならないから、使用者である国民の代表である政府を相手とする団体交渉の余地はない、というのである」（野村・峯村1961：36）。

④争議行為　　現業・非現業を問わず、争議の企て・共謀・そそのかし・煽りを含め、全面的に禁止されている（国公98条2項、地公37条1項）。

最高裁は当初、憲法13条の「公共の福祉」を根拠に争議行為の禁止を合憲としていた（国鉄檜山丸事件・最大判昭和38年3月15日）。その後、全逓東京中郵事件・最大判昭和41年10月26日において、争議行為の禁止を限定的に解する判断を示した。すなわち同判決は、公務員に対して労働基本権をすべて否定するよ

うなことは許されないとし、その制限は合理性の認められる必要最小限度のものにとどめなければならないと判示した。

　これに対して、全農林警職法事件（最大判昭和48年4月25日）では、争議行為の全面的な禁止について再び合憲の判断を示した。主な論拠は次の3点である。(a)労働基本権は国民全体の共同利益の見地からする制約を免れ得ない。(b)公務員の勤務条件は法律によって定められることから、公務員の争議行為は民主的に行われるべき勤務条件決定の手続過程を歪曲し、財政民主主義に表れている議会制民主主義に違背する。(c)争議行為禁止に対する十分な代償措置が講じられている。この判決に対しては批判的な学説も多い。

　公務員の争議行為の禁止について、峯村光郎は1954年の著作の中で次のように述べている。「(略)公務員、とりわけ現業公務員と公共企業体の職員について、争議権を否認することは、占領行政下における政令201号（昭和23年7月31日）以来の特殊的措置の結果であって、講和条約発効後の今日、依然としてそのままであることは、労働法の本来の軌道を逸脱しているのではないか、との疑いをさしはさまざるをえない」（峯村1995：91）。

2　労働組合

(1)　定　義

　労働組合とは、「労働者が使用者と対等となるため結成された継続的団体であり、かつては職業組織と職業上の利益を護ることを目的としていたが、現在では、労働者の利益一般と労働条件の維持、向上を図ることを目的として組織される労働者の団体」のことをいう（阿久澤1989：93）。

(2)　組織形態

　①自由設立主義　　労働組合の組織形態は法定されておらず、設立に際しては許可・届出を要しない（「自由設立主義」）。ただし、労組法上の保護をうけるには、一定の資格要件を充足する必要がある（後述**2**(3)）。また、特定の問題を解決するために結成された未組織労働者の一時的結合は、団体交渉の当事者

（V-2の**1**⑶①）や正当な争議行為の主体（V-2の**2**⑶④）とはなり得るものの、労組法上の保護を受けることはできない。

　②**組織形態**　労働組合は、「単位組合」（労働者個人を構成員とする）と、「連合組合」（単位組合を構成員とする。「連合体」ともいう）から成る。単位組合には次のような組織形態がある（峯村1976：136）。(a)職業別労働組合（同一職業／職種の労働者により横断的に組織される）、(b)産業別組合（同一産業に属するすべての労働者により横断的に組織される）、(c)一般労働組合（職業、職種、所属産業に関係なくすべての労働者により横断的に組織される）、(d)企業別組合（同一企業に働くすべての労働者が職業や職種に関係なく、企業の範囲内で組織する）。

　わが国では(d)が多い。企業別組合においては企業施設を利用して行う組合活動や、使用者からの便宜供与などについて法的問題が生じる（後述⑽）。近年では、非正規雇用の労働者や外国人労働者の増加に伴い、一定地域の労働者が個人加盟できる組合（(C)に属する「コミュニティ・ユニオン」）が存在感を増している。

　③**組織率**　【Web資料V-①　雇用者数、労働組合数及び推定組織率の変化】には、1989年から2023年までの間の労働組合員数と推定組織率の動向が示されている。この資料の出所である厚生労働省「令和5年労働組合基礎調査の概況」によると、企業規模別の推定組織率は、2023年6月30日時点において、企業規模が1000人以上の企業は39.8%、999人から100人の企業は10.2%、99人以下の企業は0.8%であった。

⑶　資格要件

　労組法は憲法28条の付託を受けて、労働組合の結成と活動を助成する諸規定を設ける。労働組合が同法による保護を受けるには、資格要件（労組2条・5条2項所定の要件）を充足する必要がある（5条1項）。

　①**労組法2条**　労組法2条本文が示す要件は次の3つである。(a)主体性、(b)自主性、(c)目的。これらを「積極的要件」という。また、同条但書の各号を、「消極的要件」という。

　(a)の主体性とは、組合員の大部分が労働者からなり、組合の運営および活動

が労働者の意思決定によって行われることを意味する（峯村1976：138）。

　(b)の自主性とは、使用者に対する自主性・独立性を有しているものであることを意味する。労組法 2 条但書 1 号、2 号により、次の 2 つが除外される。(i)使用者の利益代表者の参加を許すもの、(ii)使用者からの経費援助を受けるもの（Ⅴ- 4 の**5**(4)②)。このうち(i)に関しては、職位上の管理職を主たる組織対象とする労働組合（「管理職組合」）の法的地位が問題となる。最高裁判決は、管理職の職位と労組法 2 条但書 1 号の利益代表者とを区別し、利益代表者を含まない管理職組合について法適合組合（後述(4)）であることを認める原審（中労委〈セメダイン〉事件・東京高判平成12年 2 月29日）を支持する（最 1 小決平成13年 6 月14日）。また(ii)に関しては、一定の便宜供与は経費援助には該当しないとされる（後述(10)）。

　(c)の目的とは、労働条件の維持改善その他経済的地位の向上を主たる目的とするものであることを意味する。労組法 2 条但書 3 号、4 号により、福利事業のみを目的とする団体と、主に政治運動・社会運動を目的とする団体は除外される。

　②労組法 5 条 2 項　労組法 5 条 2 項は、組合規約の必要的記載事項を定めている。これは、「民主性の要件」と称される。同項に掲げられているのは、民主的で公正な組織運営を確保するための事柄であるからである。

(4)　資格要件の観点から見た分類

　上記の資格要件をすべて充足した組合を、「法適合組合」または「法内組合」という。労働委員会の資格審査を経て法適合組合になることで、次の 4 つの事柄が可能となる。(a)法人格の取得（労組11条）。(b)労働協約の地域的な一般的拘束力の申立て（同18条）。(c)労働委員会への労働者委員の推薦（同19条の 3 第 2 項）。(d)労働委員会への不当労働行為の救済申立て（同27条）。

　また、労組法 2 条本文の要件のみを満たす組合を「憲法組合」という。憲法組合には、労組法 2 条但書 1 号または 2 号の要件を満たさない組合（「自主性不備組合」）と、労組法 5 条 2 項の要件を満たさない組合（「規約不備組合」）とがある。憲法組合は、団体交渉の当事者や、正当な争議行為・正当な組合活動の主

体となり得る。しかし、上記(a)〜(d)を享受することができず、憲法28条に基づく法的保護のみを享受する。なお、規約不備組合については、労働委員会の資格審査で補正勧告がなされ（労委規24条）、補正することにより法適合組合となる。

(5)　労組法上の労働者

労組法における労働者の概念（労組3条）は、労基法における労働者の概念よりも広い概念である。この点については、Ⅰの**7**(5)で詳述される。

(6)　労働組合の組織運営

①**労働組合の機関**　労働組合の組織運営は、組合規約に基づき労働組合の機関が行う。「労組法は、労働組合の機関の構成および運営に関して大幅な自主性を認めている。したがって労働組合は法令に違反しないかぎり、その規約で機関の構成および権限について自由に規定することができる」（峯村1976：147）とされる。

労働組合の機関には一般に次のものがある（川口2023：729；水町2023：1101）。(a)意思決定機関（最高意思決定機関は総会）、(b)業務執行機関（三役：委員長・副委員長・書記長、その他の執行委員から成る）、(c)代表機関（通常は委員長）、(d)監査機関（監査委員や事と称される）、(e)事務処理機関（書記局、職場委員など）、(f)特別機関（選挙管理委員会、査問委員会、闘争委員会、苦情処理委員会など）。

②**加入と脱退**　労働者は、組合加入または組合設立への参加により組合員資格を得る。また、脱退、除籍、除名などによって組合員資格を失う。

労働組合への加入は労働組合と労働者の間の契約と解するのが通説・判例である。労働組合は任意団体であるため、労働者は労働組合に自由に加入することができる。また、労働組合には組合自治が認められるため、どのような労働者の加入を認めるかについて自由に決めることができる。ただし、人種、宗教、性別、門地、身分による加入拒否は、労組法5条2項4号の趣旨に反しており認められないものと考えられる。

労働者には、労働組合への加入の自由と同様に、労働組合からの脱退の自由

もある。最高裁判決は、ユニオン・ショップ協定（後述(9)②）の締結組合と企業外の組合（前述**2**(2)②）の両方の組合員である労働者が使用者との間で約した合意のうち、締結組合から脱退する権利をおよそ行使しない旨を約する部分について、「脱退の効力そのものを生じさせないとする部分は、脱退の自由という重要な権利を奪い、組合の統制への永続的な服従を強いるものであるから、公序良俗に反し、無効であるというべきである」（東芝事件・最2小判平成19年2月2日【Web資料Ⅴ-②　ユニオン・ショップ協定に関する最高裁判決】）とする。また、脱退に際して組合大会や執行委員会などの承認を要する旨の規約は無効であるとする裁判例（日本鋼管鶴見製作所事件・東京高判昭和61年12月17日）がある。

(7) 組織変動

　労働組合の組織は変動することがある。組織変動の形態は、「解散」、「組織変更」、「分裂」、「合併（合同）」の4つに分類される。法的には組織変動の手続と変動後の財産の帰属が問題となる。

　①解散　労働組合は次のいずれかの場合に解散する（労組10条）。(a)規約で定めた解散事由の発生した場合。(b)組合員または構成団体の4分の3以上の多数による総会の決議がなされた場合。(b)の決議の要件が、任意規定であるか強行規定であるか否か（例えば4分の3を2分の1に引き下げることができるか否か）については議論が分かれる。

　財産の清算は、法人の場合、労組法13条以下の規定による。法人でない場合、労組法にその規定がないことから、事実上の清算が行われることになる。

　②組織変更　労働組合が、存続しつつ、その組織の形態を変更することを組織変更という（水町2023：1132）。一定の手続を経て行う、構成員の範囲の変更や、単位組合から別組織の下部組織への改組などである。組織変更の前後の組合に同一性が認められる場合には、変更後の組合は変更前の組合の財産や労働協約を承継する。

　③分裂　組合内部における対立抗争を契機に組合員が集団的に脱退し、新たな組合を結成することにより、元の組合が事実上、2以上の組合に分かれる

現象を、労働組合の「分裂」という（安枝・西村2021：347）。分裂を法的概念として認めるか否かについては、肯定説と否定説がある。肯定説に立つと、組合財産は分裂後の各新組合が承継することになる。これに対して、否定説は脱退の一形態と位置づけ、組合財産の分割請求を認めないものとする。

　最高裁は、名古屋ダイハツ労組事件（最1小判昭和49年9月30日）において、「統一的な存続・活動が極めて高度かつ永続的に困難となり、その結果組合員の集団的離脱及びそれに続く新組合の結成という事態が生じた場合に、はじめて、組合の分裂という特別の法理の導入の可否につき検討する余地が生ずるものと解される」として、厳格な要件を課しつつ、法的な分裂概念を導入することの可能性を認めた。

　④合併（合同）　2つ以上の労働組合が1つの労働組合に統合することを「合併」（または合同）という（水町2023：1135）。労組法には、合同に関する規定は存在しない。学説は一般に合同の可能性を認める。組合財産は新組合が承継することになる。

(8)　統制処分

　労働組合が使用者との交渉力を保持するためには、組織力が必要となる。統制処分とユニオン・ショップ協定（後述(9)②）がその維持強化の手段となる。「統制処分」とは、「組合員の規約違反や決定違反の行動に対して、労働組合がなす制裁処分であり、通常は、除名、権利停止、戒告などから成るもの」である（西谷2020：613）。

　統制処分が有効なものとなるためには、組合規約に基づく適正な手続によるものであることを要する（裁判例に全日本建設運輸連帯労組近畿地本〈支部役員統制処分等〉事件・大阪地判平成19年1月31日）。

　統制処分に関しては、統制を乱す組合員に対して制裁を加えることの法的根拠が問題となる。学説には次のようなものがある（西谷2012：117-118）。団体（社団）固有権説（団体法理から必然的に生じる帰結とする）、団結権説（憲法28条の団結権保障に求める）、折衷説（憲法21条に基礎を置く一般の団体と労働組合の統制処分の共通性を指摘しつつ、憲法28条に基づく労働組合の統制権の特殊な性格を指摘す

る）、規約準拠説（法が組合の統制問題に介入する根拠を憲法28条と労組法の各規定に求め、統制権の具体的発生根拠を組合規約に求める）。

(9)　組織強制

①組織強制の形態　「組織強制」とは、「労働組合がその組織拡大のため、当該組合の組合員であることを労働契約締結の条件とすることなどにより組合員の地位の取得や維持を強制する労働協約上の制度」のことをいう（川口2023：738）。わが国における組織強制の代表的な形態に、「クローズド・ショップ（就職するためには、当該組合に加入していなくてはならない）」と、「ユニオン・ショップ（その企業の従業員になった者は、当該組合に加入しなければならない）」とがある（中窪・野田2019：180）。

なお、このような組織強制を行わないものを「オープン・ショップ」という。労働協約にショップ制に関する定めが無い場合にはオープン・ショップとなる。わが国の公務員はオープン・ショップである。

②ユニオン・ショップ協定　ユニオン・ショップに関する労働協約を「ユニオン・ショップ協定」という。わが国ではユニオン・ショップ協定を有する企業が多い。ただし、解雇を原則としつつも「解雇しないことができる」など、例外規定を設けているものも少なくない（「尻抜けユニオン」という）。

法的な観点からは、ユニオン・ショップ協定の有効性と効力の範囲が論点となる。有効性に関しては、団結しない自由（消極的団結権）や、組合選択の自由との関係が問題となる。また、効力の範囲に関しては、当該組合を脱退して他組合に加入した者や、新組合を結成した者にユニオン・ショップ協定の効力が及ぶか否かが問題となる。

③学説　学説の多数説は、積極的団結権は消極的団結権に優位するとし、ユニオン・ショップ協定を有効であると解してきた。憲法の団結権保障について、「まさに労働者が積極的に団結することにこそ意味があるのであり、団結しない自由としての消極的団結権は、むしろ労働者の団結を弱体化させ、積極的団結権を害するものとして否定されるという理解」（盛2000：161）に立つためである。また、ユニオン・ショップ協定の有効性を認める学説の中には、

「団結権には消極的団結権（団結しない自由）や、団結選択の自由が含まれることを根拠に、ユニオン・ショップ協定は特定の組合への加入を強制する制限的組織条項としては無効であるが、いずれかの組合への加入を強制する一般的組織条項としては有効である」（同）と解する説もある。

これに対して、憲法13条を根拠に労働者の自己決定や自由を重視し、未加入者・脱退者・被除名者の解雇を使用者に義務づけるユニオン・ショップ協定は無効であると解する学説がある。

④**最高裁判決**　　最高裁判決は、積極的団結権に優位性を認める立場からユニオン・ショップ協定は有効であるものと解する（大浜炭鉱事件・最2小判昭和24年4月23日）。ただし、ユニオン・ショップ協定が労働者の組合選択の自由および他組合の団結権を侵害することは許されないとし、「締結組合以外の他の労働組合に加入している者及び締結組合から脱退し又は除名されたが、他の労働組合に加入し又は新たな労働組合を結成した者について使用者の解雇義務を定める部分は、（略）民法90条の規定により、これを無効と解すべき」（三井倉庫港運事件・最1小判平成元年12月14日【Web資料Ⅴ-②】）とする。

⑤**除名が無効な場合**　　ユニオン・ショップ協定の締結組合からの除名が無効な場合の効力について、学説には牽連説（組合からの除名が無効ならば解雇も無効）と、切断説（除名が無効でも解雇は有効）とがある。

最高裁判決は、牽連説の立場に立つ。すなわち、「ユニオン・ショップ協定に基づき使用者が労働組合に対し解雇義務を負うのは、当該労働者が正当な理由がないのに労働組合に加入しないために組合員たる資格を取得せず又は労働組合から有効に脱退し若しくは除名されて組合員たる資格を喪失した場合に限定され、除名が無効な場合には、使用者は解雇義務を負わないものと解すべきである」（日本食塩製造事件・最2小判昭和50年4月25日【Web資料Ⅴ-②】）とした上で、除名が無効の場合の解雇は「他に解雇の合理性を裏づける特段の事由がないかぎり、解雇権の濫用として無効である」（同）とする。

⑽　**便宜供与**

①**便宜供与**　　「便宜供与」とは、「使用者の労働組合に対する援助」のこと

をいう（川口2023：757）。わが国では企業別組合が多い。そのため、労働組合は使用者に対して、経費援助（後述）には該当しない便宜供与を求めることが多い。具体的には、組合事務室などの貸与、在籍専従、チェック・オフ（Ⅲ-3の**2**(4)③）などである。「在籍専従」とは、企業における従業員としての地位を保持したまま専ら組合の業務に従事することをいう。「使用者との関係では、在籍出向（「組合専従出向」）という形態がとられることが多い」（水町2023：1106）とされる（在籍出向につきⅢ-4-1(5)）。

便宜供与について、学説の通説は、労働組合が使用者に対して当然に請求できる権利ではないと解する。最高裁判決も、在籍専従の事案について、「勤務会社の従業員としての身分を保有しながら、もつぱらその会社の労働組合の業務に従事するいわゆる在籍専従をなしうることが、憲法二八条の保障する勤労者の団結権等に内在しあるいはそれから当然に派生する固有の権利であるとすることができ」ず、「使用者が従業員の在籍専従を認めるか否かは、その自由に委ねられているものと解するのが相当である」とする（三菱重工業〈長崎造船所・全造船三菱重工支部〉事件・最1小判昭和48年11月8日）。

②便宜供与に対する制約　使用者が労働組合の自主性に干渉することを防止するため、労組法は便宜供与に対して制約を加えている。すなわち、労組法は、労働組合の資格要件（前述(3)）のひとつに、運営のための経費の支出につき使用者の経理上の援助（「経費援助」）を受けないことを掲げる（2条2号）。また、経費援助を不当労働行為として禁止する（7条3号）。

ただし、この経費援助の禁止の例外として次のことが許容されている（2条2号但書、7条3号但書）。(a)労働者が労働時間中に時間または賃金を失うことなく使用者と協議・交渉すること。(b)労働組合の福利基金などに対する寄付。(c)最小限の広さの事務所の供与。したがって、経費援助にあたる便宜供与は、(a)～(c)の範囲内において実施されなくてはならない。

最高裁判決は、定着していた便宜供与の使用者による正当な理由のない廃止（全逓都城郵便局事件・最1小判昭和51年6月3日）や、複数組合の一方のみに対する合理的理由のない便宜供与の実施（日産自動車事件・最2小判昭和62年5月8日）は、不当労働行為になるとする。また、使用者が掲示板の貸与に条件を付

し、受け入れなかった組合に掲示板を貸与しなかったとしても、貸与条件が不合理なものとはいえない場合には、不当労働行為にはならないとする（日本チバガイギー事件・最1小判平成元年1月19日）。

　なお、裁判例は、一方の組合に組合事務室を貸与し、他方の組合には貸与しない合理的な理由は、使用者において立証すべきものとする（中労委［日本郵政公社〈小石川郵便局等組合事務室〉］事件・東京高判平成19年9月26日）。

2　団体交渉・争議行為・組合活動

1　団体交渉

(1)　定　義

　団体交渉（団交）とは、「労働者が組合を組織し、その代表者により使用者または使用者団体との間で、労働条件その他労働関係を規制する労働協約を締結するため交渉すること」をいう（峯村1976：158）。

　労使間の団体取引である団体交渉は、「集団的労働関係を労使の集団的自治によって合理的に処理しようとするもので、労働者を労働組合に組織することにより、実質的に使用者と対等の地位にたたしめ、労使関係における取引力の均衡を実現し、ひいては経営体における経済民主主義の実現を企図すると同時に、近代的生産形態のもとにおける不可欠な個別的労働関係の集団的規制という経営管理上の要請にこたえようとするもの」である（同）。

(2)　諸形態

　団体は代表者を通じて使用者と交渉を行い、平和的にまとまれば労働協約の締結に至る。団体交渉の諸形態には以下のものがある（阿久澤1989：128）。(a)企業別交渉（わが国における団体交渉の中心をなす。単社単組交渉ともいう）。(b)統一交渉（業種別産業別の上部団体と、使用者団体との間で行われるもの）。(c)対角線交渉（個別の企業と、その企業別組合上部団体との間で行われるもの）。(d)共同交渉（上

部団体とそれを構成する企業別組合が共同して行うもの）。(e)集合交渉（統一交渉にまで至らない段階でいくつかの組合が共同してそれに対応する使用者側と交渉するものや、複数の対角線交渉が同時に行われているもの）。(f)職場交渉（日常の要求について、直接、職制と交渉するもの）。(g)大衆交渉（原則として団体交渉の概念から外れると見られることが多い）。

　なお、わが国では合意形成を目的とする団体交渉とは別に、労働条件や経営問題などを自由に話し合い相互の理解を深めるため、労使の合意に基づく手続である「労使協議制」を設けている企業が少なくない。

(3)　当事者と担当者

　①当事者　　団体交渉の当事者とは、自己の名において団体交渉を行い、その成果である労働協約を締結する主体」のことをいう（中窪・野田2019：190）（労働協約の締結当事者との関係につきⅤ-3の**2**(2)）。

　団体交渉の労働者側の当事者には、**資料Ⅴ-2**のものなどがある（Ⅴ-4の**5**(3)①も参照）。

　企業や事業所に複数組合が並存する場合には、少数派組合も団体交渉権を有する（「複数組合交渉代表制」）。わが国の労働組合法は、アメリカ法に見られるような「排他的交渉代表制」をとっていないためである。

　裁判例は、使用者がある労働組合と結ぶ、他の組合とは団体交渉しない旨の取り決め（「唯一交渉団体条項」）を無効とする（住友海上火災事件・東京地決昭和43年8月29日）。また、最高裁判決は、複数の労働組合が同一の使用者に対して共同交渉を求めるためには、複数組合相互間に統一意思と統制力が確立されている必要があるとする原審（旭ダイヤモンド工業事件・東京高判昭和57年10月13日）を支持する（最2小判昭和60年12月13日【**Web資料Ⅴ-③　団体交渉に関する最高裁判決と裁判例**】）。

　使用者側の当事者は、使用者または使用者団体である。裁判例は、使用者団体については、当事者となる旨が約款に明記されているか、当該団体の構成員である使用者から委任を受けている必要があるとする（土佐清水鰹節水産加工業協同組合事件・高松高判昭和46年5月25日）。

資料Ⅴ‐2　団体交渉の労働者側当事者

単位組合	単位組合が団体交渉の当事者となることが多い。
単位組合の下部組織 （支部・分会）	独自の規約・一定の組織体・財政的基盤を有し、統制ある行動をとることができ、総じて独自の活動をなす組織体としての実体がある場合、当該組織に関する事項について団体交渉の当事者となり得る（三井鉱山三池鉱業所事件・福岡高判昭和48年12月7日）。
単位組合の上部団体	労組法2条に該当し、加盟する単位組合に対する統制力を有する場合に団体交渉の当事者となり得る。
合同労組、コミュニティ・ユニオン	組合員の使用者との団体交渉において当事者となり得る。
争議団	代表者が存在するなど交渉を行う体制にあれば、団体交渉の当事者となり得る。ただし、不当労働行為の救済制度は適用されない。
被解雇者の団体	被解雇者が解雇の効力を争っている場合や、未払い賃金・退職金の支払いを求めている場合、その内容の範囲内において団体交渉の当事者となり得る。

出所：筆者作成

資料Ⅴ‐3　団体交渉の担当者

労働者側	労働組合の代表者又は労働組合の委任を受けた者（労組6条） 〇争議団、被解雇者の団体については、その代表者又はその委任を受けた者 〇団体への委任を認める裁判例がある（姫路赤十字病院事件・大阪高判昭和57年3月17日）。 〇団体交渉を第三者に委任することを禁ずる労働協約の条項（第三者交渉委任禁止条項）の効力については議論がある。
使用者側	交渉事項について決定権限を有する者 〇裁判例は、決定権限のない者を出席させ、また、決定権限者への具申などの手続をとらない場合、不当労働行為となるとする（大阪特殊精密工業事件・大阪地判・昭和55年12月24日）。

出所：筆者作成

　②担当者　　団体交渉の担当者とは、「当事者のために団体交渉を現実に行う者」をいう（中窪・野田2019：190）。【資料Ⅴ‐3】は、団体交渉の担当者である。団体交渉の権限を有する者と、労働協約の締結権限を有する者とは異なる（裁判例に大阪白急タクシー事件・大阪地判昭和56年2月16日）。最高裁判決は、使用者側担当者が労働協約の締結権限を有しないことを理由に団体交渉を拒否する

ことはできないとする（全逓都城郵便局事件・最 1 小判昭和51年 6 月 3 日）。

(4)　団体交渉事項

　団体交渉（団交）の対象となる事項には、「義務的団交事項」と「任意的団交事項」とがある。義務的団交事項とは、「構成員たる労働者の労働条件その他の待遇や当該団体的労使関係の運営に関する事項であって、使用者に処分可能なもの」のことである（Ⅴ-4 の**5**(3)②）。裁判例は、非組合員の労働条件についても、将来にわたり組合員の労働条件や権利などに影響を及ぼす可能性が大きく、組合員の労働条件とかかわりが強い事項（初任給など）は、義務的団交事項にあたるとする（国・中労委〈根岸病院〉事件・東京高判平成19年 7 月31日）。

　任意的団交事項とは、労使が任意で団体交渉の対象とする事項のことである。経営者の専権事項（経営方針・生産体制・役員人事など）は、任意的団交事項である。ただし、組合活動や組合員の労働条件と関わりのある場合には、義務的団交事項となるものと解されている（栃木化成事件・宇都宮地判昭和33年 2 月25日、日本プロフェッショナル野球組織〈団体交渉等仮処分抗告〉事件・東京高決平成16年 9 月 8 日）。

　義務的団交事項については、使用者が団体交渉に応じない場合、団体交渉応諾義務違反として不当労働行為（Ⅴ-4）が成立する。これに対して、任意的団交事項にはこのような法的義務は存しない。

(5)　団体交渉（団交）応諾義務

　団体交渉（団交）応諾義務とは、「使用者が負う、労働者側の要求に対して誠意をもって交渉を行うべき義務」のことである（峯村1962：69）。労働者の団体交渉権は、労働者が自主的に団結し、その組織力を背景として使用者と共同取引をすることを内容とする権利であるから、使用者は団体交渉を回避してはならない義務を負う（同）。使用者に対してこのような作為義務を課す規範的根拠は、憲法28条の団体交渉権の保障にある。労組法 7 条 2 号は、この義務を実効的なものとするため、使用者が雇用する労働者の代表者と団体交渉をすることを正当な理由なく拒むことを不当労働行為として禁止する（Ⅴ-4 の**5**

(3))。

　ただし、使用者は形式的に団体交渉のテーブルにつけば良いというものではない。組合との交渉に実質的に応じる必要がある。裁判例は、使用者は労働組合の要求や主張に対して拒否するだけではなく、その具体性や追求の程度に応じた回答や主張を行い、必要により論拠を示し資料を提示すべきであるとする（カールツァイス事件・東京地判平成元年9月22日【Web資料Ⅴ‐③】）。

　このように、使用者には、合意の達成を目指して誠実に交渉することが求められる。これを「誠実交渉義務」という。誠実交渉義務違反は、団交拒否として不当労働行為となる（Ⅴ‐4の**5**(3)③）。誠実に交渉を行っているか否かは、交渉の回数、継続時間、提案に対する回答または反対提案の有無、労働者側の交渉態度などを総合的に勘案して判断される（安枝・西村2021：426）。

　また、誠実な団体交渉を尽くさない段階での打ち切りは、誠実交渉義務違反となる。しかし、同義務は交渉の妥結まで強制するものではない。最高裁判決は、労使双方の主張が対立し、いずれかの譲歩により交渉が進展する見込みがなく、団体交渉を継続する余地がない場合には、使用者は交渉を打ち切っても同義務違反とはならないとする（池田電器事件・最2小判平成4年2月14日）。

(6)　団体交渉（団交）拒否の救済

　使用者が正当な理由なく団体交渉に応じない場合や、誠実に交渉を行わない場合、労働組合等の団体は行政救済や司法救済を求めることができる。

　①行政救済　　労働組合は労調法6条の「争議行為」に該当するとして、労働委員会に対して斡旋の申請を行うことができる（労調12条）。ただし、使用者は斡旋に応じる義務はない。労働組合はまた、労働委員会に対して不当労働行為の救済を申立てることができる（労組7条2号または3号、同27条）。労働委員会の決定に不服がある場合、裁判所に対して決定の取消を求める行政訴訟を提起することができる。

　②司法救済　　不当労働行為制度による行政救済（およびその決定に対する行政訴訟）のほかに、団体交渉の労働者側当事者は、使用者側当事者に対して不法行為に基づく損害賠償請求を行うことができる。ただし、これは過去の団体

交渉拒否に対する補償にとどまる。そこで、労働組合には使用者に対して団体交渉を求める権利があるか否かが問題となる。

　この私法上の団体交渉請求権（およびそれを被保全権利とする団体交渉応諾の仮処分）について、学説は肯定説と否定説が対立してきた。肯定説は、憲法28条および労組法7条2号の規定から私法上の団体交渉請求権を導き、また団体交渉の履行強制について間接強制を認めるものである（中窪・野田・2019：197）。

　否定説は、以下を論拠とする（同）。(a)憲法28条は労使間の団体交渉に関する具体的な権利義務を設定したものと解せない。(b)労組法7条2号は、同27条などと相まって使用者の公法上の義務を課しているにすぎない。(c)私法上の団体交渉請求権を認めるとしても、それに対応する使用者の給付内容の特定が困難である。(d)団体交渉の履行の間接強制は実効性に乏しい。

　これらに加えて、私法上の団体交渉請求権を否定しつつ、団体交渉を求め得る地位の確認請求権（およびそれを被保全権利とする仮処分）を肯定する学説がある（同：198）。最高裁判決は、これと同様の立場に立つ。すなわち、最高裁は国鉄事件・東京高判昭和62年1月27日において、労働組合が団体交渉を求め得る法律上の地位にあることの確認請求を認める原審（国鉄事件・東京高判昭和62年1月27日）を支持した（最3小判平成3年4月23日【Web資料Ⅴ-③】）。

2　争議行為

(1)　定　義

　①労働争議と争議行為　　労働争議とは、「労働者の団体または使用者もしくはその団体が、労働者の労働条件の維持改善その他経済的地位の向上に関連して発生した労使間の紛争を解決するため、集団的実力手段によって、平和的かつ正常な労使関係を阻害する闘争的状態」のことをいう（峯村1962：157）。

　争議行為とは、この闘争状態において、労使関係の当事者が、その対抗的に分立する主張を貫徹することを目的として行う行為およびこれに対抗する行為であって、業務の正常な運営を阻害するもののことを指す（同）。

　②争議行為の主な態様　　労働者が行う争議行為の主な態様には、以下のも

のがある（峯村1976：203）。(a)ストライキ（労働者が団体的統制のもとに、その組合員が労働契約上負担する労務の提供を停廃する争議行為）。(b)サボタージュ（労働者が労務を提供している外観を呈しながら、故意に質的・量的に不完全な労務を提供する争議行為）。(c)ピケッティング（ストライキに随伴して行われ、ストライキの効果を確保するために行われる補助的な行為。使用者を労働市場から引き離すか、または商品市場から引き離すことを目的として、スキャップ［スト破り］の就労の阻止または出入荷を阻止し、ストライキ参加者の脱落を防ぎ、第三者のストへの協力を求めるため職場近くで見張りをすること）。(d)職場占拠（労働者がストライキの実効をあげるため、使用者の意思に反して職場に滞留して、その占有を続けること）。(e)生産管理（労働組合が、使用者の事業場、施設および資材など一切を自己の手に接収して、使用者の指揮命令を排除して自己の手によって経営を行う争議行為）。

(2)　争議権の保障

　憲法28条は労働者の団体行動権を保障する。団体行動権は、「争議権」と「組合活動権」から成ると解されている。

　憲法の争議権の保障から、次の法的効果が生じる。(a)正当な争議行為は刑事免責と民事免責の対象となる。争議行為は刑法上、威力業務妨害、建造物侵入罪、公務執行妨害罪などの構成要件に該当することが多い。民法上も債務不履行や不法行為に該当することとなる。しかし、正当な争議行為については、労働組合や組合員はその責任を追及されない。労組法はこれらの免責について確認規定を設けている（労組1条2項、8条）。(b)正当な争議行為の指導や参加を理由とする解雇その他の懲戒処分は無効となる。(c)正当な争議行為は不当労働行為制度による行政救済を受ける（労組7条）。ただし、憲法28条は、争議行為に参加して労務を提供しなかった者や、争議行為には参加しなかったものの争議行為に伴い労務を提供できなかった者に対する賃金請求権までを保障するものではない（後述(5)）。

(3)　正当な争議行為

　①一般的基準　　問題となるのが、正当な争議行為の範囲である。労組法に

定義がないため、解釈によることになる。

　争議行為の正当性の一般的基準は、その目的の正当性および手段（方法、態様）の正当性にある（峯村1976：200）。「もともと争議行為はそれ自体が目的ではなく、労働条件の維持改善を通じて労働者の経済的地位の向上のための特定の主張を貫徹する手段的性格をもち、しかもその目的の実現が使用者との団体交渉による使用者側の行為の結果にかかっているのみならず、その実行が一般人の権利および自由に対する制約をともなう」（同）ためである。

　学説および判例は、争議行為の正当性について、峯村が指摘した一般的基準（目的、方法・態様）に、主体と手続の観点を加えて判断している。

　②**目的の正当性**　　目的の正当性に関しては次の２つの見解がある（清正・菊池1998：209［柳沢旭執筆］）。(a)争議権は、使用者との団体交渉を通して、労働条件の維持改善をはかるために保障されたものであり、団体交渉によって解決できる事項を対象とするものでなければならないとする見解。(b)争議権は、労働者の生存権を具体化するものとして保障されるのであって、団体交渉の対象となりうるか否かによって判断すべきでないとする見解。この２つの見解の違いは、労働三権の関係をどのように理解するかと関係する（Ⅴ-1の**1**(1)）。

　当事者間の問題外の要求を掲げる争議行為に政治ストと同情ストがある。いずれも目的の正当性の有無が問題となる。

　(a)政治ストとは、国や地方公共団体に対する政治的主張を掲げて行うストライキである。学説は正当性を肯定する説と否定する説とに分かれる。最高裁判決は、否定説の立場に立つ（三菱重工長崎造船所事件・最2小判平成4年9月25日【Web資料Ⅴ-④　争議行為に関する最高裁判決と裁判例】）。

　(b)同情ストとは、「ある使用者とその被用者の労働組合とが争議状態にある場合に、第三者的立場にある他の労働組合が自分のところでは労働関係についての主張の不一致が存在しないにもかかわらず、争議状態にある組合を支援する目的で、自己の使用者に対して行うストライキ」（川口1967：48）である。同情ストの正当性についても、正当性を肯定する説と否定する説とに分かれる。裁判例は、同情ストを争議権の濫用にあたり違法であるとする（三井鉱山杵島炭鉱事件・東京地判昭和50年10月21日）。

③方法・態様の正当性　　争議行為が正当性を有するには、社会通念上、正当な方法・態様によらなくてはならない。労務の不提供にとどまる場合には正当な争議行為となる。労務の不提供にとどまらない場合が問題となる。

争議行為の諸形態（前述(1)）に共通する事項として、次の2点がある。(a)いかなる場合においても暴力の行使は労働組合の正当な行為とは解されない（労組1条2項但書）。(b)業務の阻害により関係者の生命身体が危険にさらされる恐れがある場合、生命身体への危険を防止する配慮がなされない争議行為は正当性を有しない（病院の業務放棄に正当性を認める最高裁判決に新潟精神病院事件・最3小判昭和39年8月4日）。(c)使用者の財産権を不当に侵害する行為は正当な行為とは解されない。

ピケッティングに関しては、言論による説得（「平和的説得」）をこえる実力行使に正当性を認めるか否かが問題となる。最高裁判決は、平和的説得の範囲内の行為に限り正当性を認める（朝日新聞社事件・最大判昭和27年10月22日、御國ハイヤー事件・最2小判平成4年10月2日）。

④主体の正当性　　団体交渉の当事者（前述**1**(3)①）となり得る者が正当な争議行為の主体となり得る。したがって、争議団や被解雇者の団体も、正当な争議行為の主体となり得る。

また、労働組合の上部団体の意思に反して下部組織が独自に行う「非公認スト」は、組織的独立性・統一性を有する下部組織の統制の下で行われる場合、正当な争議行為となり得る。これに対して、一部の組合員が労働組合の組織統制を無視して行う「山猫スト」は正当な争議行為とはならない。

⑤手続の正当性　　争議行為を実施する過程で手続に問題があると正当性が否定されることがある。具体的には、団体交渉を経ないで行う争議行為の正当性や、予告なしに行う争議行為（「抜き打ちスト」）の正当性が問題となる。なぜならば、(a)争議行為に先立ち団体交渉を行うべき旨が法定されておらず、(b)労調法37条（公益事業における予告義務）や労働協約に予告義務条項がある場合を除き、争議行為の予告に関する根拠条文が存在しないためである。

団体交渉を経ない争議行為の正当性については、争議権の性格づけを団体交渉と結びつけて理解するか否かで見解が分かれる。また、予告なしに行う争議

行為の正当性についても見解が分かれている（これについて正当性を認めない見解は、信義則違反を根拠に違法となり得るものと解する）。

⑷　正当ではない争議行為に対する責任

①刑事責任　正当ではない争議行為は刑事免責を失う（労組 1 条 2 項）。労働組合は、特段の規定（労調39条、40条など）がない限り刑事責任を負わない。これに対して、正当ではない争議に参加した組合員と組合幹部は、当該行為の実行行為者・教唆者・幇助者として刑事責任を負う。

②民事責任　正当ではない争議行為は民事免責を失う（労組 8 条）。労働組合は、不法行為に基づく損害賠償責任を負う（裁判例にみすず豆腐事件・長野地判昭和42年 3 月28日、三井鉱山杵島炭鉱事件・東京地判昭和50年10月21日）。なお、労働組合の債務不履行責任は発生しない。労働組合と使用者との間には労働契約上の債権債務関係が存在しないためである。

　争議に参加した組合員が個人責任（債務不履行または不法行為に基づく損害賠償責任）を負うか否かについては説が分かれる。最高裁判決は、「労働者の争議行為は集団的行動であるが、その集団性のゆえに、参加者個人の行為としての面が当然に失われるものではない」として、個人責任を肯定する（全逓東北地本事件・最 3 小判昭和53年 7 月18日。他に書泉事件・東京地判平成 4 年 5 月 6 日。【Web 資料Ⅴ-④】）。

③懲戒責任　正当ではない争議に参加した組合員に対して、使用者は企業秩序（Ⅲ-3 の**4**⑵）に反したとして、就業規則の懲戒規定に基づき懲戒処分を科すことができるか。学説は懲戒責任を肯定する立場と否定する立場とに分かれる。最高裁判決は懲戒責任を肯定する（朝日新聞小倉支店事件・最大判昭和27年10月22日、全逓東北地本事件・前出②）。

　労使関係の実際では、組合幹部だけが懲戒されたり、参加一般組合員より重い懲戒処分に付されることが多い。これが「幹部責任」といわれるものである（蓼沼・横井・角田1990：144［宮本安美執筆］）。幹部責任が認められるか否かについては説が分かれる。学説の多くは幹部責任を否定する。これに対して、裁判例の多くは幹部責任を肯定する。

⑸　争議行為と賃金・休業手当

①争議参加者の賃金と休業手当　　ノーワーク・ノーペイの原則（Ⅲ-2の**3**⑴⑤）から、争議参加者には原則として賃金請求権が発生しない（賃金カットの範囲に関する最高裁判決に、明治生命事件・最2小判昭和40年2月5日）。また、争議参加者に対して、労基法26条が定める休業手当（Ⅲ-3の**2**⑸）の受給権が発生することもない。

②争議不参加者の賃金　　問題となるのは、ある争議行為に参加しなかったものの、その争議行為のために労務が提供できなかった労働者に対して、賃金や労基法26条に基づく休業手当の請求権が発生するか否かである。

争議行為の不参加者の賃金請求権について、学説は肯定説と否定説に分かれる。学説の多くは、「部分スト」（組合員の中の争議不参加者が就労できない）のケースと、「一部スト」（非組合員や他の組合の組合員が就労できない）のケースとに分けて考察する。

ただし学説は多岐に分かれており、(a)いずれの場合も使用者に帰責事由のない履行不能として賃金請求権を否定する説、(b)結論は同じであるが、部分ストに関しては実質的に全面ストとみなされるとの理由により賃金請求権を否定する説、(c)一部ストにおける他・非組合員については、争議の意思形成に関与していないので使用者に履行不能の帰責事由を認めて賃金請求権を肯定する説、(d)労働力を使用者の指揮命令下（使用可能な状態）におくことにより労務給付はなされたとの説をとって、いずれの場合にも賃金請求権を肯定する説、などがある（中窪・野田2019：418）。

これに対して、最高裁は部分ストと一部ストとに分けることなく、民法の危険負担法理による解決を図った。すなわち、ノース・ウエスト航空事件・最2小判昭和62年7月17日において、「企業ないし事業場の労働者の一部によるストライキが原因で、ストライキに参加しなかった労働者が労働をすることが社会通念上不能又は無価値となり、その労働義務を履行することができなくなった場合、不参加労働者が賃金請求権を有するか否かについては、当該労働者が就労の意思を有する以上、その個別の労働契約上の危険負担の問題として考察すべきである。このことは、当該労働者がストライキを行った組合に所属して

いて、組合意思の形成に関与し、ストライキを容認しているとしても、異なる
ところはない」と判示した。

　この最高裁判決の考え方によると、使用者側に不当労働行為の意思その他不
当な目的をもってことさらストライキを行わしめたなどの特別の事情がない限
り、「債権者の責めに帰すべき事由によって債務を履行することができなく
なったとき」（民536条2項）には当たらず、就労できなかった争議不参加者も
賃金請求権を失うことになる。

　③争議不参加者の休業手当　　使用者は、「使用者の責に帰すべき事由によ
る休業」の場合、労基法26条に基づき、休業期間中、当該労働者に平均賃金の
100分の60以上の手当（「休業手当」）を支払わなければならない（Ⅲ-3の**2**(5)）。
この規定は、労働者の生活保障の観点から設けられたものである。

　休業手当の支給要件である「使用者の責に帰すべき事由による休業」（労基
26条）は、民法536条2項の「債権者の責めに帰すべき事由」よりも広いもの
と考えられている。最高裁も、「取引における一般原則たる過失責任主義とは
異なる観点をも踏まえた概念というべきであって、民法536条2項の『債権者
の責めに帰すべき事由』よりも広く、使用者側に起因する経営、管理上の障害
を含むものと解するのが相当である」（ノース・ウエスト航空事件・前出②）とす
る。

　そのため、不就労の争議不参加者が賃金請求権を失った場合であっても、当
該不就労が労基法26条の「使用者の責めに帰すべき事由」によるものであれば
休業手当の請求は可能となる。

　最高裁判決は、部分ストの事案に関して、「本件ストライキは、もっぱら
［争議不参加者］らの所属する本件組合が自らの主体的判断とその責任に基づ
いて行ったものとみるべき」であり、「会社側に起因する経営、管理上の障害
によるものということはできない」（ノース・ウエスト航空事件）として、争議不
参加組合員に対する休業手当の請求権を認めていない。

　これに対して、第一組合のストライキにより第二組合の組合員が就労不能と
なった一部ストの事案に関して、使用者の責に帰すべき事由にあたるとする裁
判例がある（明星電気事件・前橋地判昭和38年11月14日）。

⑹　ロックアウト

①使用者の対抗行為　労働者の争議行為に対して、使用者が嫌がらせや妨害行為を行うことは、不法行為や不当労働行為となる。使用者が代替要員の確保以外にとり得る対抗行為に、「ロックアウト」がある。

②定義と成立要件　ロックアウト（作業所閉鎖）とは、使用者による解雇の意思表示を含まない作業場からの労働者の集団的締出しである（峯村1976：206）。すなわち、集団化した労働力の提供を、その総体において受領を使用者が拒否する行為である（同）。ここでいう締め出しとは、労調法7条の「作業所閉鎖」に限られるものではなく、争議組合の組合員を排除したうえで、非組合員などにより操業が継続されることもある（盛2000：422）。

ロックアウトの成立要件に関しては次の2つの説がある。⒜事実上の締め出し措置という事実行為を要するとする説。⒝集団的労務受領拒否の意思表示（使用者の宣言・通告）で足りるとする説。学説の多数説は、事実上の締め出し措置が必要であるとする（安枝・西村2021：393）。これに対して、裁判例の多くは意思表示で足りるとする立場に立つ（同）。行政解釈は、意思表示のみをもって足りるとする（昭和32年1月14日発労1号）。

③ロックアウト権　使用者の対抗行為としてのロックアウトには、明文上の根拠規定が存在しない。この点において、労働者の争議行為が憲法や法律により固有の権利として保障されているのとは異なる。そこで、ロックアウトを使用者の権利（「ロックアウト権」）に基づく行為と解するか否かが問題となる。

学説は肯定説（「労働法的考察」）と否定説（「市民法的考察」）とに分かれる。⒜労働法的考察を行う説は、使用者に争議権としてのロックアウト権の存在を認める。正当性を有するロックアウトの場合、使用者は賃金支払義務を負わないとする。⒝市民法的考察を行う説は、ロックアウト権の存在を認めない。賃金支払義務については、労働契約における受領遅滞または危険負担の問題と解し、使用者の責に帰すべき事由（民536条2項）がある場合に賃金支払義務を負うとする。多数説は労働法的考察を行う。

最高裁判決は、労働法的考察の立場をとる（丸島水門製作所事件・最3小判昭和50年4月25日【Web資料Ⅴ-④】）。同判決は、「使用者に対し一切争議権を否定

し、使用者は労働争議に際し一般市民法による制約の下においてすることのできる対抗措置をとりうるに過ぎないとすることは相当でなく、個々の具体的な労働争議の場において、労働者側の争議行為によりかえって労使間の勢力の均衡が破れ、使用者側が著しく不利な圧力を受けることになるような場合には、衡平の原則に照らし、使用者側においてこのような圧力を阻止し、労使間の勢力の均衡を回復するための対抗防衛手段として相当性を認められるかぎりにおいては、使用者の争議行為も正当なものとして是認されると解すべきである」とする。

　　④正当なロックアウト　　ロックアウト権を肯定する立場に立つと、使用者は正当なロックアウトの場合には、その法的効果として、賃金支払義務を免れることになる（なお、使用者が争議参加者の職場や施設への立ち入りを禁止する、妨害排除の効果を有するか否かについては説が分かれる）。

　そこで問題となるのが、ロックアウトの正当性の判断基準である。前出③の丸島水門製作所事件判決は、ロックアウトが正当な争議行為と認められるか否かは、「個々の具体的な労働争議における労使間の交渉態度、経過、組合側の争議行為の態様、それによって使用者側の受ける打撃の程度等に関する具体的諸事情に照らし、衡平の見地からみてこれを決すべく、このような相当性を認められる場合には、使用者は、右ロックアウト期間中における対象労働者に対する個別労働契約上の賃金支払義務を免れる」とする。ロックアウトの正当性は、ここで示された要素を総合的に考慮して判断される。

　最高裁判決はまた、ロックアウトの正当性に関して次の３つの見解を示す。(a)正当なロックアウトは、衡平の見地から見て労使間の勢力の均衡を回復するための対抗防衛手段として相当なものであると認められることを要する（日本原子力研究所事件・最２小判昭和58年６月13日）。したがって、先制的・攻撃的なロックアウトは正当とは認められない。(b)組合の違法な争議行為に対抗し、企業を防衛するために適法に開始されたロックアウトであっても、客観情勢が変化して企業防衛の性格を失った場合には、それ以降についてはロックアウトの正当性を失う（第一小型ハイヤー事件・最２小判昭和52年２月28日【Web資料Ⅴ-④】）。(c)使用者に事業継続の努力が欠如していることも、正当性判断の一要素

として考慮される（前出・第一小型ハイヤー事件、安威川コンクリート工業事件・最
3 小判平成18年 4 月18日）。

3　組合活動

(1)　定　義

　組合活動とは、「労働条件の維持改善その他経済的地位の向上を図ること」
（労組 2 条）などを目的として労働組合が行う諸活動のうち、団体交渉と争議行
為以外のものをいう。具体的には、次のものがある（西谷2012：231）。(a)労働
組合の日常的な組織運営のための活動（各種会議・集会の開催、連絡、組合費の徴
収など）。(b)組合員その他に対する情報宣伝活動（ビラ・ニュースの配布、掲示板
の利用など）。(c)闘争的活動（大量のビラ貼り、就業時間中のリボン等着用行為、企業
内外の抗議行動など）。

(2)　正当な組合活動

　①法的効果　　憲法で組合活動権が保障されていることから、正当な組合活
動に対して次の法的効果が生じる。(a)正当な組合活動は刑事免責の対象となる
（労組 1 条 2 項）。(b)正当な組合活動を積極的に妨害する使用者の行為は違法（法
律行為であれば無効）となる。(c)正当な組合活動は不当労働行為制度による行政
救済（V-4 の **2**）を受ける（労組 7 条）。

　正当な組合活動が民事免責の対象となるか否かは説が分かれる。解釈論とし
ては、労組法 8 条の「同盟罷業その他の争議行為であって正当なもの」に正当
な組合活動が含まれるかが問題となる。従来の通説は民事免責を認めてきた。
近年では、争議行為と組合活動を厳密に区別し、組合活動については民事免責
を認めないとする説が有力になってきている（安枝・西村2021：400）。

　②組合活動の正当性　　組合活動の正当性は、目的、方法・態様、主体の諸
側面から判断される。目的に関しては、業務の阻害を目的とするものではない
ことから、労務提供義務の履行が前提となる。また、団体交渉の対象事項に限
定されるものではない。

方法・態様に関しては、就業時間中の活動や施設内での活動が問題となることが多い（休憩時間中の組合活動につきⅢ-3の**4**）。わが国では企業別労働組合が大半で、組合活動も企業の施設内で行われることが多いためである。

(3)　就業時間中の組合活動

　①就業時間中の組合活動　　就業時間中の組合活動は、原則として正当性を有しない。労働契約上の労務提供義務違反となるためである。ただし、次の3つの場合には正当な組合活動として認められる。(a)使用者の同意がある場合。(b)就業規則や労働協約に定めがある場合。(c)労使慣行が存在する場合。

　裁判例は、組合活動を理由とする就業時間中の職場離脱について、これら以外でも一定の事情がある場合（当該組合活動が労働組合の団結権を確保するために必要不可欠であること、右組合活動をするに至った原因が専ら使用者側にあること、右組合活動によって会社業務に具体的な支障を生じないこと）には、正当な組合活動として許容されるとする（オリエンタルモーター事件・千葉地判昭和62年7月17日**【Web資料Ⅴ-⑤　組合活動に関する最高裁判決と裁判例】**）。

　②リボン闘争　　就業時間中の組合活動の正当性が特に問題となるのが、「リボン闘争」と称される着用行為である。これは、組合のスローガンを書いたリボン・プレート・ワッペン・鉢巻・腕章などを着用して就労するものである。また、組合員の結束を図るため、組合バッジを着用して就労するものもある。就業時間中の行為であるため、正当な組合活動に当たるか否かが問題となる。

　学説の多くは、業務の遂行に支障がなく業務阻害を生じさせないリボン闘争は、正当な組合活動といえると解してきた。これに対して、リボン等の着用行為は、業務の遂行に支障をきたすか否かとは無関係に、職務専念義務に違反し、正当な組合活動とはいえないと解する有力説がある（山口1996：300）。

　最高裁判決は、リボン闘争は正当な組合活動にはあたらないとする（大成観光事件・最3小判昭和57年4月13日**【Web資料Ⅴ-⑤】**）。同判決の法廷意見にはリボン闘争に関する一般論が示されておらず、「勤務時間中の組合活動は使用者の負担でなされ経済的な公正さに欠き、たとえ労務給付に影響を与えないとして

も誠実に労務に服すべき義務に違反するとの理由で正当性を否認した原判決を是認」（角田・毛塚・浅倉2004：39［名古道功執筆］）する形をとる。なお、不当労働行為の成否が争われたこの事案において、労働委員会はリボン闘争を争議行為と位置づけているのに対して、裁判所は組合活動と位置づけている。

(4)　企業施設内での組合活動

①施設管理権と組合活動権　　労働組合が事業場内で組合活動を行う場合、使用者の施設管理権と組合活動権（前述(2)２）との関係が問題となる。組合活動を、使用者が事業場への設置を認めた組合事務所・掲示板などや、使用者が利用を認めた事業場の施設（会議室、ホール、食堂など）を利用して行う場合には、基本的に施設管理権の問題が生じることはない。これに対して、使用者が利用を認めていない施設を利用して組合活動を行う場合には、施設管理権と組合活動権の抵触が生じる。

②ビラ貼り　　これまで裁判例や学説で多く取り上げられてきた行為類型が、事業場内の施設へのビラ貼りである。使用者の同意のないビラ貼りは、使用者の財産権の侵害となる。また、企業秩序違反として懲戒責任追及の対象となる。そのため、ビラ貼りが正当な組合活動として免責されるか否か（法的保護の対象となるか否か）が論じられてきた。

学説には、「受忍義務説」と「違法性阻却説」がある。受忍義務説は、憲法の団結権保障を根拠にビラ貼りは当然に違法となるものではないとする。すなわち、使用者には、労働組合の施設利用に同意していなくても、正当な範囲においてビラ貼りを受忍する義務があるとする。また、違法性阻却説は、使用者の財産権（施設管理権）の侵害であるとした上で、憲法が保障する団体行動権の正当な行使と認められる場合には、違法性が阻却されるとする。

最高裁判決は、「許諾説」と称される立場をとる。これは、「労働組合が当然に当該企業の物的施設を利用する権利を保障されていると解すべき理由はなんら存しない」とした上で、「労働組合又はその組合員が使用者の許諾を得ないで（略）企業の物的施設を利用して組合活動を行うことは、これらの者に対しその利用を許さないことが当該物的施設につき使用者が有する権利の濫用であ

ると認められるような特段の事情がある場合を除いては、（略）当該物的施設を管理利用する使用者の権限を侵し、（略）正当な組合活動として許容されるところであるということはできない」（国鉄札幌運転区事件・最3小判昭和54年10月30日【Web資料Ⅴ-⑤】）と解する説である。

3 労働協約

1 団体交渉と労働協約

団体交渉の結果、労働条件などに関して労使間に合意が成立した協定のうち、一定の形式を備えたものを、労組法は「労働協約」として、特別の法的効力を認めている。労使が合意に至らなければ、労働協約は締結されないので、団体交渉を行っても、労働協約が必ずしも締結されるわけではない。労働協約と一見似ているものに労使協定があるが、その比較は、【資料Ⅴ-④】参照。

2 労働協約の成立要件・締結当事者・有効期間

(1) 成立要件

労働協約は、労働組合と使用者又は使用者団体を当事者とし、書面に作成すること、および労使当事者が署名又は記名押印することによって、効力を生ずる（労組14条）。覚書のように、労働協約という名称でなくても、上記の要件を全て満たせば、労働協約と解される。しかし、労組法に規定する成立要件を満たさないと、労働組合と使用者との間に労働条件などに関する合意が成立したとしても、労働協約としての規範的効力は付与されない（都南自動車教習所事件・最3小判平成13年3月13日）。同事件判決が述べるように、労働協約は複雑な交渉過程を経て団体交渉が最終的に妥結した事項について締結されるので、口頭による合意や必要な様式を備えない書面による合意は、後日合意の有無やその内容について紛争が生じやすい。そこで、その履行に関して不必要な紛争を

資料Ⅴ-4　労働協約と労使協定の比較

事項	労働協約	労使協定
締結の単位	特に問わない	事業場
締結の当事者		
労働者側	労働組合（当該事業場の過半数を組織していない労働組合も締結可能）	当該事業場に過半数を組織する組合があればその組合（過半数を組織していない労働組合は締結できない）、ない場合は、労働者の過半数代表（個人）
使用者側	使用者又は使用者団体	使用者
締結の意義	団体交渉における合意を書面化し、安定的な労使関係を形成する	労基法等に定める労働条件等の「原則」に対する「例外」を定める
要式	書面に作成＋両当事者の署名又は記名押印	書面に作成、場合によっては監督官庁への届出
定める内容	労働条件、組合活動関係など限定されていない	労基法等に定める事項に限定
法的効果	規範的効力、債務的効力	免罰的効力、計画年休の労使協定には私法上の効力あり（反対説がある）
効力の及ぶ範囲	原則組合員。ただし、規範的効力は、一定の要件を満たせば非組合員にも適用される（一般的拘束力）	自動的に事業場全体の労働者に適用される

出所：筆者作成

防止するために、団体交渉が最終的に妥結し労働協約として結実したものであることをその存在形式自体において明示する必要がある。なお、要式を欠く労使間の合意は、契約としての効力（債務的効力）は発生する。

(2)　締結当事者

　労働協約は、団体交渉の結果締結されるが、団交の当事者（Ⅴ-2の**1**(3)）は必ずしも労働協約の締結当事者ではない。労組法2条および5条2項を満たす法内組合（Ⅴ-1の**2**(4)）は当然当事者となりうるし、労組法2条のみを満たす労働組合も当事者となりうると通説は解している。

　争議団の労働協約締結能力については、争議団の一時的結合も団結であり、団体交渉権を認める趣旨から肯定する説（片岡・村中2007：219-220、阿久澤

1989：155）と、労組法16条を創設的規定と解し、労組法2条にいう「団体又は
その連合団体」の締結した労働協約にしか規範的効力は認められないとして否
定する説（西谷2012：332、菅野2019：922）がある。

　また、労働協約を締結する者は、労使ともに協約締結権限のあるものでなけ
ればならない。協約締結権限のない者によって締結されて労働協約には、規範
的効力はない。使用者側の協約締結権限が問題となった香川県農協（丸亀市農
協）事件（高松地判平成13年9月25日）では、在籍専従協定（労働協約）の締結は
理事会の決議事項とされていたが、理事会で否決されているにもかかわらず農
協の執行役員が労働組合と締結した協定は、当該執行役員に本件協定の締結権
限がないことから有効に成立しているとは認められないとされた（同旨国鉄池
袋電車区・蒲田電車区事件・東京地判昭和63年2月24日）。労働組合側の協約締結権
については、同権限を執行委員長などが組合大会などにより授権しているかど
うかが問題となっている。山梨県民信用組合事件（最2小判平成28年2月19日）
は、職員組合の組合員の退職金の支給について不利益な基準変更を定める労働
協約の効力が問題となり、本件職員組合の規約からは執行委員長に労働協約を
締結する権限を付与するものと解することはできず、労働協約に署名押印した
執行委員長が本件労働協約を締結する権限を有していたというためには組合大
会などにより当該権限が付与されていたことが必要であると解し、原審に差し
戻した。差し戻された東京高判平成28年11月24日は、執行委員長が職員組合内
部での協議を経ずに作成したものであり、組合大会や執行委員会で労働協約を
締結する権限を付与した事実は認められないとして、労働協約の効力は訴訟を
起こした組合員には及ばないとした（同旨大阪白急タクシー事件・大阪地判昭和56
年2月16日、中根製作所事件・東京高判平成12年7月26日）。

(3)　有効期間

　労働協約に期間を定めるか否かは、労使の話し合いで決めることになる。し
かし、期間を定める場合は、3年を超える定めをすることはできない。もし3
年を超える定めをした場合は、3年の有効期間の定めをした労働協約とみなさ
れる。有効期間の定めがない労働協約は、当事者が署名又は記名押印した文書

によって相手方に予告して、解約することができる。予告は、解約しようとする日の少なくとも90日前にしなければならない（労組15条）。

　自動更新条項（例「本協約の有効期間は1年とする。ただし、期間満了1か月前までに当事者のいずれからも改廃の申入れがない時は、さらに同一期間有効とする」）や自動延長条項（例「本協定改訂交渉中に有効期間満了となった時は、新協約締結まで本協約を有効とする」）を置く労働協約も見られる（後述**8**）。

3　労働協約の内容

　労働協約は、2つの部分からなる（労働協約の基本的内容については、【Web資料Ⅴ-⑦　労働協約の基本的な内容】）。「労働条件その他の労働者の待遇に関する基準」（労組16条）を定める規範的部分（賃金、労働時間、休日、休暇などの労働条件や採用、人事異動、解雇などの人事に関する条項）と規範的部分以外の部分である債務的部分（組合活動、チェックオフ、平和条項など）である。

　労働協約は、契約としての側面を持っているので、規範的部分も債務的部分もいずれも債務的効力（後述**5**(3)）を有するが、規範的部分のみが、規範的効力（後述**5**(1)）を有する。

　したがって、労働協約に違反した締結当事者は、債務不履行の責任を問われる。すなわち、履行の強制（民414条）、損害賠償請求権（民415条）、解除権（民541条・543条）、同時履行の抗弁権（民533条）などの行使が考えられる。

4　労働協約の法的性質

　労働協約は、労働組合と使用者または使用者団体の間で締結されるものであるのに、なぜ締結当事者ではない個々の組合員が、労働協約の定める労働条件を権利として使用者に主張できるのかという疑問が生じる。

　労働協約の法的性質に関しては2つの考え方がある。1つは、労働協約自体に、第三者である組合員にも適用されるような法規範としての効力を認める考え方（「法規範説」）である。この説に属する考え方に、次のものがある。社会

自主法説（労働協約は法例 2 条が慣習法について規定しているのとほぼ同一の要件を満たす限り、法と認められるべきである。末弘1926）、法的確信説（当事者の法的確信に支えられた社会規範のみが法たりうるとし、労働協約は団結権の主体たる労働組合が自主的に参加形成した社会規範であることによって初めて、正義あるいは権利に基礎を置いたものとなり、そこに法的確信の存立を肯定しうる。沼田1953）、白地慣習説（労働協約が法規範と認められる根拠を、労働組合主義の発達につれて一般的な労使関係における合理的な規範意識として、労使が協定によって、自らの関係を規整する法規範である労働協約を設定しうるという労働慣習法が発達したことに求める。石井1952）。

　それに対して、「契約説」は、労働協約はあくまでも契約であると見て、法が創設的に規範的効力を付与したと考える。この説に属する考え方に、次のものがある。憲法28条説（国家が憲法28条によって団結権や団体交渉権を承認した以上、労使が自主的に形成した社会規範たる労働協約に法規範たる性格を認めるのは当然である。横井1956）、労組法16条説（労働組合法が労働協約に規範的効力を明言するにいたった後には、規範的効力の根拠を労組法16条に求める。久保1995）。

　法規範説では、労組法16条は確認規定であるが、契約説では創設的規定である。現在、労組法16条説が有力になっている。

5　労働協約の規範的効力

(1)　規範的効力

　労組法16条は、規範的部分に、規範的効力を付与している。規範的効力は、労働協約に定める労働条件などの基準（＝規範的部分）に違反する労働契約の部分を無効とする強行的効力と、無効となった部分について基準の定めるところによるという直律的効力からなる。労働契約に定めがない部分に対しても、直律的効力があり、基準に定めるところによる。なお、規範的部分のすべてが、この 2 つの効力を併せ有するわけではない。

(2)　有利原則

　ドイツの労働協約法では認められているように、このような労働協約の規範

的効力は、労働契約で定める基準の方が有利である場合にも及ぶのだろうか。

　日本の労使関係において、労働協約は、企業別に締結され、労働協約の定める基準は、労働条件の最低基準ではなく、標準を定めるものである。欧米諸国の労使関係におけるように、労働協約が最低基準を定めるものではないということ、あるいは個々の組合員との労働契約における個別の交渉を認めることは団体交渉を侵害することになることから、多数説や判例は有利原則を否定する。しかし、協約当事者の意思を尊重して、場合によっては有利原則を認めるべきであるとする見解も有力である（安枝・西村2021：303、西谷2012：365）。

⑶　労働協約による労働条件の不利益変更

　①組合員への規範的効力　　労働協約によって労働条件が不利益に変更された場合、組合員はそれを甘受しなければならないのだろうか。朝日火災海上保険〈石堂〉事件で、最高裁は、組合員の定年（63歳から57歳に引き下げ）および退職金算定方法（支給基準率を71.0から51.0に引き下げ）を不利益に変更する労働協約について、受ける不利益は決して小さいものではないとしながら、「同協約が締結されるに至った経緯、当時の会社の経営状態、同協約に定められた基準の全体としての合理性に照らせば、同協約が特定の又は一部の組合員を殊更不利益に取り扱うことを目的として締結されたなど労働組合の目的を逸脱して締結されたものとはいえず、その規範的効力を否定すべき理由はない」として、労働条件を不利益変更した労働協約の規範的効力を認めた（最1小判平成9年3月27日）。判例の多くもこの立場である。なお、規範的効力を否定する判決もある（北港タクシー事件・大阪地判昭和55年12月19日）。

　中央建設国民健康保険組合事件（東京地判平成19年10月5日【Web資料Ⅴ-⑥　労働協約に関する判例】）は、組合による個々の協約事項に関する締結権限が組合員の民主的な多数意思による採択によって授権されているものであることからすると、一部組合員に不利益が及ぶ場合などには一定の内在的制約が存在するとし、そのような不利益を被る組合員の利益に配慮した決議へのプロセス、さらには使用者との団体交渉および協約締結が要請されているとする。

　この問題は、労働協約に体現されている労働者の集団意思と個々の組合員の

個別意思が乖離している場合に、法は集団意思の優位を認めていいのかという問題である。学説は、原則不利益変更を承認するが、手続、内容のいずれか、あるいはその双方の観点から、集団意思の優位の限界を設定しようとしている（西谷敏［百選第 7 版］: 211）。

　②**非組合員への規範的効力**　労働条件が不利益に変更された労働協約は、非組合員に拡張適用されるのであろうか。最高裁は、一部の点で未組織の同種の労働者の労働条件よりも不利益と見られる場合でも、そのことだけで規範的効力が及ばないとするのは相当でないとしているが、不利益の程度・内容、労働協約締結の経緯、当該労働者が労働組合の組合資格を認められているかどうかなどを考慮し、「著しく不合理であると認められる特段の事情があるとき」は、労働協約の規範的効力を当該労働者に及ぼすことはできないと解している（朝日火災海上保険〈高田〉事件・最 3 小判平成 8 年 3 月26日）。

6　労働協約の一般的拘束力

　労働協約の規範的部分の規範的効力は、一定の要件を満たすと、組合員以外の労働者にも拡張して適用される。このような拡張適用を一般的拘束力と呼び、2 つの類型がある。

(1)　事業場単位の一般的拘束力

　1 つの工場事業場に常時使用される同種の労働者の 4 分の 3 以上の労働者が1 つの労働協約の適用を受けるに至った時は、当該労働協約が、当該工場事業場に使用される他の同種の労働者にも適用される（労組17条）。最高裁は、労組法17条の趣旨を、労働協約上の労働条件による当該事業場の労働条件の統一、労働組合の団結権の維持強化、当該事業場における公正妥当な労働条件の実現をはかることにあると解している（朝日火災海上保険〈高田〉事件、【Web 資料Ⅴ-⑥】）。

　「工場事業場」とは、企業単位ではなく、工場、事業場という場所的なまとまりのある単位である。「常時使用される同種の労働者」をどのような基準で

決めるのかは、条文上明らかではない。作業内容や作業態様に重点を置き、雇用形態や契約期間には重きを置かなければ、正社員の工場労働者の労働協約が臨時工にも拡張適用される可能性は大きい。しかし、契約期間や人事処遇の同種性も判断基準とすると、臨時工への拡張適用は否定される。また、労働組合や労働協約が臨時工を組織対象ないし適用対象としているかどうかに重点を置いて判断する見解もあるが、日本の労働組合は、正社員中心に組織しているので、この見解によっても、臨時工への拡張適用はほとんど否定されることになる（西谷2012：377-378）。

　それでは、少数組合の組合員に拡張適用できるのだろうか。複数組合の存在を認め、少数組合にも団結し、団体交渉し、労働協約を締結する権利を認めているので、拡張適用は少数組合の権利を侵害することになるから、拡張適用されないと考えられる（多数説）。工場事業場の労働者の「4分の3」という組合員の数は、規範的効力の拡張適用の要件であるので、組合員数の減少により「4分の3」を下回った場合は、規範的効力の拡張適用はなされなくなる。

(2)　地域単位の一般的拘束力

　1つの地域において従業する同種の労働者の大部分が、1つの労働協約の適用を受けるに至ったときは、当該労働協約の双方又は一方の申立に基づき、労働委員会の決議により、厚生労働大臣又は都道府県知事は、当該地域において従業する他の同種の労働者及びその使用者も、当該労働協約の適用を受けるべきことの決定をすることができる（労組18条）。

　「同種」の解釈は、事業場単位の一般的拘束力と同じである。「大部分」や「地域」の定義はなされていないので、労働委員会で判断されることになる。企業別労働組合が中心の日本の労使関係においては、この制度はこれまでほとんど活用されていなかった。最近、厚生労働大臣は、中央労働委員会の決議を経て、ヤマダデンキなどと UA ゼンセン加盟組合との間で締結された年間所定休日数に関する労働協約を青森県、岩手県及び秋田県全域に働く大型家電量販店に雇用される無期雇用フルタイム労働者に地域的拡張適用することを2023年4月11日付けで決定した（2023年6月1日から2025年5月31日まで）。

7　労働協約の債務的効力

　規範的部分についても債務的効力はあるが、ここでは、債務的部分のうち、平和義務および平和条項の債務的効力について述べる。

(1)　平和義務

　平和義務には、労働協約に定める事項の変更・廃止を求める争議行為を禁止する相対的平和義務と協約有効期間中の争議行為をすべて禁止する絶対的平和義務がある。相対的平和義務は、締結当事者である労使間の信義則から、協約に明文の規定がなくても発生すると考えられている。組合が、相対的平和義務違反の争議行為を行った時は、使用者に対して損害賠償責任を負う。

　では、個々の組合員の法的責任はどうなのだろうか。弘南バス事件判決（最3小判昭和43年12月24日）は、平和義務に違反する争議行為をし、またはこれに参加したことのみを理由として、当該労働者を懲戒処分に付すことはできないとしている。しかし、平和義務違反の争議行為は正当性を失う場合があるので、争議行為が正当性を失った場合は同じようには考えられない。また、組合が相対的平和義務違反の争議行為を行おうとする時、使用者は、争議停止の仮処分を行えるかどうかが問題となる。

　一方、絶対的平和義務は、明文の規定がなければ発生しない。しかし、絶対的平和義務に対しては、労働組合の争議権の保障の放棄につながるので無効と解する見解（野川2010：370）と労働組合としての自由な判断が阻害されたと見るべき特段の事情のないかぎり有効とする見解（西谷2012：368）がある。

(2)　平和条項

　平和条項は、労使紛争が生じた時に労働委員会のあっせんなどを経なければ争議行為を行えないとする条項である。平和条項に違反して、労働委員会のあっせんを経ずに争議行為を行った場合、組合は損害賠償責任を負う。

8　労働協約の終了

　労働協約は、有効期間を定めている場合は、期間の満了によって終了する。期間の定めがない場合は、解約しようとする日の少なくとも90日前に予告し解約することによって労働協約は終了する（労組15条4項）。自動延長条項がある場合は、当初の労働協約は新たな労働協約の締結によって終了し、自動更新条項の場合は、更新拒否を申し入れると期間満了で終了する。また、労働協約の締結当事者の消滅（会社倒産や組合消滅）の場合も、労働協約は終了する。

　労働協約の終了によって、債務的効力はなくなるが、規範的効力によって規律していた個々の労働者の労働条件はどうなるのだろうか。ドイツ労働協約法は、「労働協約の法規範は、協約終了後も、他の約定により置き換えられるまで引き続き効力を有す」と、明文をもって労働協約の「余後効」を規定しているが（百選7版：214［山下幸司執筆］）、日本にはそのような規定はない。

　労働協約の規範的効力は、労働契約に化体して、その内容となると解せば（化体説）、労働協約が終了しても、それが化体した労働契約は有効である。しかし、労働協約は単に外部から労働契約を規律するにすぎないと解すると（外部規律説）、労働協約が失効すると労働契約を規律するものがなくなり、労働契約の内容が空白になってしまう。その場合、存在すれば契約法の原則などの補充規範（例：ノーワークノーペイの原則、年休の日数に関する労基法39条など）、ない時は従来妥当してきた旧協約内容が暫定的に空白部分を補充すると解される（菅野2019：952-953）。この見解に対しては、協約終了後労基法などの最低基準まで労働条件を低下させうること、そして補充規範のない時に従来の協約内容が契約内容になることの根拠が明白でないことから、化体説から批判されている（西谷2012：394-395）。

　なお、鈴蘭交通事件（札幌地判平成11年8月30日）において、裁判所は、「本件協約自体が失効しても、その後も存続するXY間の労働契約の内容を規律する補充規範が必要であることに変わりはなく、就業規則などの右補充規範たり得る合理的基準がない限り、従前妥当してきた本件協約の月例賃金及び一時金の支給基準が、XY間の労働契約を補充して労働契約を規律するものと解する

のが相当であり、他に補充規範たり得る合理的基準は見出し難い」とし、外部
規律説に近い考え方を示している。

4　不当労働行為

1　不当労働行為制度の意義

　日本の不当労働行為制度（unfair labor practices）は、アメリカ法を継受した
ものであるが、労働組合による不当労働行為は規定していないこと、裁判所に
よる司法救済を認めていることなど、日本独自の制度になっている。不当労働
行為制度は、集団的労使関係を規律する部分とそのための労働紛争処理解決制
度としての労働委員会の設置・組織・任務・手続を定める部分からなる（労働
委員会についてはⅤの3(3)）。

　不当労働行為制度の目的については、3つの学説がある。第1に、不当労働
行為制度は、憲法28条の団結権保障を具体化したものであるとし、不当労働行
為を団結権侵害行為ととらえる団結権侵害説（外尾1975など）。第2に、不当労
働行為制度は、団結権保障を前提として、一定の政策目的から、労使関係とい
う継続的な集団的対抗関係のなかでその機能に積極的な保護を与えようとする
ものととらえる団結権保障秩序違反説（岸井1978：73-74など）。第3に、不当労
働行為制度の目的を円滑な団体交渉関係の実現のためのものであるとする円滑
な団体交渉関係説（菅野2019：1001-1002など）。最高裁判所は、第二鳩タクシー
事件（最大判昭和52年2月23日【Web資料Ⅴ-⑦　不当労働行為に関する判例】）で、
「正常な集団的労使関係秩序の迅速な回復、確保を図る」と述べており、団結
権保障秩序違反説を取っている。

　第1の団結権侵害説によると、労組法7条は団結権侵害行為の類型を列挙し
た規定と解され、強行規定である。裁判規範となるので、各号に違反する法律
行為は無効となる。第3の円滑な団体交渉関係説によると、労組法7条は労働
委員会に向けられた規定と解し、労働委員会が、労組法27条に基づいて救済を

行う判断基準を示したものと解される。労組法7条に違反する行為は、労組法7条によって無効になるのではなく、公序に違反して無効となると解する。第2の団結権保障秩序違反説では、労組法7条をどのように解するのかは明確ではないが、「わが国における不当労働行為禁止規定は、行政救済の準拠法であるとともに、司法的救済の準拠法でもある」としているので、団結権侵害説と同じ立場であると解される（岸井1978：55）。判例は、労組法7条自体に裁判規範性を認めている（医療法人新光会事件・最3小判平成43年4月9日ほか）。

2　行政救済と司法救済

　日本の不当労働行為制度は、不当労働行為の司法救済を認めている。たとえば、組合幹部が活発な組合活動を理由に解雇された場合に、不当労働行為として労働委員会に行政救済を求めることも出来るし、裁判所において解雇無効を争うこともできる。しかし、同じ事柄であっても、行政救済と司法救済では救済内容が異なる。行政救済の救済内容は、解雇に対しては、「バックペイ付きの原職復帰命令」、団交拒否に対しては「団交応諾命令」、支配介入に対しては「支配介入行為の禁止命令」・「ポスト・ノーティス命令」（謝罪文の掲示・手交）などである。それに対して、司法救済の救済内容は、解雇に対しては「解雇無効確認」、団交拒否に対しては「使用者が団体交渉に応ずべき地位の確認」、支配介入に対しては「不法行為による損害賠償」などである。

　行政救済は、良好な労使関係の構築に向けた柔軟な救済方法を用いるのに対して、司法救済は権利義務関係の確定を中心としている。

3　労働委員会による行政救済の裁量

　行政救済において、労働委員会の裁量が広く認められているが、それは、「その行使が救済命令制度の趣旨・目的に照らして是認される範囲を超え、または著しく不合理であって濫用にわたると認められるものでない限り、当該命令を違法とすべきではない」とされる（前出・第二鳩タクシー事件）。

　ネスレ日本事件（最1小判平成7年2月23日）では、組合併存下で、中止を申し入れているA組合員に対するチェック・オフを継続し、他組合に交付したことを支配介入と判断した事件であるが、中労委が、会社に対し、控除した組合費相当額等を個人ではなくA組合支部に支払うことを命じたことが問題となった。そのような救済命令は、チェック・オフ協定がA組合との間で締結され、A組合所属の個々の組合員が会社に対しその賃金から控除した組合費相当額を組合支部に支払うことを委任していると同様の事実上の状態を作り出しており、そのような事実は認められないのであるから、命令部分により作出される状態は不当労働行為がなかったことと同様な状態から著しくかけ離れていること、さらに、私的法律関係から著しくかけ離れるのみならず、その実質において労基法24条1項の趣旨にも抵触すると評価されうる状態であることから、労働委員会の裁量権の合理的行使の限界を超える違法なものとした。

　また、労働委員会は、原職復帰とともに全額のバックペイ（原職復帰までの賃金相当額）の支払いを命じていることが多い。当初の最高裁は、中間収入の控除を必要とする考え方を取っていたが（在日米軍調達部事件・最3小判昭和37年9月18日）、第二鳩タクシー事件で、中間収入控除の要否および金額の決定において、労働委員会の一定の裁量権を認め、「個人的な経済的被害の救済」および「組合活動一般について生じた侵害の程度」の両面からの総合的な考慮を必要とすると述べ、「そのいずれか一方の考慮を怠り、又は救済の必要性の判断において合理性を欠くときは、裁量権の限界を超え、違法とされることを免れない」とした。（【Web資料Ⅴ-⑦】）。

　最近の注目すべき判例は、山形県・県労委（国立大学法人山形大学）事件（最2判令和4年3月18日）である。山形県労働委員会が、不誠実な団体交渉であり7条2号に該当するとして、使用者に対して誠実に団体交渉をすることを命じた救済命令における労働委員会の裁量が問題となった。本件では、団体交渉事項に係る規定は既に改正されていたので、合意の成立する見込みのない場合に団体交渉を命じることが労働委員会の裁量権の範囲を逸脱しているかどうかが問題となった。地裁（山形地判令和2年5月26日）も高裁（仙台高判令和3年3月23日）も労働委員会の裁量権の範囲を逸脱したとして、救済命令を取り消し

た。最高裁は原判決を破棄し、仙台高裁に差し戻した。最高裁は、第二鳩タク
シー事件最高裁判決を引用し、誠実に団体交渉に使用者が応じれば、(i)労働
組合は当該団体交渉に関して使用者から十分な説明や資料の提示を受けること
ができること、および(ii)組合活動一般についても労働組合の交渉力の回復や
労使間のコミュニケーションの正常化が図られることから、誠実交渉命令を発
することは、不当労働行為によって発生した侵害状態を除去、是正し、正常な
集団的労使関係秩序の迅速な回復、確保を図ることに資するとして、合意の成
立する見込みのないことをもって、誠実交渉命令を発することが直ちに救済命
令制度の趣旨・目的に由来する限界を逸脱するということはできないとした。

4　不当労働行為における使用者

(1)　使用者概念の拡大

　労組法7条の使用者には、労働契約上の使用者のみならず、直接あるいは現
在雇用関係になくても、使用者となり得る場合がある。朝日放送事件（最3小
判平成7年2月28日【Web資料V-⑦】）は、放送関連の技術業務を請け負ってい
る請負三社の従業員からなる労働組合が下請け労働者を受け入れている朝日放
送に団体交渉を申し入れたが、雇用主でないことを理由に団交を拒否されたこ
とが、不当労働行為かどうかが争われた。最高裁は、「雇用主と部分的とはい
え同視できる程度に現実的かつ具体的に支配、決定することができる地位にあ
る場合」も、労組法7条の使用者と解し、朝日放送は、請負三社から派遣され
る従業員の勤務時間の割り振り、労務提供の態様、作業環境等を決定していた
ことから、従業員の基本的な労働条件等について、雇用主である請負三社と部
分的とはいえ同視できる程度に現実的かつ具体的に支配、決定することができ
る地位にあったとして、労組法7条の使用者と解し、労組法7条2号にいう正
当な理由のない団交拒否と判断した。

　中央労働委員会は、派遣先事業主が派遣労働者の加入する労働組合の申し入
れた団体交渉に応じなかったこと等が不当労働行為であるか否かが問題となっ
たショーワ事件・平成24年9月19日中労委命令において、労働組合法7条の使

用者性について次のような一般的な法理を示した。「雇用主以外の者であっても、例えば、当該労働者の基本的な労働条件等に対して、雇用主と部分的とはいえ同視できる程度に現実的かつ具体的な支配力を有しているといえる者や、当該労働者との間に、近い将来において雇用関係の成立する可能性が現実的かつ具体的に存する者もまた雇用主と同視できるものであり、労組法第7条の『使用者』と解すべきである。」

　中労委が示した一般的な法理の内容は、上記の朝日放送事件および土佐清水鰹節水産加工共同組合事件（高松高判昭和46年5月25日）で認められてきた判例の立場を確認したものといえる（山口2013：27）。

　労働者派遣において派遣先は一般的に労組法上の使用者には該当しないが、中央労働委員会は、上記一般的な法理を具体的に派遣労働に当てはめ、派遣先が労組法7条の使用者と解されるのは、(i)労働者派遣が派遣法の枠組み又は労働者派遣契約で定められた基本的事項を逸脱して行われている場合、(ii)派遣法上一定の場合に、派遣労働者の労働条件や雇用について、派遣先に一定の責任を負わせたり、義務を課したりしている場合であるとしている。

　阪急交通社事件（東京地判平成25年12月5日）では、派遣元労働者が加入する労働組合が派遣先に団体交渉を申し入れたところ、派遣先が拒否したが、東京地裁は、本件団交事項のうち労働時間管理に関する事項は派遣先が雇用主と同視できる程度に基本的な労働条件を支配、決定していると認められるとして派遣先は労組法上の使用者にあたるとした。

(2)　使用者の行為とされる者

　不当労働行為を行った者が、社長や重役など法人の機関を構成する者ないしそれに準ずる者である場合には、その職責上当然に使用者の行為とされる。職制上の権限を有する部長、課長などの使用者の利益代表者の行為は、特別の事情のない限り使用者の行為とされる。職制上使用者の利益を代表する者と認められない下級の監督的被用者やその他の従業員は、使用者の指示を受けたこと、あるいはその意を体して行動する等、なんらかの形での使用者との意思の連絡が存在することが必要とされている（安枝・西村2021：417）。中労委〈JR

東海（新幹線・科長脱退勧奨）〕事件は、東京運転所の所長の下にいる助役（21名）のうち指名された科長（助役の仕事と併せて、各科に所属する助役の責任者として他の助役の業務を取りまとめ、必要に応じて他の助役に指示を出す。対立する組合の組合員でもある）の行った他組合の組合員に対する脱退勧奨が、不当労働行為かどうかが争われた事件である。最高裁は、「労働組合法2条1号所定の使用者の利益代表者に近接する職制上の地位にある者が使用者の意を体して労働組合に対する支配介入を行った場合には、使用者との間で具体的な意思の連絡がなくとも、当該支配介入をもって使用者の不当労働行為と評価することができるものである」とし（最2小判平成18年12月8日）、原判決が破棄され差し戻された高裁では、科長の脱退勧奨の発言は、対立する組合の組合員としての発言であるとか、相手方との個人的関係からの発言であることが明らかであるなど特段の事情はなく、「職制としての利害に基づく発言」と判断された（東京高判平成19年10月25日）。

5　不当労働行為の類型と成立要件

(1)　類　型

　不当労働行為の類型は、4つに分けられる。第1に、不利益取扱いである。労働者が労働組合の組合員であること、労働組合に加入したこと、労働組合を結成したこと、労働組合の正当な行為をしたことを理由とする解雇などの不利益取扱い、労働者が労働組合に加入しないこと、労働組合から脱退することを雇用条件とすること（黄犬契約）である。第2に、団交拒否である。雇用する労働者の代表者と団体交渉することを正当な理由がないのに拒否すること。第3に、支配介入である。労働者が労働組合を結成したこと、運営することを支配すること、または介入すること、労働組合運営のための経費の支払いについて経理上の援助を与えること（ただし例外あり）。第4に、労働者が不当労働行為の申立を都道府県労働委員会にしたこと等を理由とする解雇などの不利益取扱いをすることである。

　以下、各類型において、問題となる事項について説明する。

(2)　不利益取扱い

①労働組合の正当な行為　「労働組合の正当な行為」とは、「日常的な組合活動、団体交渉、争議行為等のうち、目的、方法、態様等において正当なもの」をいう（正当な争議行為・組合活動はⅤ-2の**2**、**3**）。組合内の少数派の活動も、使用者に対する関係では、組合内部の行為として、「労働組合の行為」と評価される場合がある。

②不利益取扱い　不利益取扱いには、労働関係上の不利益（懲戒処分、配転など）、経済的不利益（残業をさせないことなど）、精神的不利益（屈辱的な仕事をさせることなど）、組合活動上の不利益（組合活動が困難になる配転など）、非組合員や別組合員との差別的取扱いがある（浅倉・島田・盛2020：408-409）。「不利益取扱」には、採用拒否も含まれるか否かが問題となる。中労委〈青山会〉事件は、別法人の経営する旧病院の施設、業務等を引き継いで新病院を開設した際に、希望者のうち旧病院の職員であった組合員2名だけを採用しなかったことが、不当労働行為であるとして争われた事件である。東京地裁は、採用拒否の問題として本件をとらえ、雇入れも労組法7条1号本文の適用があると解したが（東京地判平成13年4月12日）、高裁は、本件を雇用関係の承継ととらえた（東京高判平成14年2月27日【Web資料Ⅴ-⑦】）。最高裁は、雇入れ拒否を、「従前の雇用契約関係における不利益な取扱いにほかならないとして不当労働行為の成立を肯定することができる場合に当たるなどの特段の事情がない限り」、労組法7条1号本文にいう「不利益取扱い」にあたらないとしている（JR北海道・日本貨物鉄道事件・最1小判平成15年12月22日）。

③不当労働行為意思　7条1号には「故をもって」という文言があるが、不利益取扱いが成立するためには、使用者の不当労働行為意思が必要であるか否かについては3つの見解がある。第1は、不当労働行為意思は不要であり、不利益取扱いに当たる使用者の行為と労働者の正当な組合活動との因果関係があればよいとする不当労働行為意思不要説。第2は、不利益取扱いについても支配介入についても、当該行為が使用者の反組合的意思に基づくことを必要とする不当労働行為意思必要説。第3は、不利益取扱いには不当労働行為意思は必要であるが、支配介入には不当労働行為意思は不要であるとする折衷説（安

枝・西村2021：420-421）。実際には、直接的な使用者の不当労働行為意思を立証することは困難であるので、外からうかがい知ることができる間接事実（組合に対するこれまでの会社の態度など）から推認することになる。東京地労委〈日本アイ・ビー・エム・組合資格〉事件（東京地判平成15年10月1日）では、裁判所は、支配介入の成立に不当労働行為意思を必要とし、「直接に組合弱体化ないし具体的反組合的行為に向けられた積極的意図であることを要せず、その行為が客観的に組合弱体化ないし反組合的な結果を生じ、又は生じるおそれがあることの認識、認容があれば足りる」と解している。

　④原因の競合　　組合員が解雇された場合、不利益取扱いというためには正当な組合活動を理由とした解雇であることの立証が必要であるが、他方で組合員に解雇を正当化するような理由がある場合、どのように判断すればいいのだろうか。2つの見解がある。第1に、いずれの理由が決定的な原因かで判断する決定的原因説である。判例や労働委員会の立場である。第2に、労働組合としての正当な活動をしなければ不利益取扱いはなされなかったであろうという因果関係がある場合は不当労働行為を認める相当因果関係説である。学説では有力な見解である。

(3)　団交拒否

　①団体交渉の当事者と担当者　　団体交渉の当事者は、「使用者が雇用する労働者の代表者」である。被解雇者の加入する労働組合からの団交申し入れを、「使用者が雇用する労働者ではない」として、使用者が団交拒否する場合がある。Ⅰの**7**(5)で述べたように、被解雇者も労組法の労働者であるし、当該労働者の解雇問題や未払い賃金など一定の団交事項については、使用者は団交を拒否できない。興味深い判決が出た。神戸地方裁判所は、退職した元従業員の加入する組合からの石綿関連の団交申し入れについて、労働契約関係が存在した間に発生した事実を原因とする紛争に関する限り、当該紛争が顕在化した時点で当該労働者が既に退職していたとしても未精算の労働契約関係が存在すると理解し、当該労働者も「使用者が雇用する労働者」と解して、石綿関連疾患には長い潜伏期間があることを考慮し、団交要求は元従業員が在職中に発生

した事実に起因する紛争に関してされたものであり、当該組合を「使用者が雇用する労働者の代表者」であると解した（兵庫県労委〈住友ゴム工業〉事件・神戸地判平成20年12月10日）。ただし、当該組合に加入している、石綿関連の労災を認定された被災者の遺族についての団交応諾義務は認めなかった。

　また、企業外の合同労組であることを理由とする団交拒否も、正当な理由とはいえない。日本の労組法は、団交を申し込むことができる組合について要件を課していないので、企業外の合同労組も組合員がその企業の従業員であれば（あるいはあったのであれば）団交を申し入れることができる。労働者が、解雇された後に外部の労働組合に加入し（「かけこみ訴え」）、合同労組が、解雇問題を団交事項として団交を申し入れ、使用者から団交拒否され、不当労働行為として申し立てられる事件は少なくない。争議団は、労組法2条および5条が求める労働組合としての要件を満たしていないので、団交拒否に関して、労働委員会に不当労働行為として救済を求めることはできない。労働協約に唯一交渉団体条項（例：「○○労働組合のみを唯一の交渉団体と認める」）があることは、他の労働組合に対して団交を拒否する正当な理由とは解されない。

　団体交渉を実際に行う者を団交の担当者という。労働者側の担当者は、労組法6条が定めるように、「労働組合の代表者」（例：組合委員長、書記長、執行委員など）または「労働組合の委任を受けた者」（上部団体の役員など）である。後者に関して、労働協約の第三者委任禁止条項（例：「組合は、従業員である組合員以外の者には、団体交渉を委任しない」）の有効性が問題となる。労組法6条を強行規定と解し、そのような条項を違法無効とする見解と労使間の交渉のルールを決めたものとする見解がある。

　②**団交事項**　　団交事項には、義務的団交事項と任意的団交事項があり、義務的団交事項に対する団交拒否は、不当労働行為になる。義務的団交事項というのは、「構成員たる労働者の労働条件その他の待遇や当該団体的労使関係の運営に関する事項であって、使用者に処分可能なもの」である（日本プロフェッショナル野球組織団交事件・東京地判平成16年9月3日）。

　③**団交の態度**　　使用者が団体交渉のテーブルについたとしても、誠意をもって団交に望んでいなければ、誠実交渉義務に反し、7条2号の団交拒否と

される。具体的には、「労働組合の要求や主張に対する回答や自己の主張の根拠を具体的に説明したり、必要な資料を提示することなどし、また、結局において労働組合の要求に対し譲歩することができないとしても、その論拠を示して反論するなどの努力をすべき義務」である（カールツァイス事件・東京地判平成元年9月22日【Web資料V-⑦】）。

(4)　支配介入

①使用者の言論　　どのような使用者の言論が、不当労働行為としての支配介入になるのだろうか。この点に関して、アメリカ法にある「抑圧または強制の要素」といわれるプラスファクター、すなわち、組合活動に対して威嚇的効果がある言論があれば支配介入になるとする説とそのような要素がなくても組合の結成、組織、運営、活動などに影響を与えるものであれば支配介入になるとする説がある。

山岡内燃機事件（最2判昭和29年5月28日）は、客観的に組合活動に対する非難と組合活動を理由とする不利益取扱いの暗示を含むと認められる社長の発言により、組合の運営に影響を及ぼした事実がある以上、たとえ発言者のこの点につき主観的認識ないし目的がなかったとしても支配介入に当たると解した。「重大な決意をせざるを得ません」という社長声明文が問題となったプリマハム事件最高裁判決（最2判昭和57年9月10日）は原判決（東京高判昭和56年9月28日）を認容し、原判決は地裁判決（東京地判昭和51年5月21日）を一部修正しつつ引用し、「言論の内容、発表の手段、方法、発表の時期、発表者の地位、身分、言論発表の与える影響などを総合して判断し、当該言論が組合員に対し威嚇的効果を与え、組合の組織、運営に現実に影響を及ぼした場合はもちろん、一般的に影響を及ぼす可能性のある場合」支配介入となると解した。国・中労委（オンセンド）事件（東京地判平成20年10月8日）は、その内容に威嚇、報復ないし利益の約束の要素があれば不当労働行為であることが認定されやすいが、不可欠ではないとしている。

②経費援助　　使用者からの経費援助は、組合運営方針などへの介入を招き、組合が自主性を失う危険性がある。そこで、経費援助は原則不当労働行為

と解されるが、労組法は、例外的に、一定の経費援助は不当労働行為と解しない。日本の労働組合は企業別組合であり、日常的な組合活動の基盤は企業にある。7条3号但書は、労働時間中に時間または賃金を失うことなく使用者と協議しまたは交渉すること、厚生資金又は経済上の不幸・災厄を防止し、救済するための支出に実際に用いられる福利などの基金に対する使用者の寄付、最小限の広さの事務所の供与を支配介入とならない経費援助として規定している。

しかし、実際には、7条3号但書で認めていること以外の様々な便宜供与を、日本の労働組合は受けている。たとえば、組合掲示板の供与、会議室利用などであるが、そのこと自体が不当労働行為として問題とされるよりは、むしろ複数組合間で便宜供与に差があることの不当労働行為性が問われることがある。便宜供与に関して、最高裁は、「使用者が組合集会等のための企業施設の利用を労働組合又はその組合員に許諾するかどうかは、原則として、使用者の自由な判断にゆだねられており、使用者が利用を許諾しないからといって、直ちに団結権を侵害し、不当労働行為を構成するということはできない」としながら、利用を許さないことが企業施設について使用者の有する施設管理権の濫用と認められる特段の事情がある場合は別であるとしている（オリエンタルモーター事件・最2小判平成7年9月8日【Web資料Ⅴ-⑦】）。

6　複数組合間差別

　企業内に複数組合がある場合に、組合員間の賃金格差や組合間の便宜供与などにおける差別的取扱いが不当労働行為かどうか問題となる。

⑴　大量観察方式

　人事考課や査定に伴う賃金や一時金などの組合間差別では、使用者の不当労働行為意思を直接立証することは困難であるし、また、不利益取扱いでは個々の組合員に関する立証を求められる。そこで、最高裁は紅屋商事事件（最2小判昭和61年1月24日）において、使用者が組合を嫌悪し反組合的行動を取っていたこと（不当労働行為意思の基になる組合嫌悪の認識）、比較される両集団間に著

しい賃金格差が存在していること（集団的な不利益取扱いの存在）、両集団の間に勤務成績等の点で同等性があること（組織嫌悪以外の理由の不存在）が認められれば、個別の認定をすることなく、集団的に不利益取扱いが存在していたものと認めている（支配介入にも該当し得る）（水町2023：416）。大量観察方式では、比較対象集団間の同等性が問題となる。

(2)　使用者の中立保持義務

　複数組合主義の下で、使用者は、併存する組合に対して、組合の規模の大小にかかわらず誠実に団体交渉することが義務づけられており、「単に団体交渉の場面に限らず、すべての場面で使用者は各組合に対し、中立的態度を保持し、その団結権を平等に承認、尊重すべきものであり、各組合の性格、傾向や従来の運動路線のいかんによって差別的な取扱いをすることは許されないもの」（日産自動車事件・最3小判昭和60年4月23日）とされている。しかし、同時に、最高裁は、使用者が「各組合の組織力、交渉力に応じた合理的、合目的的な対応をすることが右義務（中立保持義務）に反するものとみなされるべきではない」としている。

第Ⅵ章　労働紛争解決制度法

1　労働紛争の特質と類型

　労働紛争は、労働者と使用者、あるいは、労働組合と使用者の間で生じる紛争である。紛争の対象が労働条件や雇用にかかわる問題であることのみならず、Ⅰで述べたように、労働者と使用者という力関係に差異のある当事者間の紛争であるという点に特質がある。

　労働紛争を当事者から分類すると、労働組合と使用者という集団的労使関係において発生する労働紛争（不当労働行為、労働協約の改定、労働条件の引き下げなど）と労働者個人と使用者という個別的労働関係において発生する労働紛争（解雇、退職強要、賃金不払い、労働条件の不利益変更など）がある。実際には、集団的労使紛争が個別的労働紛争として登場する場合もあるし（組合役員の解雇など）、逆に個別的労働紛争が集団的労使紛争として登場する場合がある（解雇された労働者が事後的に合同労組に加入し、その合同労組が解雇問題について団体交渉を使用者に申し入れる「かけこみ訴え」など）。また、労働紛争を性質から分類すると、労働関係の権利義務関係の存否や内容に関する紛争である権利紛争（法令や労働協約の解釈・適用によって解決できる紛争）と当事者が合意により新たなルール形成を目指す紛争である利益紛争（当事者間の交渉と合意によって解決できる紛争）がある。権利紛争と利益紛争の区別も明確ではなく、たとえば、就業規則の変更における合理性に関する紛争は当該変更の有効無効が争われる権利紛争であるが、実質的には労使間の新たなルール形成をめぐる利益紛争としての性格を持っている（菅野2019：1057）。

　なお、企業に複数の組合がある場合には労働組合間において、また立場等の違いから労働組合内部の組合員間においても紛争が生じているが、労働紛争解

決制度は、労使紛争を対象とする一方で、労労紛争は対象としていない。しかし、不当労働行為事件における複数組合間の差別問題などの背景に労労問題が内在していることがある。

2　個別的労働紛争解決制度の法制化

(1)　個別労働関係紛争解決促進法の立法化

　企業組織の再編、個別的な労務管理への移行、労働者の職業に対する意識の変化や就業形態の多様化により、個別的労働紛争が多発した。厚生労働省の出先機関への労働相談が増加し、令和4年度総合労働相談件数は124万8368件で、15年連続で100万件を超え高止まりである（【Web資料Ⅵ-①　総合労働相談件数の推移】）。以前は、解雇や退職の相談が一番多かった時期もあったが、近年は、いじめの相談が一番多い（【Web資料Ⅵ-②　民事上の個別労働相談の内訳とその推移】）。このような事案は裁判制度を含めて既存の紛争処理制度のみでは必ずしも十分な対応ができない現状を踏まえ、実情に即した迅速かつ適正な解決を図ることを目的として、新たな個別的労働紛争解決制度を創設する個別労働関係紛争解決促進法が、2001年10月1日から施行された（厚生労働省大臣官房地方課2001：10-11）。

(2)　労働審判法の立法化

　司法においても、個別労働紛争の専門的解決制度を整えることの必要性が、2001年6月12日の司法制度改革審議会意見書において述べられた。すなわち、労働関係事件への総合的な対応強化として、第1に、労働関係訴訟事件の審理期間をおおむね半減することを目標とし、民事裁判の充実・迅速化に関する方策、法曹の専門性を強化するための方策等の実施、第2に、労働関係事件に関して、民事調停の特別な類型として、雇用・労使関係に関する専門的な知識経験を有する者の関与する労働調停の導入、第3に、労働委員会の救済命令に対する司法審査の在り方、雇用・労使関係に関する専門的な知識経験を有する者の関与する裁判制度の導入の当否、労働関係事件固有の訴訟手続の整備の要否

についての早急な検討の開始が言及されていた。この意見書は、2004年の労組法改正による不当労働行為審査制度の改革（2005年1月1日施行）および労働審判法の制定（2006年4月1日施行）につながった。労働審判委員会は、裁判所に設置され、裁判官、労働者、使用者の三者構成で、個別的労働紛争を扱う。労働関係事件については、雇用・労使関係の制度や慣行などについて、各職場、企業、各種産業の実情に基づき判断することが求められ、これを適正・迅速にするためには専門的知識経験が必要であると考えられたので、労使が加わる労働審判制度が新たに導入されたのである。

3 現行労働紛争解決制度

　以前は、裁判所が主な個別的労働紛争解決制度として機能していたが、現在では多様な紛争解決制度が整っている。紛争解決制度において、裁判所の判決、労働委員会の命令・仲裁、労働審判委員会の審判は強制力があり、そのうち、裁判所による判定的解決が最も強制力がある。和解、あっせん、調停は、受け入れるか否かは当事者の任意であるので、当事者が受け入れなければ、紛争は解決しない。また、紛争解決制度には、裁判所によるもの（裁判、労働審判）と裁判所以外の機関によるものとがある。後者には、行政による紛争解決制度として、労働委員会（都道府県労働委員会は都道府県所管、中央労働委員会は厚生労働省所管）および各都道府県労働局に置かれている紛争調整委員会（厚生労働省所管）がある。その他民間の機関によっても、紛争解決が図られている。以上のうち、裁判以外の紛争解決制度を、裁判外紛争解決制度（ADR＝alternative dispute resolution）と呼んでいる。労働審判は裁判所において行われるが、裁判ではないので、ADRに該当する（【Web資料Ⅵ-③　個別労働紛争解決システムの全体像】）。

⑴　裁判所

　裁判所は、裁判官が裁判規範である法に基づいて判断して、紛争を解決するところである（【Web資料Ⅵ-④　裁判所の種類と手続き】）。5つの種類の裁判所が

あり、三審制度を取っている（通常は、地方裁判所→控訴→高等裁判所→上告→最高裁判所）。民事事件の場合、140万円以下の請求については簡易裁判所の管轄となる。民事裁判の手続きは、おおよそ次のように進行する。訴えの提起（訴状の提出）→争点・証拠の整理→証拠調べ（書証の取調べ、証人尋問、当事者の尋問等）→口頭弁論終結→判決言渡し。なお、訴訟の進行において、裁判所から和解勧告がなされ、和解の成立によって、訴訟が終了する場合も少なからずある。

(2)　労働審判委員会

　当事者は裁判所に労働審判手続の申立てを行う。労働審判委員会は、地方裁判所が当該地方裁判所の裁判官の中から指名した1名の労働審判官と労働関係に関する専門的な知識経験を有する者のうちから任命する2名の労働審判員から構成される。労働審判員はそれぞれ労働者および使用者から選ばれる。労働審判は、個々の労働者と事業主との間に生じた民事に関する紛争を対象とする。ただし、募集および採用に関する紛争は対象としていない。労働調停を包摂した審判制度であり、原則3回の期日の中で調停を試み、調停による解決が図れないときは判断を示す労働審判を行う。労働審判委員会の決議は、過半数の意見による。このように、労使から選ばれる審判員と裁判官である審判官とは意思決定において対等である。

　労働審判は、当事者に異議がない場合は確定し、裁判上の和解と同一の効力を有する。もし、当事者の一方から異議申立てがある場合は、労働審判手続きは訴訟に移行する。労働審判の特色は、素早く（3回以内の期日で決着、申立書・答弁書以外は口頭主義、関係者の迅速手続義務、弁護士代理の原則、第1回期日の充実、主張立証は第2回期日終了まで、調書と審判書の簡略化、複雑な事件等は審判によらず終了）、専門的で（労使の労働審判員各1名と労働審判官による労働審判委員会が審理、労働審判員は労働関係に関する専門的な知識経験を有する者の中から任命、地方裁判所・本庁で実施）、事案に即した解決（権利関係を踏まえつつ事案の実情に即した審判、紛争解決のため、相当と認める事項を定めることができる）という点にある（菅野・山川・齊藤・定塚・男澤2007）【Web資料Ⅵ-⑤　労働審判手続の流れ】。

⑶　労働委員会

　労働委員会は、独立の行政委員会であり、準司法的な紛争解決を行う。労働委員会には２種類あり、厚生労働大臣所管の中央労働委員会（略称中労委）と都道府県知事所管の各都道府県労働委員会（全国に47）である。2008年９月30日をもって船員労働委員会は廃止され、船員関係の集団的労使紛争の管轄は各都道府県労働委員会に移管された。労働委員会は、公益委員、労働者委員、使用者委員からなる三者構成になっている。中央労働委員会委員については内閣総理大臣が任命し、各都道府県労働委員会委員については都道府県知事が任命する。使用者委員は使用者団体の推薦、労働者委員は労働組合の推薦により、公益委員は労使委員の同意が必要である。公益委員は、主に、大学教員、弁護士等である。委員は基本的に非常勤であるが、2004年労組法改正により、常勤が可能となり、中央労働委員会において常勤公益委員２名が任命されている。任期は２年で、再任可となっている。

　労働委員会は、本来は集団的労使紛争のための機関であり、２つの機能を持っている。

　第１の機能は、不当労働行為の審査と救済という判定的機能である。労働者または労働組合から申し立てられた使用者の行為が不当労働行為に該当するかどうか、該当する場合どのような救済命令を出すのかを判断する。これは公益委員の権限であり、公益委員会議の合議で決める。労使委員は、調査、審問、和解に参与し、証人等出頭命令、物件提出命令、救済・棄却命令の発出については意見をいうことができる。不当労働行為審査制度は、1949年の労組法改正によって創設されたが、不当労働行為の審査期間の長期化、および救済命令（行政処分）に対する裁判所による高い取消率という問題があり、審査の迅速化・的確化の必要性があったとされた。そこで、2004年の労組法改正により、計画的な審査（審査計画の作成、審査期間の目標設定）、迅速・的確な事実認定（証人等出頭命令、物件提出命令、新証拠の提出制限）、中央労働委員会の審査体制の整備（部会による合議など）、都道府県労働委員会に対する規制緩和、和解の促進がはかられた。労働委員会の発出する命令は行政処分にあたるので、各都道府県の労働委員会の命令に不服の当事者は、中央労働委員会に再審査申立て

を行うこともできるし、地方裁判所に命令の取り消しを求めて、裁判を起こすこともできる。労働委員会は迅速な解決を図ることを目的としているが、結果的に5審制になっている（【Web資料Ⅵ-⑥　あっせん・調停・仲裁の特徴一覧】）。

　第2の機能は、労働争議の調整という調整的機能である。労働争議は、「労使関係の当事者間において、労働関係に関する主張が一致しないで、そのために争議行為が発生している状態又は発生する虞がある状態」である（労調6条）。個別的労働関係および集団的労使関係のいずれの主張も含みうるし、権利紛争および利益紛争も含みうる。調整方法には、あっせん、調停、仲裁がある（【Web資料Ⅵ-⑥】）。

　ところで、現在、労働委員会は個別的労働紛争も扱うようになっている。2001年に成立した個別労働関係紛争解決促進法20条により、個別紛争の自主的解決促進のため必要な施策を推進することが地方自治体の努力義務となった。

(4)　各都道府県労働局の紛争調整委員会

　個別労働関係紛争解決促進法は、労働条件その他労働関係に関する事項についての個々の労働者と使用者との間の紛争を対象としている（募集・採用の紛争も含む）。ところで、個別労働関係紛争解決促進法と労働契約法は関係がある。労働契約法は労働契約に関する民事的ルールを明らかにしているが、個別労働関係紛争解決促進法の定める紛争解決制度が実施され、個別的労働紛争の防止および早期解決が図られることによって、労働契約法の趣旨および内容に沿った合理的な労働条件の決定や変更が確保されることが期待されているのである。個別労働関係紛争解決促進法は、3つの紛争解決制度を定めている（【Web資料Ⅵ-⑦　都道府県労働局における紛争解決制度の例】）。

　第1に、各都道府県労働局長によって、個別的労働紛争の未然防止および自主的な解決促進のために情報提供や相談等が行われている。具体的には、全国379か所の総合労働相談コーナーで情報提供や労働相談を受けている。

　第2に、都道府県労働局長による助言および指導である。当事者の双方または一方から個別労働紛争について援助を求められた場合には、当事者に対して必要な助言および指導を行うことができる。労働基準監督官による監督指導

は、労基法等の違反に対してしか行うことができないが、個別労働関係紛争解決促進法によって、労働契約上の紛争に対して、都道府県労働局長が行政的な介入を行えるようになった。助言・指導には強制力はない。

　第3に、紛争調整委員会によるあっせんである。紛争調整委員会は、各都道府県の労働局に設置されている。委員は、学識経験者から厚生労働大臣が任命し、主に、弁護士、大学教員、社会保険労務士である。あっせんは、紛争当事者の双方または一方が、申請書を紛争当事者である労働者に係る事業場の所在地を管轄する都道府県労働局の長に提出することにより行われる。都道府県労働局長は、事件がその性質上あっせんをするのに適当でないと認めるとき、あるいは紛争当事者が不当な目的でみだりにあっせんの申請をしたと認めるときを除き、委員会にあっせんを委任する。なお、一方当事者による申請の場合、相手方があっせんに参加することを拒否すれば、打ち切りとされ、あっせんは開始されない。紛争調整委員会の委員長は、担当する3人のあっせん委員を指名する。あっせんは、紛争当事者の歩み寄りにより解決するものであるので、強制力はない。

(5)　各都道府県労働局の調停会議

　個別労働紛争のうち、男女雇用機会均等法、育児・介護休業法、パート有期法に関する紛争は、(4)とは別に、特別の紛争解決援助制度が設けられている。

　第1に、各都道府県労働局長による紛争解決の援助である。紛争の当事者からの援助の申立により手続きが開始され、事情聴取を行った上で、問題解決のための助言・指導・勧告が行われる。助言・指導・勧告には強制力はない。

　第2に、調停会議による調停である。調停は、個別労働関係紛争解決促進法の定める紛争調整委員会に委任されるが、均等法に関する紛争については機会均等調停会議、育児・介護休業法に関する紛争については両立支援調停会議、パート有期法に関する紛争については均衡待遇調停会議と呼称されている。均等法に関する紛争のうち、募集・採用に関する紛争は、調停の対象とならない。

　調停会議は、各都道府県労働局に置かれ、3名の学識経験者が調停委員となる。調停は、紛争当事者の一方または双方の申請によって開始され、関係当事

者からの事情聴取等を経て、調停案を作成し、受諾勧告を行う。調停案に強制力はない。

(6)　都道府県による労働紛争解決制度

　各都道府県の労働行政所管によって、労働相談や場合によってはあっせんなどが行われている。たとえば、東京都は労働相談情報センターを都内6か所に設け、労使からの労働相談を受けつけている。労働相談による助言で問題が解決しないとき、労使双方が話し合いによる解決を望んでおり、かつ双方が労働相談情報センターによる調整を望んでいる場合は、職員によるあっせんが行われている。

(7)　社労士会労働紛争解決センター

　裁判外紛争解決手続の利用の促進に関する法律（ADR法）5条に基づく法務大臣の認証および社会保険労務士法2条1項1号の6に基づく厚生労働大臣の指定を受けて設置している社労士会労働紛争解決センターがある。

4　労働紛争解決制度の課題

　個別労働紛争に関しては、多様な解決制度があるため、当事者がその特色を理解して、ふさわしい制度を利用することが望まれる。労働審判においては、テレビ会議が活用されるようになり、今後もITの活用は重要な課題の1つである。

　紛争調整委員会のあっせんにおける紛争の解決率（合意の成立率）が、、労働審判など他の手続と比べて高くない点が今後の課題である。紛争の相手方が手続きに参加しないため、あっせんが打ち切られる場合が多いが、手続き参加率を高める工夫が必要である。

　他にも、時間と金銭的コストが、システム利用の妨げになりやすいため、簡易迅速なシステムであること、国の制度である個別紛争解決促進制度と地方自治体の制度である労働員会が併存している点をどう考えるかなど課題は残る。

参 考 文 献

相澤美智子2021『労働・自由・尊厳―人間のための労働を求めて』岩波書店

青木宗也1977「労働者・使用者概念と事業場」季刊労働法別冊１号

阿久澤亀夫1989『図解労働法』立花書房

浅倉むつ子・島田陽一・盛誠吾2020『労働法（第６版）』有斐閣

淺野高宏2023「偽装請負に該当する労働者派遣における労働契約申込みみなし制度の適
　　　用の有無―東リ事件」『令和４年度重要判例解説』有斐閣

荒木誠之2002『社会保障法読本（第３版）』有斐閣

荒木尚志2022『労働法（第５版）』有斐閣

荒木尚志・岩村正彦・村中孝史・山川隆一編2023『注釈労働基準法・労働契約法　第１
　　　巻―総論・労働基準法(1)』有斐閣

荒木尚志・岩村正彦・村中孝史・山川隆一編2023『注釈労働基準法・労働契約法　第２
　　　巻―労働基準法(2)・労働契約法』有斐閣

荒木尚志・菅野和夫・山川隆一2014『詳説 労働契約法（第２版）』弘文堂

新谷眞人編2019『Next 教科書シリーズ労働法（第２版）』弘文堂

石井照久1952「労働協約と就業規則」労働２号

猪野積2022『地方公務員制度講義（第８版）』第一法規

OECD（岡部史信訳）2004『図表でみる世界の障害者政策』明石書店

奥山明良2006『労働法』新世社

小畑史子1996「労働安全衛生法の私法上の効力」日本労働法学会誌88号

香川孝三2022「団交応諾命令に関する労働委員会の裁量：山形県・県労委（国立大学法
　　　人山形大学）事件」ジュリスト1577号

片岡曻・村中孝史2007『労働法（第４版）総論・労働団体法』有斐閣

鎌田耕一・諏訪康雄編著2022『労働者派遣法（第２版）』三省堂

神尾真知子2000「男女賃金差別の法理　法解釈の限界と立法論」日本労働法学会編『講
　　　座21世紀の労働法　第６巻　労働者の人格と平等』有斐閣

神尾真知子2006「均等法改正における『性差別禁止』の広がりと深化　男女双方に対す
　　　る性差別禁止と間接差別」季刊労働法214号

神尾真知子2009「育児・介護休業法改正の意義と立法的課題　2009年法改正が残したも
　　　の」季刊労働法227号

川口美貴2023『労働法（第７版）』信山社

川口實1966「労働協約の法的性質・効力」日本労働法学会編『新労働法講座５　労働協

約』有斐閣

川口實1967「同情スト」日本労働法学会編『新労働法講座4　労働争議』有斐閣

川口實1981a「労働権」日本労働法学会編『現代労働法講座　第1巻労働法の基礎理論』
　　　総合労働研究所

川口實1981b「就業規則の一方的変更と『合理性』の基準」法学研究54巻1号

神田秀樹2023『会社法（第25版）』弘文堂

岸井貞男1978『不当労働行為の法理論』総合労働研究所

久保敬治1995『労働協約法の研究』有斐閣

厚生労働省大臣官房地方課労働紛争処理事務室編2001『個別労働紛争解決促進法ハンド
　　　ブック』労働調査会

厚生労働省労働基準局編2022①『労働基準法　令和3年版　上』労務行政

厚生労働省労働基準局編2022②『労働基準法　令和3年版　下』労務行政

小西國友2008『労働法』三省堂

小西國友・渡辺章・中嶋士元也2007『労働関係法（第5版）』有斐閣

下井隆史1978「就業規則」恒藤武二編『論争労働法』世界思想社

末弘厳太郎1926『労働法研究』改造社

菅野和夫2019『労働法（第12版）』弘文堂

菅野和夫・西谷敏・荒木尚志編2002『労働判例百選（第7版）』有斐閣

菅野和夫・山川隆一・齊藤友嘉・定塚誠・男澤聡子2007『労働審判制度（第2版）』弘
　　　文堂

角田邦重・毛塚勝利・浅倉むつ子編2004『労働法の争点（第3版）』有斐閣

諏訪康雄1999『雇用と法』財団法人放送大学教育振興会

清正寛・菊池高志1998『労働法エッセンシャル』有斐閣

清正寛・菊池高志2009『労働法エッセンシャル（第5版）』有斐閣

蓼沼謙一・横井芳弘・角田邦重1990『労働法の争点（新版）』有斐閣

土田道夫2016『労働契約法（第2版）』有斐閣

土田道夫2024『労働法概説（第5版）』弘文堂

寺本廣作1948『労働基準法解説』時事通信社（復刊1998『労働基準法解説』信山社）

道幸哲也・島田陽一・小宮文人1998『リストラ時代雇用をめぐる法律問題』旬報社

内藤恵2008「労働契約における使用者の安全配慮義務」法学研究81巻12号

中窪裕也・野田進2019『労働法の世界（第13版）』有斐閣

永野仁美・長谷川珠子・富永晃一編2018『詳説障害者雇用促進法（増補正版）』弘文
　　　堂

西谷敏2012『労働組合法（第3版）』有斐閣

西谷敏2020『労働法（第3版）』日本評論社

沼田稲次郎1953「協約規範の法的性格」労旬144号

野川忍.2010『労働法（新訂)』商事法務

野川忍.2012『わかりやすい労働契約法（第2版)』商事法務

野川忍.2018『労働法』日本評論社

野村平爾・峯村光郎1961『労働関係調整法・公企業体等労働関係法・公務員労働関係法』有斐閣

長谷川珠子2018『障害者雇用と合理的配慮—日米の比較法研究』日本評論社

濱口桂一郎2009『新しい労働社会』岩波書店

林和彦編著2013『労働法（第2版)』三和書籍

林弘子2014『労働法（第2版)』法律文化社

浜村彰・唐津博・青野覚・奥田香子2023『ベーシック労働法（第9版)』有斐閣

外尾健一1975『労働団体法』筑摩書房

保原喜志夫編1998『産業医制度の研究』北海道大学図書刊行会

保原喜志夫・山口浩一郎・西村健一郎編1998『労災保険・安全衛生のすべて』有斐閣

増田幸弘1997「障害者雇用促進法」日本労働法学会誌89号

増田幸弘2020「産業衛生と関係法規　法学の立場から」日本産業衛生学会関東部会編『産業医ガイド（第3版)』日本医事新報社

三柴丈典2023「安衛法の来し方行く末」日本労働法学会誌36号

水町勇一郎2019『労働法入門　新版』岩波書店

水町勇一郎2022『労働法（第9版)』有斐閣

水町勇一郎2023『詳解 労働法（第3版)』東京大学出版会

三井正信2012『基本労働法Ⅰ』成文堂

峯村光郎1962『増訂 労働法講義』有信堂

峯村光郎1976『労働法概論』有斐閣

峯村光郎1995『労働法（改訂版)』慶應義塾大学通信教育部

村中孝史・荒木尚志編2022『労働判例百選（第10版)』有斐閣

盛誠吾2000『労働法総論・労使関係法』新世社

森戸英幸2023『プレップ労働法（第7版)』弘文堂

両角道代2000「職業能力開発と労働法」日本労働法学会編『講座21世紀の労働法　第2巻　労働市場の機構とルール』有斐閣

安枝英神・西村健一郎2021『労働法（第13版)』有斐閣

山川隆一2008『雇用関係法（第4版)』新世社

山川隆一編2023『プラクティス労働法（第3版)』信山社

山川隆一2023『労働紛争処理法（第2版）』弘文堂

山口浩一郎1996『労働組合法（第2版）』有斐閣

山口浩一郎2013「労働者派遣事業における労組法上の使用者―ショーワ事件」労働法令
　　　通信2318号

横井芳弘1956「労働協約の本質について」討論49号

渡辺賢2009「なぜ国家公務員には労働基準法の適用がないのか」日本労働研究雑誌585
　　　号

厚生労働省HP：https://www.mhlw.go.jp/index.html

判 例 索 引

最高裁判所

高等裁判所

地方裁判所

事 項 索 引

■著者紹介

神尾真知子（かみお　まちこ）日本大学名誉教授
　　担当章　第Ⅰ章、第Ⅱ章2、第Ⅲ章1、3、5、第Ⅳ章、第Ⅴ章3、4、第Ⅵ章

増田幸弘（ますだ　ゆきひろ）日本女子大学教授
　　担当章　第Ⅱ章1、第Ⅲ章2、4、8、9、第Ⅴ章1、2

内藤　恵（ないとう　めぐみ）慶應義塾大学教授
　　担当章　第Ⅲ章1、2、5

根岸　忠（ねぎし　ただし）高知県立大学准教授
　　担当章　第Ⅲ章6、7

松井丈晴（まつい　たけはる）日本大学非常勤講師
　　担当章　第Ⅲ章3、第Ⅵ章

Horitsu Bunka Sha

フロンティア労働法〔第3版〕

2010年5月25日　初　版第1刷発行
2014年8月25日　第2版第1刷発行
2024年3月25日　第3版第1刷発行

著　者　神尾真知子・増田幸弘・内藤　恵
　　　　根岸　忠・松井丈晴

発行者　畑　　光

発行所　株式会社　法律文化社

〒603-8053
京都市北区上賀茂岩ヶ垣内町71
電話 075(791)7131　FAX 075(721)8400
https://www.hou-bun.com/

印刷：共同印刷工業㈱／製本：㈱吉田三誠堂製本所
装幀：仁井谷伴子

ISBN978-4-589-04331-3

河合　塁・奥貫妃文編

リアル労働法

A 5 判・186頁・2310円

日々の労働現場で起こるリアルな出来事を題材に就活から退職までライフステージにそって労働者の権利を身につけることができる入門書。ネットゲームで知り合った若者を主人公にしたストーリー仕立てで楽しく学べる。

本久洋一・小宮文人・淺野高宏編

労働法の基本〔第2版〕

A 5 判・318頁・2860円

法学部生を主軸に、学生全般が対象のワークルール入門にも対応した標準的テキスト。法制度の意義・要件・効果を解説し、重要判例も取り上げる。働き方改革関連法施行にともなう動向や新たな労働立法・裁判例を補訂。

〈18歳から〉シリーズ ●学問の世界への第一歩

具体的な事象を18歳の目線でとらえ、基礎となるエッセンスを解説。

＊B 5 判・カバー巻・100〜120頁

18歳からはじめる憲法〔第2版〕	水島朝穂 著	2420円
18歳から考える人権〔第2版〕	宍戸常寿 編	2530円
18歳からはじめる民法〔第5版〕	潮見佳男・中田邦博・松岡久和 編	2420円
18歳から考える家族と法	二宮周平 著	2530円
18歳から考える消費者と法〔第2版〕	坂東俊矢・細川幸一 著	2420円
18歳からはじめる情報法〔第2版〕	米丸恒治 編	2530円
18歳から考えるワークルール〔第2版〕	道幸哲也・加藤智章・國武英生 編	2530円
18歳からはじめる環境法〔第2版〕	大塚 直 編	2530円
18歳から考える知的財産法	大石 玄・佐藤 豊編	2530円
18歳から考える日本の政治〔第3版〕	五十嵐 仁 著	2530円

―――――法律文化社―――――

表示価格は消費税10%を含んだ価格です